기독교문서선교회(Christian Literature Center: 약칭 CLC)는 1941년 영국 콜체스터에서 켄 아담스에 의해 시작되었으며 국제 본부는 미국 필라델피아에 있습니다. 국제 CLC는 59개 나라에서 180개의 본부를 두고, 약 650여 명의 선교사들이 이동도서차량 40대를 이용하여 문서 보급에 힘쓰고 있으며 이메일 주문을 통해 130여 국으로 책을 공급하고 있습니다. 한국 CLC는 청교도적 복음주의 신학과 신앙서적을 출판하는 문서선교기관으로서, 한 영혼이라도 구원되길 소망하면서 주님이 오시는 그날까지 최선을 다할 것입니다.

요셉의 꿈
하나님의 꿈

하나님 나라의 관점으로 본 요셉의 생애

Joseph's Dream God's Dream
Written by Leejongsoo
All rights reserved.
Korean Edition Copyright ⓒ 2024 by Christian Literature Center, Seoul, Korea.

요셉의 꿈 하나님의 꿈
하나님 나라의 관점으로 본 요셉의 생애

2024년 3월 20일 초판 발행

지 은 이 | 이종수

편   집 | 추미현
디 자 인 | 서민정
펴 낸 곳 | (사)기독교문서선교회
등   록 | 제16-25호(1980. 1. 18.)
주   소 | 서울특별시 동대문구 천호대로71길 39
전   화 | 02-586-8761-3(본사) 031-942-8761(영업부)
팩   스 | 02-523-0131(본사) 031-942-8763(영업부)
이 메 일 | clckor@gmail.com
홈페이지 | www.clcbook.com
송금계좌 | 기업은행 073-000308-04-020 (사)기독교문서선교회
일련번호 | 2024-24

ISBN 978-89-341-2657-7 (03230)

이 책의 출판권은 (사)기독교문서선교회가 소유합니다. 신저작권법에 의하여 한국 내에서 보호를 받는 저작물이므로 무단 전재와 무단 복제를 금합니다.

JOSEPH'S DREAM, GOD'S DREAM

요셉의 꿈
하나님의 꿈

하나님 나라의 관점으로 본 요셉의 생애

이종수 지음

CLC

목차

이 책의 특성   5

서론 왜 요셉인가?   9

제1장 요셉의 삶을 보는 렌즈   13

제2장 요셉의 꿈은 무엇인가?   31

제3장 꿈에 대한 반응   44

제4장 고난의 가치와 필요성   56

제5장 형통이란?   90

제6장 성취된 꿈   108

제7장 꿈을 이룬 자의 삶   148

제8장 요셉의 삶의 의미   196

제9장 우리가 추구해야 할 꿈   215

결론 이 시대의 요셉으로 살자   232

서평   240
미주   241
참고 자료   247

이 책의 특성

　성경의 많은 인물 가운데 요셉을 주목하게 된 이유는 그의 삶을 통해 큰 위로와 도전을 받았기 때문이다. 반복되는 고난 속에서도 인내하며 하나님의 약속을 이루고, 힘이 있어도 복수하지 않으며 오히려 섬김으로써 하나님께 귀하게 쓰임 받는 요셉의 삶은 나에게 꿈이 되었다. 그래서 요셉의 삶을 연구해 보니 거기에는 하나님의 꿈이 있었다. 그 꿈이 요셉을 하나님의 사람으로 만든 원동력이었다.

　요셉을 연구하는 동안 요셉의 전 생애를 하나님 나라 관점에서 해석한 책의 필요성을 느꼈다. 요셉에 관한 자료 가운데 교리 중심의 책은 신앙의 뼈대를 세우는 데 유익했고, 신앙과 성공의 모델로 요셉을 그린 책들은 삶에 실제적인 도움이 되었다.

　하지만 교리 중심의 책은 요셉의 삶을 단편적으로만 다루었고, 현실에 적용하기에는 약한 아쉬움이 있었으며, 신앙과 성공의 모델로 요셉을 그린 책들은 너무 인간 중심이어서 하나님보다 요셉을 더 주목하게 만드는 안타까움이 있었다. 특히, 요셉의 신앙과 삶을 너무 인간적, 심리적 관점으로 해석한 것은 동의할 수 없었다. 심리학에는 세상살이와 인간관계에 대한 지혜가 들어 있기도 하므로 필자도 그 책들을 보기도 하지만 성경을 해석하는 데 있어서 심리학이 중심이 되어서는 안 된다.

성경은 인간관계를 기준으로 쓴 것이 아니라 '하나님과의 관계'를 기준으로 썼으며, 인간의 심리가 아니라 '신앙'을 중심으로 기록했기 때문이다.

따라서 필자는 성경이 보여 주는 요셉의 전 생애를 하나님 나라와 언약 구속사적 관점으로 해석해 요셉의 꿈에 담긴 하나님의 꿈을 소개하고자 한다. 그래서 성경을 연구하는 분들에게 바른 성경 해석을 제공하고, 요셉을 통해 하나님의 꿈을 섬기는 바른 신앙과 하나님의 백성다운 삶이 어떤 것인지를 제시하는 것 그리고 하나님 나라를 위해 억울한 고난 속에서도 약속의 말씀을 붙잡고 인내하는 신실한 독자들에게 위로와 소망을 주는 것이 이 책의 목적이다.

요셉은 어떻게 계속되는 고난을 인내할 수 있었을까?
어떻게 자기를 괴롭힌 자들에게 보복하지 않고 용서할 수 있었을까?
어떻게 하나님께 귀하게 쓰임 받을 수 있었을까?

이 책은 이러한 궁금증에 대한 해답을 성경으로 제시하기 위해 다음과 같은 특성으로 기록했다.

첫째, 요셉의 삶 전체를 '하나님 중심'으로 해석했다.
하나님은 하나님 나라의 회복과 완성을 위해 자기 백성의 구원을 약속하시고 이루시는 방식으로 역사를 통치하셨고, 그 일을 위해 요셉을 귀하게 사용하셨기 때문이다. 구체적으로 다음과 같이 성경의 가장 큰 주제인 '하나님 나라와 언약 그리고 구속사'라는 관점으로 조명했다.

- 하나님 나라: 하나님 나라를 회복하고 확장하며 완성을 지향하는 관점
- 언약: 말씀하시고 성취하시는 하나님 약속의 관점
- 구속사: 자기 백성을 구원하시는 하나님 구원의 관점

이 세 관점은 상호보완적이며 유기적으로 연결되어 있어 통합적으로 보는 것이 성경이 요구하는 해석에 가장 가깝다. 문맥에 따라 '언약', '약속', '말씀', '약속의 말씀', '성경'으로 표현했으나 의미는 같다.

둘째, 독자들이 요셉에 관해 궁금해 할 수 있는 모든 질문에 답을 해 보려고 했다. 특히, 요셉의 삶이 반사해 주는 진리의 스펙트럼 가운데 '비전, 고난, 형통, 하나님의 함께하심, 용서, 섭리, 섬김, 믿음, 하나님 나라, 메시아' 등을 소제목에서 집중적으로 다루었다.

셋째, 앞부분은 이성적 '교리 중심'의 성경 해석으로 뒷부분은 감성적 '적용 위주'의 권면으로 구성했다.

넷째, 독자의 흥미를 유발하기 위해 먼저 '질문'하고, 즉각적으로 궁금증을 풀어주고자 '답'을 제시한 후, 왜 그것이 답인지를 성경에 근거해 구체적으로 '설명'했다. 질문을 보고 잠시라도 그 질문에 대해 스스로 답을 한 후에 읽는다면 더 유익할 것이다.

다섯째, 요셉 삶의 동선을 따라 발견되는 주제를 '시간순'으로 자연스럽게 전개하되 추가 설명이 필요한 부분과 어려운 단어에는 미주를 달았다.

여섯째, 각 단원은 문답식으로 성경 본문을 '해석'하고 '소결'과 구체적으로 개인의 삶에 대입할 수 있도록 '적용'으로 마무리했으며 박스 안에 한 문장으로 '요약'했다.

일곱째, 내용 이해를 돕고 '성경 공부 교재'와 '큐티'로 사용할 수 있도록 마지막에 '생각 나누기'를 배치했다.

여덟째, 청년과 청소년들에게 '바른 비전을 제시'하고, 구체적인 자기 '비전을 찾는 방법과 비전을 이루는 과정 그리고 그에 대한 방법'도 제시했다.

아홉째, 성경을 더 깊이 있게 이해할 수 있어 성경 중심의 신앙을 갖게 한다.

열째, 성경을 바르게 해석하는 관점과 성경적인 세계관을 형성시켜 준다.

열한째, 하나님 나라를 위한 비전 있는 삶을 살도록 도와 준다.

열두째, 직접 설교한 내용이므로 목회자들의 설교에 도움이 되며 성도들도 읽기 편하다.

열셋째, 요셉을 더 깊이 연구하려는 독자들을 위해 각 장에 있는 '생각 나누기'의 답과 창세기 37-50장까지의 '장별 요약한 것' 그리고 요셉의 삶을 히브리 문학의 특성인 '구조 분석'으로 세밀하게 정리한 것을 '주님의 품' 홈피(https://cafe.naver.com/5891)에 게시했다.

이 책의 원고로 가족 경건회를 하며 교정을 도와준 사랑하는 아내와 은진, 은성 그리고 늘 기도해 주시는 명애 누님과 주님의품교회 성도들, 바쁜 중에도 원고를 읽고 피드백해 주신 동역자들, 거제 목회자 성경연구 모임의 여러 목사님, 요셉에 대해 앞서 연구한 모든 분, 기독교문서선교회(CLC), 늘 격려해 주시는 진재기 교수님, 윤민현 목사님, 4시간 30분 동안이나 전화로 토론하며 격려해 준 '삼마성경연구원'(『키워드로 보는 성경』 앱)의 고신철 목사님[1] 그리고 3년 동안 전 성경으로 성경 연구 방법을 가르쳐 주신 복음자리교회 이세령 목사님[2]께 진심으로 감사드린다.

서론

왜 요셉인가?

　요셉은 많은 성도가 좋아하는 성경 인물 중 한 사람이다. 필자도 요셉을 좋아한다. 8년을 연구해 요셉에 관한 책을 쓸 정도이니 다른 사람들보다 더 좋아한다고 말할 수 있다.

　당신도 요셉을 좋아하는가?
　좋아한다면 그 이유는 무엇인가?
　한 사람이 삶에서 겪을 수 있는 가장 깊은 상처는 가족에게 버림 당하는 것이다. 가장 억울한 일은 깨끗한 마음으로 충성했음에도 배반자로 몰리는 것이다. 가장 견디기 힘든 현실은 미래에 대한 아무런 보장도 없이 어둠 속에서 마냥 기다리는 것이다.
　요셉은 이 모든 어려움을 당했고 극복했다. 그런데 놀랍게도 강대국의 총리가 되어 힘을 가졌을 때 요셉은 보복하지 않고 오히려 선을 베풀었다.
　이처럼 요셉의 삶은 사람이 살면서 겪을 수 있는 모든 희로애락을 다 보여 주므로 어떤 상황에 있는 사람도 공감이 된다. 모든 역경을 잘 극복한 점과 성공했을 때의 섬기는 삶은 모범이 된다. 그래서 요셉의 삶을 통해 환난 받는 사람은 위로를 받고, 꿈을 가진 사람은 도전받는다. 우리도 요셉처럼 살고 싶은 마음이 있기 때문이다. 독자도 그런 마음으로 이 책을 펼쳤다고 생각한다.

하지만 이러한 이유만으로 요셉을 좋아하고 '꿈의 사람'으로 영웅시하면 요셉을 통해 말씀하시는 하나님의 뜻을 헤아리지 못할 것이다. 성경은 요셉의 성공담이 아니라 자기 백성을 구원하시려는 '하나님의 구원 역사'를 보여 주기 때문이다.

그러므로 우리는 요셉보다 요셉을 통해 역사하시는 하나님을 주목해야 한다. 하나님의 은혜와 섭리 그리고 요셉을 통해 이루어 가시는 하나님 나라와 약속의 말씀에 관심을 가지고 요셉의 삶을 바라보아야 한다. 그래서 요셉의 꿈을 통해 개인과 역사를 향하신 하나님의 꿈을 볼 수 있어야 한다. 요셉은 하나님께서 귀하게 사용하신 사람일 뿐이다.

하나님은 왜 요셉을 귀하게 쓰셨을까?
다른 사람이 아니라 왜 요셉에게 꿈이 임했을까?
아버지 약속의 집에서 청결한 마음으로 선하게 살았기 때문이다.

야곱의 아내와 열두 아들의 출생 순서						
레아	① 르우벤	② 시므온	③ 레위	④ 유다	⑨ 잇사갈	⑩ 스불론
라헬	⑪ 요셉	⑫ 베냐민				
빌하 (라헬의 여종)	⑤ 단	⑥ 납달리				
실바 (레아의 여종)	⑦ 갓	⑧ 아셀				

요셉의 이야기는 불안정한 가정 분위기로 시작된다. 표에서 보는 것처럼 야곱 가족은 네 명의 아내와 그들에게서 태어난 열두 형제로 복잡하게 구성되어 있다. 첫째 아내와 둘째 아내가 남편의 사랑을 받

고자 늘 시기하고 경쟁하는 살벌한 가정이다. 심지어 셋째 아내는 둘째 아내의 여종이고, 넷째 아내는 첫째 아내의 여종이다.

그러니 그 속에서 태어난 형제들은 얼마나 불편했겠는가?

어쩌면 하루도 조용할 날이 없었을 것이다. 요셉은 야곱의 둘째 아내의 첫아들이고 열두 형제 가운데 열한 번째다. 이처럼 요셉의 가족과 환경만 보면 큰 인물이 나오리라 기대할 만한 집안이 아니다.

그런데도 요셉은 하나님의 약속을 성취하는 복된 삶을 산다. 평범한 요셉이 하나님께 귀하게 사용될 수 있었던 궁극적인 원인은 하나님의 은혜다. 그리고 그 은혜는 '하나님 약속의 집에서 언약 백성답게 악과 거리를 두는 요셉에게 임하였다.' 하나님이 그 시대에 이루실 하나님의 약속, 즉 번성을 위한 하나님의 계획을 꿈으로 요셉에게 말씀하신 것이다.

마음이 청결한 자가 하나님을 본다는 말씀처럼 요셉이나 다니엘 같은 사람이 위기의 시대에 민족을 구원하는 꿈을 가지게 된다(마 5:8; 단 1:8). 그것이 우리가 요셉을 주목하는 이유다. 평범한 우리도 요셉처럼 하나님께 귀하게 쓰임 받고 싶기 때문이다.

놀라운 것은 은혜가 풍성하신 하나님은 지금도 귀하게 쓰실 사람을 찾고 계신다는 사실이다. 하나님은 시대마다 사람을 통해 하나님의 말씀을 이루어 가신다. 각 시대를 위한 하나님의 대안은 언제나 사람이다.

독자들이 요셉의 꿈에서 '하나님의 꿈'을 발견하고 우리 세대를 위한 하나님의 대안으로 자기를 준비하여 하나님의 꿈을 이루어 드리는 이 시대의 요셉으로 귀하게 쓰임 받기를 열망한다.

> 요셉을 통해 구원 역사를 보여 주신 하나님은 지금도 말씀을 이루는 데 쓰실 사람을 찾으신다.

<<< 생각 나누기 >>>

요셉에 대해 기록한 성경(창 37-50장; 대상 5장; 시 105장; 행 7장; 히 11장)을 읽어 보라.

1. 나는 요셉을 어떻게 생각하는가? 특별한 이유가 있는가?

2. 성경은 요셉을 어떤 사람이라고 말하는가?

3. 요셉의 가정 배경을 통해 발견한 것은 무엇인가?

4. 요셉이 하나님께 귀하게 쓰임 받을 수 있었던 궁극적인 이유는 무엇인가?

5. 왜 다른 사람이 아니라 요셉에게 꿈이 임했을까?

6. 내 삶은 하나님 앞에 어떻게 기록되기를 원하는가?

7. 그러한 삶을 사는데 요셉의 삶이 어떤 도움이 되겠는가?

제1장

요셉의 삶을 보는 렌즈

어떤 사람을 알아갈 때 가장 방해가 되는 것은 편견이나 고정 관념에 사로잡힌 왜곡된 시각일 것이다. 그런 면에서 요셉도 큰 피해자 중의 한 사람이라고 생각한다. 왜냐하면, 사람들은 창세기 37:2에서 요셉이 '형들의 잘못을 아버지에게 말한 것'이 형들에게 미움을 자초한 원인이라고 생각하기 때문이다. 그렇게 생각하는 이유는 두 가지다.

첫째, 요셉이 아버지의 사랑을 받으려고 형들의 사소한 잘못을 고자질했다는 '고정 관념'을 갖고 있기 때문이다.

개역한글성경은 형들의 잘못을 "과실"로 번역하고, 공동번역성경은 "좋지 않게 일러바쳤다"라고 번역함으로써 마치 형들의 사소한 잘못을 낱낱이 아버지에게 일러바치는 듯한 인식을 갖게 하고 있다. 하지만 형들의 잘못은 사소한 과실 정도가 아니라 언약을 깨트릴 정도의 악(רע[라], evil, 사악한)을 행한 것이다.

그리고 형들은 요셉이 자기들의 잘못을 아버지께 말한 이유로 미워하지 않았는데 요셉이 아버지에게 말한 내용이 사실이기 때문이다. 형들이 요셉을 미워한 이유는 요셉이 아버지에게 자기들의 잘못을 말했기 때문이 아니라 형들이 악했기 때문이다.

둘째, 성경을 심리학 중심으로 해석하기 때문이다.

성경을 가정사와 심리학으로 풀면 성경 인물을 이해하는 데는 도움이 될 수는 있겠지만, 하나님 섭리의 손길을 보지 못하고 하나님의 계획을 이해하지 못하며 그 사람의 행동 근원인 신앙을 볼 수도 없다. 성경은 하나님 나라의 언약적 관점으로 풀어야 한다. 이 책은 요셉의 삶을 성경적으로 해석해 줄 것이다.

요셉은 창세기에 나오는 인물이다. 따라서 요셉의 삶을 바르게 해석하기 위해서는 창세기를 해석하는 관점을 알아야 한다. 창세기는 전체 내용이 연결되어 있지만, 이 책은 요셉이 나오는 37장부터 살펴볼 것이므로 앞부분에 담긴 창세기를 해석하는 전제 또는 요셉의 삶을 해석하는 관점을 살펴보는 것이 맥락을 이해하는 데 도움이 될 것이다.

따라서 다음과 같이 여섯 가지의 렌즈로 창세기와 요셉의 삶을 살펴 보고자 한다.

첫째, 선한 세상
둘째, 무질서한 세상
셋째, 여자의 후손
넷째, 번성 언약
다섯째, 횃불 언약
여섯째, 히브리 문학 구조로 본 요셉의 삶

1. 선한 세상

하나님은 창조하신 세상을 보고 "보시기에 심히 좋았더라"(창 1:31)라고 흡족해 하셨다. '좋다'는 히브리어로 '토브'(טוב)인데 하나님의 '언약이 성취되었을 때 주로 사용'되는 단어다. 영어로는 'good'으로 번역되어 '선하다, 좋다'는 뜻이다.

하나님이 창조하신 처음 세상은 하나님이 보시기에 선했다. 하나님이 보시기에 선한 세상은 하나님의 말씀대로 이루어진 세상이다. 하나님의 말씀대로 이루어질 때 하나님이 보시기에 선하다. '하나님의 말씀대로 이루어진 선한 에덴이 하나님 나라의 원형'이다.

💡 **하나님의 말씀대로 이루어진 에덴동산, 하나님이 보시기에 선한 세상은 어떤 모습이었는가?**

생육, 번성, 충만하라는 피조물을 향한 하나님의 창조 목적이 이루어진 세상이다. 하나님은 인간을 창조하신 후 자연을 "정복하고 다스리라"(창 1:28)라는 사명을 주셨다. 정복하고 다스리는 것은 왕이 하는 일이다. 아담을 하나님의 '대리 통치자'로 세우신 것이다.

💡 **하나님을 대신해서 아담이 해야 할 일이 무엇인가?**

하나님이 창조하신 세상이 생명으로 가득해지도록 에덴동산을 확장하는 것이다. 하나님의 대리 왕으로서 아담이 할 일은 하나님의 창조 목적을 이루는 것이다. 창조 세계를 향한 하나님의 목적은 생육하고 번성하며 충만하여 하나님의 안식을 누리는 것이다(창 1:22, 28).

따라서 아담은 자기만이 아니라 인류와 자연까지 평화 가운데 생육, 번성, 충만하도록 통치해야 한다. '에덴동산의 생명들이 번성하여 충만하게 만들고 하나님이 창조하신 세상이 생명으로 가득해지도록 에덴동산을 확장하는 것'이다. 그렇게 되도록 인류와 자연을 섬기는 것이 정복하고 다스리는 것이다.

💡 아담이 어떻게 그 일을 감당하는가?

농사하고 거둔 열매를 나누는 것이다.

왕이 정복하고 다스리는 것을 군림하고 착취하는 것으로 생각하는 것은 죄악으로 인해 변질된 세계관이다. 하나님은 창세기 1:28에 아담에게 정복하고 다스리라는 '사명'을 주신다. 그리고 31절에 보시기에 좋았더라고 '평가'하신 것을 통해 29절과 30절은 '아담이 사명을 감당한 내용'임을 알 수 있다.

29절은 인간에게 채소와 열매를 먹으라고 정해 주시고, 30절은 짐승에게 풀을 먹거리로 정해 주시는 장면이다. 그렇다면 창조 세계가 생육, 번성, 충만하도록 아담이 해야 할 일은 먹을 것을 공급하는 것이다.[3] 그렇다고 아담이 모든 짐승에게 일일이 먹을 것을 직접 나누어 준다는 의미는 아니다.

모든 생명이 먹을 것을 얻을 수 있도록 또 그들의 양식이 되는 식물들이 자라날 수 있도록 일하는 것이 사명이라는 것이다. 그것을 확증해 주는 것이 창세기 2:5-7이다. 거기에 보면 사람을 지으신 목적이 식물이 자라도록 땅을 경작하는 것, 즉 농사하게 하기 위해서다.

종합해 보면 아담이 정복하고 다스리는 것은 하나님의 창조 세계가 생명으로 가득해지도록 먹을 것을 공급하기 위해 일하는 것이다.

그것이 문화 사명이다.

이처럼 노동은 처음부터 신성하며 개인만이 아니라 공동체를 위한 봉사적 활동이다. 하나님의 대리 왕인 아담은 '섬기는 왕'으로 '왕 같은 제사장'의 삶을 살아야 한다. 그리할 때 세상은 하나님이 보시기에 좋고 생명으로 가득한 하나님 나라가 된다. 하나님 나라는 큰 자가 작은 자를 섬김으로 구현된다.

제2의 아담인 예수님은 가장 크신 왕이시지만, 자기 백성에게 영원한 생명(안식)을 주시고자 자기의 생명까지 양식으로 주어 섬기셨다(요 6:51; 막 10:45).

요셉은 큰 자일 때 작은 자를 섬기는 삶으로 하나님 나라를 보여 준다. 하나님께서 총리로 높여 주셨을 때 기근에 시달리는 하나님의 백성을 구원하고(창 45:11; 47:12) 굶주린 애굽 시민과 각 나라 사람(창 41:54, 57) 그리고 짐승(창 47:4, 17 "모든 가축에게 식량을 대주었다", 맛싸성경)에게도 먹을 것을 공급한다. 기근이라는 악을 섬기는 선으로 승리하여 창조 세계가 생명을 누리도록 통치한 것이다.

2. 무질서한 세상

그런데 이 선한 세상이 사탄의 유혹에 빠진 인간의 범죄로 말미암아 악한 세상으로 변질된다. 인간이 선악과를 먹은 죄로 인해 악이 들어 온 것이다.

💡 선악과를 먹은 것이 왜 죄인가? 선악과를 먹으면 왜 죽는가?

선악과 자체에 독이 있기 때문이 아니다. 주권자이신 하나님께서 선악과를 먹으면 죽는다고 정하셨기 때문이다. 죄는 하나님의 결정에 따르지 않고 자기가 결정하는 것이다. 스스로 결정권자가 되는 것이 자기가 하나님이 되는 것이다. 창세기 1:29에 하나님께서 인간에게 먹을 것을 정해 주시면서 선악과를 먹지 말라고 하셨다면 선악과는 내 것이 아니다.[4]

죄는 내 것이 아닌 것을 정당하지 못한 방법으로 내 것으로 삼는 탐욕이다. 이렇게 죄는 하나님의 결정에 따르지 않고 내가 결정하려는 '교만'과 내 것이 아닌 것을 내 것 삼으려는 '탐심'이다.[5] 이러한 죄로 인해 선한 세상에 악이 들어와 선악이 공존하며 다투는 무질서한 세상이 되었다.

창세기에서 악은 생명을 빼앗는 일이고, 그것은 먹을 것을 빼앗는 것으로 나타난다. 아담이 자기 것이 아닌 선악과를 먹는 것이나, 전쟁을 일으켜 약자를 죽이고 그의 소유를 빼앗는 것(창 14:11; 34:25-29), 양을 죽인 형들, 암소를 먹은 흉한(עַר[라], 사악한) 소가 그러하다.

이와 반대로 선은 생명을 살리는 일이며 먹을 것을 공급하는 것으로 나타난다. 아담이 노동하여 짐승들에게 먹인 것, 노아가 방주에서 짐승들을 먹인 것(창 6:20-21), 요셉이 형제들과 애굽, 각 나라 그리고 짐승들에게까지 양식을 공급한 것이 그러하다(창 41:57; 47:12, 17).[6]

결국, 선한 세상은 함께 살아가는 세상이다. 하지만 이것은 인간 본성으로 불가능하다. 다른 사람을 억압해서 제국적인 힘을 가지려고 하는 것이 타락한 본성이며,[7] 가인과 요셉의 형처럼 형제일지라도

시기하고 원수 삼는 죄성에 사로잡혀 있기 때문이다.

죄는 다른 사람을 부족과 결핍에 떨어트리고 자기는 거기에서 벗어나려는 세상 마인드다. 부족과 결핍을 하나님의 은혜에 맡기고 자족하며 살아가는 것, 여기에서 한 걸음 더 나아가 내가 수고하여 거둔 것으로 그것이 없는 사람에게 나누며 사는 것이 신앙이고 하나님이 보시기에 선한 생활, 왕 같은 제사장적 삶이다.

하나님이 보시기에 선한 세상으로의 회복이 가능할까?

하나님은 선으로 악을 이겨 하나님 나라를 회복하실 여자의 후손을 약속하신다. 여자의 후손이신 예수님은 자기를 죽이는 자들을 위해 십자가 위에서 "아버지 저들을 사하여 주옵소서"(눅 23:34)라고 기도하시므로 선으로 악을 이기신다. 하나님을 떠나 원수 된 죄인들을 위해 그들을 대신하여 죽으심으로 그들을 죄와 죽음과 사탄에서 구원하시고 새로운 피조물로 회복시키신다(롬 5:8; 갈 2:20; 고후 5:17).

요셉은 형들의 악(ער[라])에 동참하지 않고 아버지에게 말하므로 집에서 악을 억제하는 선을 행한다(창 37:2). 여주인이 유혹할 때 악(ער[라])을 행하지 않겠다며 거절한다(창 39:9). 감옥에서 관원장들이 꿈을 꾸고 "근심의 빛"(ער[라])을 보일 때 먼저 다가가서 해석해 줌으로써 선을 베푼다(창 40:7). 바로가 꿈을 꾸었던 "흉한"(ער[라]) 소(흉년) 문제도 해결한다(창 41:3).

그뿐만 아니라 자기에게 악을 행한 자들을 용서하고 섬기므로 요셉은 선으로 악을 이기는 하나님 나라의 승리와 회복을 보여 준다(창 50:20). 그리고 하나님은 악의 문제를 궁극적으로 해결해 줄 여자의 후손을 약속하셨다(창 3:15).

3. 여자의 후손

뱀의 유혹에 빠져 범죄한 인간에게 하나님께서 먼저 찾아오셨다. 그리고 아담과 하와, 뱀 그리고 자연에까지 죄의 삯인 저주와 죽음을 선고하셨다. 그러나 하나님은 심판만 선언하신 것이 아니라 다음과 같이 구원도 약속하셨다.

> 내가 너로 여자와 원수가 되게 하고 네 후손도 여자의 후손과 원수가 되게 하리니 여자의 후손은 네 머리를 상하게 할 것이요 너는 그의 발꿈치를 상하게 할 것이니라(창 3:15).

뱀은 여자를 유혹하여 자기편을 만들었지만, 하나님은 뱀과 여자를 적대 관계가 되게 하실 것이다. 뱀의 후손도 여자의 후손과 원수가 될 것이다. 여자의 후손은 뱀의 머리를 상하게 할 것이고, 뱀은 여자의 후손 발꿈치를 상하게 할 것이다.

하나님은 뱀을 이길 여자의 후손을 약속하신 것이다. 여자의 후손을 통해 인류는 뱀과 죄, 저주와 죽음에서 구원될 것이다. 따라서 여자의 후손은 인류의 구원자다. 인류를 사탄과 죄와 그 결과에서 구원한다는 의미에서 여자의 후손 언약은 최초의 복음 언약이다.

여자의 후손은 여자에게서 태어날 사람이다. 인류를 대신하고 대표하여 뱀과 싸워 이길 것이다. 궁극적으로 남자의 씨가 아니라 성령으로 마리아에게 잉태되신 '예수님'이시다(마 1:20).

예수님은 십자가에서 죽으시고(발꿈치를 상하심) 부활(뱀의 머리를 상하게 하심)하시어 죽음과 사탄을 이기심으로 죄인의 구원자가 되셨다.

> 십자가로 그들을 이기셨느니라(골 2:15).

> … 그도 또한 같은 모양으로 혈과 육을 함께 지니심은 죽음을 통하여 죽음의 세력을 잡은 자 곧 마귀를 멸하시며 또 죽기를 무서워하므로 한평생 매여 종 노릇하는 모든 자들을 놓아 주려 하심이니(히 2:14-15).

여자의 후손이신 예수님은 십자가와 부활로 죄와 죽음과 사탄을 이기셨다. 이처럼 궁극적으로 여자의 후손, 즉 메시아는 예수 그리스도이시다.

하지만 성경은 시대마다 예표하는 인물을 통해 메시아적 사역을 이루게 하므로 메시아와 메시아가 하실 구원에 대해 말씀하고 있다. 그들이 완벽하지는 않다. 따라서 역사를 통해 메시아적 인물들을 경험할수록 메시아와 그의 사역에 대해 조금씩 알아감과 동시에 충족되지 못함으로 인해 완전한 메시아와 그의 사역을 더욱 기대하게 하는 역할을 한다. 이는 마치 영화의 예고편을 보는 것과 같다. 영화의 내용을 희미하게나마 맛보므로 전체 내용에 대한 궁금증과 아쉬움으로 인해 더 영화를 기대하며 기다리게 된다.

요셉은 당대의 메시아적 인물이다. 요셉의 신앙과 인격 그리고 하나님의 백성을 구원하고 온 세상을 섬기는 삶을 통해 완전한 메시아이신 예수 그리스도를 보여 준다.

4. 번성 언약

선악과 이후 인류는 하나님을 섬기는 아벨(셋)의 자손과 하나님을 떠난 가인의 자손으로 나누어진다. 그러다 "하나님의 아들들이 사람의 딸들의 아름다움을 보고 자기들이 좋아하는 모든 여자를 아내로 삼는"(창 6:2)다. 교회가 구별됨을 상실하고 세속화된 것이다. 그러자 하나님은 홍수로 온 인류를 멸하시고 노아 가정을 통해 새로운 인류를 시작하신다. 하지만 죄성이 제거되지 않은 인류는 바벨탑을 쌓는다.

"온 지면에 흩어짐을 면하자"라는 그들의 구호는 바벨탑이 생육, 번성, 충만하라는 하나님의 창조 명령에 대한 반역이고, "탑 꼭대기를 하늘에 닿게 하여"라는 것은 인간의 능력으로 심판을 모면하려는 자력 구원 행위로 다시는 홍수로 심판하지 않겠다는 하나님의 약속(창 9:11, 15)에 대한 불신앙이며, "우리 이름을 내고"라는 것은 인본주의로서 하나님의 영광에 대한 도전이다(창 11:4). 인류는 바벨탑 아래 모여 하나님을 떠나 인간 나라를 세우려는 것이다.

이에 하나님은 아브라함을 불러내신다.

> 여호와께서 아브람에게 이르시되 너는 너의 고향과 친척과 아버지의 집을 떠나 내가 네게 보여 줄 땅으로 가라 내가 너로 큰 민족을 이루고 네게 복을 주어 네 이름을 창대하게 하리니 너는 복이 될지라 너를 축복하는 자에게는 내가 복을 내리고 너를 저주하는 자에게는 내가 저주하리니 땅의 모든 족속이 너로 말미암아 복을 얻을 것이라 하신지라(창 12:1-3).

"너는 너의 고향과 친척과 아버지의 집을 떠나"라는 것은 땅(고향), 친척(사람), 아버지의 집(아버지의 통치)을 떠나라는 것이다. "내가 네게 보여 줄 땅으로 가라 … 이 땅을 네 자손에게 주리라"는 것은 땅을 주시겠다는 약속이고, "내가 너로 큰 민족을 이루고"라는 말씀은 그의 자손을 민족으로 번성케 하겠다는 약속이며, "네 이름을 창대하게 하리니"라는 말씀은 당시에 이름이 창대한 사람은 왕뿐이었으므로 왕 같은 존재가 되게 하겠다는 약속이다.

훗날 하나님이 다윗왕의 이름을 위대하게 만들어 주시겠다고 다윗

왕조를 약속하시는데, 이 다윗 언약에서 "위대"(גָּדוֹל[가돌])는 아브라함에게 하신 "창대"(גָּדַל[가달])에서 파생된 형용사다(삼하 7:9). 아브라함에게 왕 언약을 하신 것이다.

떠날 것은 땅, 사람, 주권(아버지)이고, 주실 것도 땅, 사람, 주권(왕)이다. 하나님은 인간 나라를 떠나는 아브라함에게 새로운 땅과 민족으로의 번성과 주권을 주시겠다고 약속하셨다. 땅과 사람과 주권은 한 나라를 이루는 기본 요소다.

즉, 하나님은 인간(세상) 나라에 사는 아브라함을 하나님 나라로 부르시는 것이다. 아브라함에게 하신 이 약속을 '하나님 나라 언약'이라고 부른다. 홍수 심판 이후에도 인류가 범죄하여 바벨탑으로 하나님을 대항하는 인간 나라를 세우자 하나님은 '죄를 제거할 하나님 나라'를 세상 가운데 세우실 것을 약속하신 것이다.

아브라함은 하나님 나라의 언약을 믿고 인간 나라를 떠난다. 그 후 구약성경은 아브라함에게 약속하신 하나님 나라의 성취 과정을 보여 준다. 창세기는 아브라함의 자손이 민족으로 번성하는 자손 언약의 성취 과정을 보여 준다.

창세기에 족장들이 만나는 모든 문제는 자녀 문제다. 자녀를 낳지 못하거나 형제들이 많아서 서로 상속자가 되려고 다툰다. 전능하신 하나님은 이런 문제를 해결해 가시며 약속하신 '민족으로의 번성'을 이루어 가신다(출 6:3). 또, 그 과정을 통해 '어떻게 아브라함의 자손이 될 수 있는지, 누가 언약의 계승자인지'를 가르쳐 주신다.

아브라함의 자손이 애굽에서 민족으로 번성하여 자손 언약이 성취된다. 하지만 애굽은 하나님이 주신 땅이 아니다(출 1:7). 이제 역사는 땅 언약 성취를 향해 나아간다. 출애굽기부터 여호수아까지는 땅 언약 성취 과정을 보여 준다. 이 세대가 만나는 모든 문제의 핵심은 '어느 땅을 향하는가?' 하는 것이다. 하나님만이 "온 땅의 주"(수 3:11)이심을 믿고 하나님이 주시겠다고 약속하신 가나안 땅을 향하면 믿음이요, 애굽 땅을 향하면 불신앙이다(민 14:4).

드디어 가나안 땅을 정복했지만, 백성이 자기 땅에 살아도 왕의 통치가 없으니, 나라가 온전하지 못하며 고통이다. 이제 역사는 왕 언약 성취를 향해 나아가 사사기부터는 왕 언약 성취 과정을 보여 준다. 이 시대에 만나는 모든 문제는 '어떤 왕이 다스리는가?' 하는 것이다. 왕 때문에 공동체가 흥하기도 망하기도 하면서 참된 왕을 고대하는 메시아 대망 사상으로 발전한다.

마침내 신약에서 자기 백성을 죄에서 구원하기 위해 참 왕이신 예수님이 오심(마 1:21)으로 아브라함에게 약속하셨던 '하나님 나라의 언약이 성취'되어 '하나님 나라가 시작'된다(마 12:28; 눅 17:21).

이제는 누구든지 예수님을 믿으면 하나님 나라(천국)의 백성이 되어 "네 씨로 말미암아 천하 만민이 복을 받으리니"(창 22:18)라는 메시아 언약이 성취된다. 예수님을 통해 하나님 나라 언약이 성취되므로 아브람은 "복"이 되고 "땅의 모든 족속이 너로 말미암아 복을 얻을 것"(창 12:3)이라는 말씀이 성취된다.

아브람은 예수님의 육신적 조상일 뿐만 아니라 가장 먼저 하나님 나라 언약을 믿었기 때문이다. 그래서 아브라함을 '믿음의 조상'이라고 한다. 아브라함에게 주신 하나님 나라 언약이 중요한 이유는 우리도 아브라함이 가졌던 동일한 믿음으로 구원을 얻기 때문이다(롬 4:9-24). 이처럼 아브라함 언약은 궁극적으로 메시아(여자의 후손)를 통해 하나님 나라를 회복하시겠다는 하나님의 약속이다.

요셉은 창세기의 인물로서 아브라함에게 하신 하나님 나라 언약 가운데 아브라함의 자손이 민족으로 번성하는 '민족 언약'과 관련된다.

5. 햇불 언약

햇불 언약은 하나님 나라 언약 중에서 민족 언약과 땅 언약과 관련된다. 하지만 이스라엘이 번성을 위해 어떤 역사적 경로를 거치게 될 것인지, 언제 가나안 땅을 얻을 것인지에 대한 구체적인 약속이 담겨 있으므로 따로 살펴볼 필요가 있다.

가나안 땅을 주시겠다는 하나님께 아브라함이 "내가 이 땅을 소유로 받을 것을 무엇으로 알리이까"(창 15:7-8)라고 묻는다. 이에 하나님이 아브라함에게 언약을 맺기 위한 제물을 준비하라고 하신다. 그후 하나님이 아브라함에게 "네 자손이 이방에서 객이 되어 그들을 섬기겠고 네 자손은 사대 만에 이 땅으로 돌아오리니"(창 15:13-17)라고 약속하시고 햇불이 쪼갠 고기 사이로 지나간다.

당시 언약을 맺을 때 제물을 반으로 쪼개고 언약의 당사자가 함께 제물 사이로 지나갔다. 언약을 어길 경우 그 제물처럼 쪼개져 죽어도 좋다는 뜻이다. 그런데 아브라함은 지나가지 않고 햇불만 지나간다. 이것은 아브라함의 질문에 대해 하나님이 언약으로 대답하신 것이다.

아브라함이 가나안 땅을 소유로 받을 줄 어떻게 알 수 있는가?

아브라함의 자손이 이방 땅에 나그네로 갔다가 사대 만에 돌아올 때 이루어질 것이다. 그것을 하나님이 '홀로 반드시' 이루시겠다고 언약식을 통해 맹세하시고 확증해 주신 것이다.

그리고 "야곱이 그 아들들과 손자들과 딸들과 손녀들 곧 그의 모든 자손을 데리고 애굽으로 갔더라"(창 46:7)라는 기록에서 햇불 언약의 부분적 성취를 본다. 그것은 요셉이 애굽에 먼저 가서 총리가 되어 기근 2년째에 이스라엘을 애굽으로 초청하여 이루어졌다(창 45:9-11). 하나님은 신실하시다.

6. 히브리 문학 구조로 본 요셉의 삶

요셉의 삶이 기록된 창세기 37-50장을 언약 중심으로 세 부분으로 나누었다.

성경	내용	의미
창세기 37-41장	요셉이 형들에게 팔려 애굽에 가서 총리가 됨.	현재에 요셉을 높여 주시겠다는 '꿈(약속)'의 성취.
창세기 42-47:27	야곱 가족이 애굽 땅에 거주하여 번성함.	과거에 아브라함에게 하셨던 이스라엘이 이방에서 객이 될 것이라는 '햇불 언약'과 민족으로 번성할 것이라는 '자손 언약'의 성취.
창세기 47:28-50장	하나님께서 이스라엘을 가나안 땅으로 데려가실 것이니 자기를 가나안 땅에 장사하라는 야곱과 요셉의 유언과 죽음.	미래에 성취될 출애굽을 통한 '땅 언약'을 지향.

1) 창세기 37-41장의 구조 : 요셉의 꿈(언약)

A 높여 주시겠다는 꿈을 꿈(창 37:2-11)
   B 형들이 꿈을 꾼 요셉을 시기하여 팔아 노예로 낮춤(37:12-36)
      C 유다가 창녀와 간음함(38장)
         D 여호와께서 함께하심(39:1~6) = 핵심
      C' 요셉이 여주인의 간음을 거절함(39:7-20)
   B' 술 관원장이 꿈을 해석해 준 요셉을 잊어 낮아짐이 연장됨(40장)
A' 가장 높은 총리가 되어 꿈이 이루어짐(41장)

이 대칭구조에서 강조하려는 것은 가운데 부분 D 하나님이 함께하셨다는 것이다. 요셉의 꿈은 '하나님의 약속-요셉이 고난 당함-요셉의 신실-하나님이 함께하심-약속 성취'라는 과정을 거치는데 요셉에게 하신 하나님의 약속이 성취될 수 있었던 근원은 요셉과 함께하신 하나님때문이라는 것이다.

2) 창세기 42-47:27의 구조 : 민족(횃불) 언약

A 기근으로 양식을 사기 위해 형들만 애굽으로 감(42:1~5)
 B 형들이 요셉에게 절을 함(42:6~8)
  C 요셉이 형들을 시험함(42:9~20) = 정탐꾼으로
   D 형들의 변화 : 요셉에게 했던 죄를 자백함(42:21~23)
    E 형들의 변화된 모습을 보고 요셉이 욺(42:24~25)
     F 형들이 곡식을 사서 가나안 땅으로 돌아옴(42:26~38)
A' 기근이 심해 양식을 사기 위해 베냐민도 애굽으로 감(43:1~15)
 B' 형제들이 요셉에게 절을 함(43:16~28)
    요셉이 베냐민을 보고 욺(46:29~32)
    형들의 변화 : 베냐민을 시기하지 않음(46:33~34)
  C' 요셉이 형들을 시험함(44:1~44:12)
   D' 형들의 변화 : 유다가 베냐민을 대신해 종이 되겠다함(44:13~34)
    E' 형들의 변화된 모습을 보고 요셉이 욺(45:1~45:15)
     F' 형들이 곡식을 사서 가나안 땅으로 돌아옴(45:16~28)
A" 야곱 가족이 모두 애굽으로 감(46:1~27)
 B 야곱 가족이 애굽 고센 땅에 거주함(46:28~47:10)
  C 요셉이 온 가족을 봉양함(47:11~12)

F" 기근이 더욱 심해도 이스라엘은 애굽에 거주하여 생육 번성(47:13~27)
   = 민족언약 성취

이 평행구조에서 핵심은 마지막 F"다. 강조하는 것은 이스라엘이 요셉을 통해 애굽으로 이주하여 번성했다는 것이며 그것은 아브라함에게 하셨던 횃불언약과 민족언약의 성취라는 것이다.

3) 창세기 47:28-50:25의 구조 : 땅 언약(출애굽)

A 야곱이 147세에 요셉에게 자기를 가나안 땅에 묻으라고 맹세시킴(47:28-31)
  B 야곱이 요셉에게 가나안 땅을 주시겠다고 하신 하나님의 약속을 말함(48:1-4)
    C 야곱이 요셉의 두 아들을 축복하고 요셉에게 땅을 더 주어 번성함(48:5-22)
      D 야곱이 장자로서 열두 아들을 축복(49:1-28)
        E 야곱이 죽고 가나안 땅에 장례(49:29-50:14) = 출애굽(땅 언약 성취)을 예표 = 핵심
      D' 요셉이 장자로서 형들의 자손까지 보양(50:15-21)
    C' 요셉이 자손 삼대를 보는 번성(50:22-23)
  B' 요셉이 형제들에게 하나님이 약속하신 가나안 땅에 이르게 하실 것이라고 말함(50:24)
A' 요셉이 110세 출애굽 때 자기 해골을 메고 가도록 맹세시킨 후 죽음(50:25-26)

이 구조에서 강조하는 것은 가운데 부분인 E 야곱이 죽고 가나안 땅에 장례하는 것이다. 그것은 입(入)애굽한 이스라엘이 언젠가 땅 언약 성취를 위해 출(出)애굽할 것을 예표하는 것이다. 애굽에서의 야곱과 요셉은 가나안 땅을 줄 것이라는 땅 언약 성취를 지향하며 살았다.

위와 같이 히브리 문학 구조를 통해 요셉 삶의 전체적인 뼈대와 핵심을 살펴보면, 전반부는 현재 요셉에게 꿈으로 높여 주시겠다고 하셨던 '약속의 성취'와 관련되고, 중반부는 과거에 아브라함에게 하셨던 '민족(횃불) 언약 성취'와 관련되며, 후반부는 미래에 있을 '땅 언약 성취'(출애굽)와 관련된다. 요셉의 삶은 철저하게 '언약 성취를 지향'하고 있다.

이처럼 창세기는 메시아를 통해 하나님 나라를 회복하려는 언약 중심으로 진행된다. 따라서 창세기에서는 언약 전수자인 장자가 중요하다. 그것이 아브라함 가문에서 늘 형제간에 장자권 분쟁이 발생한 이유다. 성경 전체적으로는 여자의 후손을 통한 선의 승리와 하나님 나라의 회복을 보여 준다.

창세기에서는 하나님의 창조로 시작된 역사를 어떻게 마감하는가?
요셉을 통해 선으로 악을 이기시는 하나님을 보여 준다(창 50:20). 그 요셉을 통해 악한 세상을 선하게 회복하는 하나님 나라 백성의 삶을 제시한다.

종합하면, 하나님이 약속하신 대로 여자의 후손(요셉)이 이스라엘을 애굽으로 이주시켜 횃불 언약과 민족(번성) 언약의 기초를 놓을 것이며, 악을 이기고 하나님이 보시기에 선한 세상(하나님 나라)으로 회복시킬 것이다. 따라서 이 책에서는 요셉의 삶을 선으로 악을 이기어 하나님이 보시기에 선한 세상을 회복하고, 아브라함에게 하신 횃불 언약과 민족 언약을 성취하는 여자 후손의 예표로서 해석할 것이다.

> 요셉은 선으로 악을 이기어 하나님 나라를 회복하고 아브라함(횃불, 민족으로의 번성) 언약을 성취하는 여자 후손의 예표다.

<<< 생각 나누기 >>>

1. 창세기와 요셉의 삶을 해석하는 렌즈는 하나님이 보시기에 (   ) 세상, 선과 악이 (   )며 공존하는 무질서한 세상, 여자의 (   ) 언약, 하나님 (   ) 언약, 아브라함의 자손이 이방 땅으로 갈 것이라는 (   ) 언약이다.

2. 정복하고 다스리는 것은 아담이 하나님의 (   )통치자로서 하나님의 창조 세계가 (   )으로 가득해지도록 그들이 먹을 것을 생산하기 위해 (   )하고 얻은 것을 (   )는 것이다.

3. 하나님이 창조하신 선한 세상이 아담의 범죄로 인해 어떻게 되었는가?

4. 악한 세상을 선한 세상으로 회복하시는 하나님의 방법은 무엇인가?

5. 하나님이 아브라함에게 하신 하나님 나라 언약은 구체적으로 아브라함의 자손이 (   )으로 번성할 것이라는 자손 언약, 가나안 (   )을 주겠다는 땅 언약, 정의와 공의로 다스릴 (   )을 주겠다는 왕 언약이다.

6. 히브리 문학 구조로 볼 때 요셉이 삶에서 추구한 것은 무엇인가?

7. (   )은 선으로 악을 이기어 하나님이 보시기에 선한 세상을 회복하고 아브라함에게 하신 횃불 언약과 민족 언약을 성취하는 여자 후손의 예표다.

8. 당신은 자기의 삶을 어떤 렌즈로 보는가? 어떤 삶을 추구하는가?

제2장

요셉의 꿈은 무엇인가?

'요셉' 하면 가장 먼저 떠오르는 것이 무엇인가?

대부분 '꿈'을 떠올릴 것이다. 요셉은 극적인 고난을 이겨내고 꿈을 이룬 성공의 모델 '꿈의 사람'으로 인정하기 때문이다. 사람들이 말하는 요셉의 '꿈'은 '목표'다.

그러나 과연 요셉이 목표를 가지고 있었고, 그 소원을 이루었는가? 결코 그렇지 않다.

1. 하나님이 주신 섭리적 계시

"요셉이 꿈을 꾸고"(Joseph had a dream),

"요셉이 다시 꿈을 꾸고"(Then he had another dream)(창 37:5, 9).[8]

요셉이 꿈을 꾸었다. 그것도 두 번이나. 그래서인지 사람들은 요셉을 '꿈꾸는 사람'이라고 부른다. 하지만 성경에서 두 번 꿈을 꾼 사람은 요셉만이 아니다. 야곱(창 28:12; 31:10)과 애굽의 바로(창 41:1, 5)와 바벨론의 느부갓네살왕도 두 번씩 꿈을 꾸었다(단 2:1; 4:5).

그런데도 요셉만 꿈꾸는 사람이라 부르고, 요셉처럼 꿈을 꾸자고 하는 이유는 다른 사람의 꿈은 '자면서 꾼 꿈'으로 해석하고 요셉의 꿈만 '목표'로 해석하기 때문일 것이다.

이러한 해석은 합당할까?

사람들이 요셉을 "꿈꾸는 사람"이라고 부를 때의 꿈은 삶의 목표로서 'Vision'을 의미하지만 성경에서 요셉의 꿈은 'Dream'이다. 사전에서 'Dream'과 '꿈'을 찾아보면 다음과 같이 설명하고 있다.

Dream	꿈
자면서 꾸는 꿈	잠자는 동안의 정신 현상
희망을 담은 꿈	희망
망상	

즉, 영어에서 Dream은 '자면서 꾸는 꿈'과 '목표를 의미하는 꿈', 심지어 '망상'의 의미로도 쓰인다는 것이다. 영어로만 보면 요셉의 꿈(Dream)을 '목표'로 번역할 수 있다.

요셉에게 사용된 '꿈'이라는 단어의 정확한 의미를 파악하려면 원어를 보아야 한다. 구약성경에 기록된 꿈(חֲלֹם[하롬])은 히브리어로는 '수면 상태에서의 꿈'을 의미한다. 그렇다면 요셉의 꿈은 망상도 목표도 아닌 '자면서 꾼 꿈'이다. 따라서 "우리도 요셉처럼 꿈을 꾸자!"라는 말은 '우리도 요셉처럼 잠잘 때 꿈을 꾸자'라는 의미가 되므로 합당하지 않다.

수면 상태에서의 꿈과 깨어 있는 상태에서의 목표는 전혀 다르다. 자면서 꾸는 꿈은 무의식적이고 수동적이지만, 깨어서 결정한 목표는 스스로가 의식적, 능동적으로 바라는 것이기 때문이다. 만약 요셉이 스스로 목표를 가졌다면 창세기 37:7을 1인칭으로 '(내가) 절하도록 만들겠습니다'라고 말했을 것이다. 하지만 성경은 3인칭으로 "절하더이다"라고 기록한다. 5절의 "꾸고"도 3인칭이다. 요셉의 꿈은 스스로 가지거나 결정한 목표가 아니기 때문이다.

그러므로 '요셉처럼 꿈(목표)을 가지고 꿈(목표)을 이루라!'라고 하는 것도 억지 해석이고 왜곡된 적용이다. 그렇게 해석하면 바로의 꿈이나 신하들의 꿈 또한 목표로 해석해야 할 것이며, 떡 굽는 관원장의 꿈은 사흘 후에 죽을 것이라는 목표가 되므로 말이 되지 않는다.

그런데도 요셉의 꿈을 목표라고 하는 이유는 세속적인 관점으로 요셉을 보고 역경을 이겨낸 성공의 모델로만 삼기 때문이 아닐까? 비전을 이룬 사람으로 요셉을 미화해 자기 야망을 정당화하고 많은 사람이 나에게 절하는 달콤한 성공을 합리화하려는 것은 아닐까? 신앙을 번영의 도구로 생각하는 사람의 욕심을 채워 주려는 것은 아닐까?

이유가 어떠하든 이러한 자의적인 해석과 적용은 성경의 지지를 얻지 못한다. 요셉의 꿈은 목표가 아니라 자면서 꾸는 꿈이며 요셉의 삶은 단순히 요셉 개인의 성공 신화가 아니기 때문이다.

💡 요셉이 자면서 꿈을 꾼 것은 어떤 의미일까?

하나님이 주신 계시의 말씀이다.

요셉의 꿈의 특징은 자기 의지와 관계없이 수동적으로 꿈을 받은 점이다. 요셉의 꿈은 하나님께서 주신 것이다. 요셉이 살던 시대는 아직 계시가 완성되지 않은 시대로서 하나님은 다양한 방법으로 하나님의 뜻을 알려 주셨다.

하나님께서 음성[9]으로 대답하시더라(출 19:19).

나 여호와가 환상[10]으로 나를 … 알리기도 하고 꿈[11]으로 … 그와 말하기도 하거니와(민 12:6).

여호와께 묻자오되 여호와께서 … 우림[12]으로도, 선지자로도 대답 … (삼상 28:6).

이상[13]으로 받은 말씀이라(암 1:1).

제비는 사람이 뽑으나 모든 일을 작정하기는 여호와께 있느니라(잠 16:33; 행 1:26).

이렇게 하나님은 성경이 완성되기 전에는 음성, 이적, 이상, 환상, 선지자, 우림, 제비뽑기, 자면서 꾸는 꿈 등 다양한 방식으로 계시(하나님과 하나님의 뜻을 알려 주심)하셨다.

옛적에 … 여러 부분과 여러 모양으로 우리 조상들에게 말씀하신 하나님(히 1:1).

그러므로 성경이 완성되지 않았고 계시가 진행 중인 시대에 요셉이 꿈을 꾸었다는 것은 하나님의 계시를 받은 것이다.[14] 그렇다고 모든 사람이 자면서 꾸는 꿈이 다 계시는 아니다. 하지만 성경에 기록된, 특히 신앙 인물들의 꿈 이야기는 하나님의 뜻과 계획을 알려 준다는 의미에서 계시적이다.

예를 들어, 요셉은 자기가 꾼 꿈으로 인해 형들에 의해 애굽으로 보내지고 노예가 된다. 나중에 요셉은 관원장들의 꿈을 해석해 주어 죄수임에도 바로를 만나게 되고 바로의 꿈을 해석해 주어 애굽의 총리가 된다. 이처럼 요셉은 꿈으로 인해 삶에 전환점이 일어난다. 그 꿈들은 하나님의 뜻을 보여 주는 계시였기 때문이다.

다음 말씀은 요셉이 꿈을 꾼 것이 하나님께 말씀을 받은 것이라는 결정적인 증거다.

> 요셉이 종으로 팔렸도다. 그의 발은 차꼬를 차고 그의 몸은 쇠사슬에 매였으니 곧 여호와의 말씀이 응할 때까지라 그의 말씀이 그를 단련하였도다(시 105:17-19).

요셉에게 말씀이 응했다는 말은 하나님께서 하신 말씀대로 요셉에게 이루어졌다는 의미이고, 그것은 하나님께서 요셉에게 말씀을 주셨다는 것을 전제한다. 위의 말씀을 풀어쓰면 '여호와께서 요셉에게 말씀을 주셨고, 그 말씀이 요셉에게 이루어질 때까지 요셉을 고난으로 단련하였다'이다.

위의 내용을 종합하면 창세기 37장에서 요셉이 꿈(Dream)을 꾸었다는 것은 요셉이 하나님으로부터 말씀을 받았다는 의미다.

하나님께서 요셉에게 주신 말씀이 무엇인가?

2. 하나님의 약속

요셉은 두 번 꿈을 꾼다.

첫 번째 꿈은 요셉을 형들보다 높여 주시겠다는 것이다.

> 우리가 밭에서 곡식 단을 묶더니 내 단은 일어서고 당신들의 단은 내 단을 둘러서서 절하더이다(창 37:7).

요셉이 열한 번째 동생이지만 '하나님의 약속의 계승자, 아브라함의 상속자, 즉 장자로 하나님께서 선택'하셨음을 알려 주신 것이다.

아브라함에게 주신 하나님 나라 언약은 아브라함의 자손 가운데 장자로 선택받은 자(이삭, 야곱)에 의해 계승된다. 그래서 아브라함 가문에서 가장 중요한 일은 장자를 세우는 일이며 가장 중요한 사람은 장자다.

💡 **그렇다면 야곱의 열두 아들 중에서 누가 아브라함(언약)의 상속(계승)자인가?**

하나님께서 꿈을 통해 요셉을 선택하셨음을 알려 주신 것이다. 이처럼 아브라함 가문에서 장자는 아브라함의 혈통과 재산의 상속자만이 아니라 하나님 나라(메시아) 약속의 계승자다. 그런 의미에서 '약속의 계승자'와 '아브라함의 상속자'와 '장자'는 같은 뜻이다.

두 번째 꿈은 형제들과 부모님까지 요셉에게 절을 할 만큼 높여 주시겠다는 약속으로 처음 꿈과는 약간의 차이가 있다.

> 해와 달과 열한 별이 내게 절하더이다(창 37:9).
> 그의 형들이 그에게 이르되 네가 참으로 우리의 왕이 되겠느냐 참으로 우리를 다스리게 되겠느냐(창 37:8).
> 그가 그의 꿈을 아버지와 형들에게 말하매 아버지가 … 그에게 이르되 네가 꾼 꿈이 무엇이냐 나와 네 어머니와 네 형들이 참으로 가서 땅에 엎드려 네게 절하겠느냐(창 37:10-11).

요셉의 꿈을 들은 형들과 아버지는 요셉이 형들을 다스리고 부모도 절을 하는 존재가 될 것이라고 해석한다. 요셉의 꿈은 요셉이 '통치자'가 될 것이라는 의미다. 형들보다 요셉을 높이는 것은 요셉이

'장자'라는 뜻이며, 부모까지 절을 하는 것은 요셉을 '왕 같은 존재'로 '높이겠다'라는 의미다.

> 너는 내 집을 다스리라 내 백성이 다 네 명령에 복종하리니 내가 너보다 높은 것은 내 왕좌뿐이니라(창 41:40).
> 하나님께서 나를 바로에게 아버지로 삼으시고 그 온 집의 주로 삼으시며 이집트 온 땅의 통치자로 삼으셨나이다. 하나님께서 나를 애굽 전국의 주로 세우셨으니(창 45:8-9).
> 바로가 그를 애굽과 자기 온 집의 통치자로 세웠느니라(행 7:10).

하나님은 꿈을 통해 요셉의 미래에 대한 하나님의 계획을 알려 주신 것이다.

💡 하나님은 왜 요셉에게 두 번이나 꿈으로 말씀하셨는가?

하나님의 결정이라는 것과 빨리 실행할 것을 알려 주신 것이다. 성경에서는 어떤 사건에 대해 두 명 이상의 증인이 있어야 그 말을 사실로 인정했다(신 19:15; 마 18:16). 두 명, 즉 "2"는 '증인의 숫자'로, 두 번 반복하는 것은 '진실성, 신뢰성, 확실성'을 강조하는 것이다. 그래서 요셉이 "바로에게 꿈을 두 번 겹쳐 꾸신 것은 하나님께서 이 일을 정하셨음이라 하나님께서 속히 행하시리니"(창 41:32)라고 말한 것이다.

그러므로 요셉이 같은 의미의 꿈을 두 번 꾼 것은 하나님의 확고한 결정과 신속한 실행 의지의 표현이다.[15] 요셉의 처지에서 아버지의 두 번째 아내의 아들이고, 어렸을 때 엄마가 돌아가셨으며, 형제 가운데 열한 번째이기 때문에 자기가 장자가 되리라고는 전혀 예상하지 못했을 것이다. 이런 상황에서 요셉이 꿈을 한 번만 꾸었다면 꿈의 내용을 확신하기 어려웠을 것이다.

  하나님이 두 번 반복해서 꿈을 주신 것은 먼저 요셉에게 확신을 주시기 위한 친절한 배려다. 진실하신 하나님이 스스로가 증인이 되셔서 당신의 뜻을 보증하시고 약속을 반드시 이루겠다고 맹세하신 것이다. 이처럼 하나님은 두 번의 꿈(계시)을 통해 요셉을 하나님 나라의 상속(장)자와 통치자로 선택하셨음을 알려 주시고, 동시에 그렇게 높여 주시겠다고 약속하셨다.

3. 하나님의 부르심

> 내가 나의 모든 기뻐하는 것을 이루리라 … 나의 뜻을 이룰 사람을 부를 것이라 (사 46:10-11).

💡 하나님의 약속을 받은 요셉에게 그것은 어떤 의미인가?

하나님은 사람을 불러서 하나님의 뜻을 이루신다. 그러므로 하나님이 어떤 사람에게 약속의 말씀을 주시는 것은 그 사람을 통해 하나님의 뜻을 이루시겠다는 부르심이라고 할 수 있다.

예로부터 한 나라의 왕이나 유력한 사람들을 해와 달에 비유했다(민 24:17 "별"은, 19절의 "주권자"와 같은 의미다. 말 4:2; 계 22:16).[16] 동방박사들이 별을 보고 유대인의 왕이 태어난 것을 알고 예수님께 경배하러 온 사실에서 알 수 있듯이(마 2:2), 하늘의 해와 달과 열한 별이 요셉에게 절한 꿈(창 37:9)은 요셉을 중심으로 민족이 형성될 것을 알려 주신 것이다.

두 가지 꿈의 의미는 '풍요와 번성을 가져오는 통치자' 또는 '풍요를 통해 민족으로 번성시킬 통치자'라고 할 수 있으며, 아브라함에게 약속하신 '번성'을 기억나게 한다. 하나님께서 아브라함을 부르실 때 "내가 너로 큰 민족을 이루고"(창 12:2)라고 아브라함의 자손이 민족으로 번성하게 될 것을 약속하셨기 때문이다.

거시적으로 요셉의 이야기는 요셉과 형제들과의 대조되는 이야기라기보다는 야곱과 에서를 대조하는 것이라고 볼 수 있다. 야곱이 장자가 되었지만, 창세기 36장 왕들이 나오는 에서의 화려한 족보에 비해 하나님을 섬기는 언약의 상속자 야곱의 족보는 초라하다. 이제 요섭을 통해 아브라함 언약을 성취하시려는 하나님의 계획을 알리신 것이다. 아브라함에게 하신 번성 언약을 성취하기 위해서 요셉을 사용하시려는 것이다.

결과적으로 에서의 족보에서는 지역의 왕이 나왔지만, 야곱의 족보에서는 당대의 제국에 해당하는 애굽의 총리가 나올 것이고, 에서족속보다 번성한 민족이 될 것이다. 7년 흉년 때에 각국에서 양식을 사러 애굽으로 왔을 때 에서의 가족들도 요셉에게 와서 엎드렸을 것이다.

이렇게 볼 때 요셉의 꿈은 하나님께서 아브라함에게 주신 민족 언약의 계승자와 성취자로 요셉을 부르시는 것이다. 그런 면에서 요셉이 꾼 꿈은 요셉의 꿈(목표)이 아니라 하나님의 꿈(계획)이라고 할 수 있다. 왜냐하면, 요셉이 품은 목표를 하나님께서 이루어 주실 것이 아니라 하나님께서 가지신 계획을 요셉을 통해서 이루실 것이기 때문이다.

우리가 요셉을 오해하는 이유는 하나님께서 아브라함에게 하셨던 하나님 나라의 약속이 요셉을 통해 어떻게 이루어지는가에 초점을 맞추지 않고, 요셉이 고난 중에 어떻게 애굽의 총리가 되었는가 하는 개인적인 사실과 세상적 성공에만 초점을 맞추기 때문이다.[17]

이처럼 요셉이 꿈을 꾼 것은 다음과 같은 의미가 있다.

첫째, 요셉이 하나님으로부터 말씀을 받았다는 것이다.

둘째, 장차 이루실 하나님의 계획을 나타내는 '섭리적 계시'다.

성경에 나오는 꿈들은 계시적인 기능을 가질 뿐 아니라, 구속사적인 맥락 속에서 주어진다. 그 가운데 요셉의 꿈은 하나님의 섭리를 보여 주는 꿈이다.[18] 요셉의 꿈을 섭리적 계시라고 한 이유는 계시의 내용이 하나님께서 요셉에게 직접적, 구체적으로 말씀하시는 방식이 아니라 요셉의 삶에 하나님의 섭리를 통해 간접적으로 드러낼 것이기 때문이다.[19]

셋째, 요셉을 장자와 통치자로 높여 주시겠다는 약속이다.

넷째, 하나님께서 아브라함에게 약속하신 대로 이스라엘이 민족으로 번성하도록 섬기라는 사명이다. 즉, 세상에서 높여 줄 것이니 하나님 나라에서 높은 자가 되라는 부르심이다.

다섯째, 요셉의 꿈은 '풍요를 통해 민족으로 번성케 할 통치자'로 요약할 수 있다.

역사의 주인으로서 기쁘신 뜻대로 사용할 사람을 선택하시는 하나님의 주권과 하나님의 계획을 알려 주는 계시이며, 하나님의 말씀인 동시에 약속을 성취하라는 사명으로의 부르심, 즉 '하나님의 언약적 부르심'이다.

💡 요셉의 꿈을 현대에 어떻게 적용할 수 있을까?

요셉에게 꿈으로 찾아오셨던 하나님께서 지금 우리에게는 성경으로 찾아오신다. 성경은 하나님 계시의 완성으로서 하나님의 꿈(뜻, 계획)이 담겨 있다. 하나님께서는 성경으로 하나님의 뜻을 보여 주시고 그 뜻을 이루기 위해 우리를 부르신다.

성경으로 우리에게 약속하셔서 희망을 주시고 하나님의 말씀을 믿게 하신다. 성경의 약속을 믿으면, 살아갈 바른 이유와 희망과 목적을 찾게 될 것이다. 하나님의 말씀을 이루려는 열망을 가지고 사는 성도는 누구나 하나님께 귀하게 쓰임 받는 위인이 될 수 있다.

💡 '꿈꾸는 대로 이루어지므로 우리도 요셉처럼 꿈을 가지자!'라는 구호는 잘못된 것인가?

이것이 만약 '비전을 가지면 반드시 이루어지므로 요셉처럼 비전을 가지자'라는 의미라면 성공을 위해 신앙을 이용하는 세속적인 것으로서 비성경적이며 잘못된 표현이다. 비전을 가진다고 반드시 이루어지는 것도 아니므로 거짓말이 될 수 있다.

하지만 '하나님의 약속(말씀, 뜻)은 반드시 이루어지므로, 요셉처럼 고난이 있어도 하나님의 약속을 이루기 위해서 살자!'라는 의미라면 귀한 믿음이다. 그런 의미라면 구호도 이렇게 바뀌어야 한다.

'하나님의 약속은 반드시 이루어지므로, 하나님의 약속을 이루기 위해서 살자!
언약신앙으로 살자!
말씀대로 살자!'

💡 요셉의 꿈이 하나님 약속이라면 비전이라고 해도 되지 않는가?

대부분 현대 설교에서 요셉처럼 꿈을 꾸고, 꿈을 가지라고 말할 때는 '큰 목표를 가지고 노력해서 성공하라'라는 인본적이고 세속적인 의미의 심리적 선동이므로 하나님의 약속과는 상관이 없다.

요셉이 꿈을 통해 받은 하나님의 약속을 자기 삶의 비전으로 삼았을 수는 있다. 그런 의미라면 막연하게 '꿈을 꾸라! 꿈을 가지라'라는 표현 대신 다음과 같이 바꾸는 것이 적절하다.

'하나님의 말씀대로 살려는 목표(꿈)를 가지라!

말씀을 이루는 삶을 살라!'

> 요셉의 꿈은 하나님이 주신 말씀으로 요셉을 장자와 통치자로 높여 주시겠다는 약속이며, 아브라함 언약의 성취자와 하나님 나라에서 큰 자가 되라는 부르심이다.

<<< 생각 나누기 >>>

1. 요셉의 꿈은 자면서 꾼 꿈인가 목표(비전)인가? 이 둘은 어떻게 다른가?

2. 요셉이 꿈을 꾸었다는 것은 어떤 의미인가?

3. 하나님이 꿈을 통해 요셉에게 주신 약속은 무엇인가?

4. 하나님의 말씀은 요셉에게 어떤 의미인가?

5. 요셉의 꿈에 담긴 의미를 한 문장으로 요약해 보라.

6. 요셉에게 꿈으로 말씀하신 하나님은 현대에 무엇으로 우리에게 말씀하시는가?

7. 요셉이 꾼 꿈은 어떤 의미에서 요셉의 꿈(목표)이 아니라 하나님의 꿈(계획)이라고 할 수 있는가?

8. 요셉의 꿈을 통해 발견한 것을 나누어 보라.

제3장

꿈에 대한 반응

하나님의 약속을 받은 성도의 삶에는 어떤 일이 일어날까? 하나님의 약속과 요셉의 현실 사이는 멀었다. 그리고 점점 더 멀어져 갔다.

1. 요셉의 신앙 vs. 형들의 시기

💡 만약 하나님께서 당신을 가족들보다 높이겠다고 약속하신다면 당신은 어떻게 하겠는가?

먼저, 가족들에게 말할 것이다. 하나님의 뜻인지 알기 위해서 또 하나님의 뜻이라고 확신한다면 도움을 받기 위해서라도 가족에게 알릴 것이다. 요셉도 그러했다. 그렇지만 형제들의 반응은 가족이기에 도와줄 것이라는 요셉의 기대와는 거리가 멀었다.

아버지 야곱은 다른 형제들보다 요셉을 더 사랑하여 그에게만 채색옷을 입혔다. 이 옷은 장자권을 요셉에게 물려주려는 아버지의 마음이 담겨 있었고, 이를 아는 듯 형들은 요셉을 미워했다(창 37:3-4). 4절의 "미워"는 몹시 싫어하는 것에 대한 표현으로 '증오'에 가깝다. "형들이 그에게 편안하게 말할 수 없었더라"는 요셉과 형제들 사이가 이미 불편했음을 알려 준다.

이런 분위기에서 요셉은 형들에게 "내가 꾼 꿈을 들으시오"(창 37:5-6)라고 꿈 이야기를 했다. "요셉이 다시 꿈을 꾸고 … 그의 꿈을 아버지와 형들에게 말하매"(창 37:9-10)라는 말에서 알 수 있듯이 두 번째 꿈을 꾼 후에는 형들뿐만 아니라 아버지에게도 말했다. 요셉은 형들과 아버지에게 자기가 받은 하나님의 약속 말씀을 전한 것이다.

💡 요셉의 꿈을 듣고 가족은 어떻게 반응하는가?(창 37장)

> 그들이 그를 더욱 미워하였더라(5절).
> 그의 형들이 … 그의 꿈과 그의 말로 말미암아 그를 더욱 미워하더니 … (8절).
> 그가 그의 꿈을 … 아버지와 형들에게 말하매 … 아버지가 그를 꾸짖고 … (10절).
> 그의 형들은 시기하되 그의 아버지는 그 말을 간직해 두었더라(11절).

형들은 꿈 이야기를 듣자마자 요셉을 더욱 미워하고 시기한다. 하나님의 말씀이 그대로 될 것을 저항하는 것이다. 요셉을 향한 형들의 미움의 이유는 '아버지가 형들보다 요셉을 더 사랑하여 채색옷을 입힘으로(창 37:4) ⇨ 요셉이 꿈을 꾼 것 때문에(창 37:5) ⇨ 요셉이 꿈을 말해서(창 37:8)'로 발전하고, 대상은 '아버지 ⇨ 하나님 ⇨ 요셉'으로 확대되고 집중된다.

아버지도 처음에는 요셉을 꾸짖는다. 하지만 아버지는 요셉의 말을 마음에 간직한다. '간직하다'(שָׁמַר[쇼마르])는 '주의를 기울이다. 보관하다. 인정하다'라는 의미이며, 헬라어로는 '깊숙이 받아들이다'(διατηρέω[디아테레오])는 의미로(눅 2:51) 그 말이 어떻게 되는지 보려는 기대와 이루어질 것에 대한 신뢰가 담긴 표현이다.

아버지는 요셉의 말을 하나님의 뜻으로 인정했고, 마음에 보관했다. 야곱은 요셉의 꿈을 하나님의 계시로 인정한 것이다.[20] 요셉의 꿈을 들은 야곱은 요셉에게 채색옷을 입힌 자기의 선택이 옳았음을 확신했을 것이다. 하지만 형들이 요셉을 더 미워할 것을 염려해 겉으로는 침묵한다. 이렇게 요셉 꿈의 의미를 형들은 거부하고 아버지는 침묵으로 받아들인다.

💡 요셉은 자기 꿈의 의미를 모르고 말한 것일까?

요셉의 꿈을 들은 즉시 아버지와 형들이 꿈의 의미를 안 것으로 볼 때 십칠 세의 요셉 또한 알고 있었을 것이다. 요셉이 꿈의 의미를 알았다고 볼 수 있는 이유는 다음과 같다.

첫째, 요셉의 삶에서 꿈을 해석하는 능력을 받은 변곡점이 없기 때문이다.

예를 들어, 다니엘은 바벨론에 포로로 끌려갔을 때 자기를 더럽히지 않겠다고 결심하여 왕의 진미를 거절한 후에 하나님께서 환상과 꿈을 깨달아 아는 지혜를 주셨다(단 1:8-17). 즉, 다니엘이 꿈을 해석하는 지혜를 갖게 되는 전환점이 있다.

그런데 요셉은 관원장들과 바로의 꿈을 해석하지만, 언제부터 꿈을 해석하는 능력이 생겼다는 기록이 없다. 만약 전에는 꿈을 해석하지 못했다면 해석하는 능력을 받게 된 전환점이나 사건이 있어야 하는데 그것이 없으므로 처음부터 꿈을 해석하는 능력이 있었다고 보아야 한다.

둘째, 아버지 야곱을 통해 민족 언약에 대해 들었기 때문이다.

기록된 성경이 없던 당시에는 아버지 아브라함이 아들 이삭에게,

이삭은 아들 야곱에게 하나님 나라 언약을 말로 가르쳐서 신앙을 계승했다. 요셉도 아버지 야곱으로부터 하나님 나라 언약이 성취되어야 할 것과 그 언약의 성취를 위해 번성하여 민족을 이루어야 한다는 시대적 사명에 대해 듣고 알았다. 이런 지식을 가진 상태이므로 요셉도 꿈의 의미를 알았을 것이다.

셋째, 요셉이 두 번의 꿈에 대해 각각 말한 대상이 다르기 때문이다. 형들이 만든 곡식단이 요셉이 만든 곡식단을 향해 절하는 꿈을 꾸었을 때는 형들에게만 말했고, 해와 달과 열한 별이 자기에게 절한 두 번째 꿈을 꾸었을 때는 아버지에게도 말했다. 요셉도 두 번째 꿈에서 해와 달이 부모를 뜻한다고 해석했으므로 아버지에게도 말한 것이다.

넷째, 이스라엘 백성은 자기가 꾼 꿈에 대해 그 의미를 알기 때문이다. 성경에서 이스라엘 백성이 꾼 꿈은 해석이 없다. 모두 꿈을 꾼 본인이 꿈의 의미를 알았기 때문이다. 하나님은 자기 백성에게 꿈을 통해 말씀하실 때는 직접 말씀하셔서 알게 하시거나 따로 해석해 주지 않아도 알게 하셨다.

하지만 이방인들에게 하나님이 주시는 꿈에 대해서는 그들 스스로 해석할 수 없었다(창 41:8; 단 2:11; 4:7). 반드시 하나님의 백성을 통해 해석하게 하여 하나님의 뜻을 알게 하셨다. 감옥에서 애굽의 두 관원장과 바로왕이 꿈을 꾸었을 때 하나님은 하나님의 백성 요셉을 통해 해석해 주셨다.

바벨론 왕 느부갓네살이 꿈을 꾸었을 때도 하나님의 백성 다니엘을 통해 해석해 주셨다. 꿈만이 아니라 벨사살왕때 벽에 쓰인 글씨도 오직 하나님의 백성 다니엘만이 해석할 수 있었다. 이유는 그것이 하나님의 계시이기 때문이다.

하나님이 계시하시는 이유는 하나님의 뜻을 알게 하려는 것이므로 하나님을 믿는 하나님의 백성, 특히 하나님이 선택하신 사람만이 알 수 있다. 성경이 없던 당시에 꿈은 그 사람을 향한 하나님의 계시이므로 하나님의 백성은 꿈을 꾸었을 때 꿈(계시)의 의미를 알 수 있었다. 따라서 하나님의 신실한 백성인 요셉은 꿈을 꾸었을 때 꿈의 의미를 알 수 있었다.

💡 요셉은 왜 형들에게 꿈 이야기를 했을까?

첫째, 하나님의 약속을 믿었기 때문이다.

요셉의 꿈이 자기가 스스로 갖게 된 삶의 목표라면 그리고 자기가 형들과 부모보다 더 높아지고자 하는 교만한 생각이 있었다면 결코 가족에게 말하지 않았을 것이다.

혹자는 요셉이 철이 없었다고 주장한다. 하지만 하나님의 은혜를 받고 사랑하는 가족과 나눈 것은 철이 없는 행동이 아니다. 오히려 그의 꿈을 통한 간증을 듣고 시기하고 죽이려 한 형들이 잘못된 것이다.

둘째, 하나님의 약속에 대한 믿음을 보여 주는 신앙 표현이다.

아버지가 채색옷을 입혀 주셨고, 하나님도 꿈으로 자기를 장자로 세워 주셨기 때문에 꿈을 얘기한 것은 자기가 장자임을 어필한 것이라고 볼 수 있다. 요셉은 자기에게 말씀하신 하나님과 하나님의 약속을 믿었고 하나님의 부르심을 믿음으로 받아들였다. 꿈 이야기를 함으로써 가족에게 하나님의 뜻을 알린 것이다. 요셉은 형들도 하나님의 뜻을 받아들일 줄 알았을 것이다.

셋째, 가족이 하나님의 약속에 참여하도록 초청하는 것이다.

형들에게 두 번이나 이야기한 것은 두 번이나 기회를 준 것이다. 이때 형들은 요셉을 선택하신 하나님의 주권을 인정하고 하나님의 뜻을 받아들여야 했다. 요셉에게 주신 하나님의 약속이 이루어지도록 요셉을 위해 기도하며 협력해야 했다. 하지만 오히려 형들은 요셉의 꿈을 듣고 시기하여 꿈 때문에 요셉을 더욱 미워한다.

이와 같은 이유 이외에도 요셉이 형들에게 꿈 이야기를 한 것은 요셉이 순수해서 인간의 시기하는 죄성을 너무 몰랐기 때문이라고 볼 수 있다.

💡 하나님께서는 왜 형들에게는 꿈을 통해 알리지 않으셨을까?

하나님께서는 하나님의 뜻을 모든 사람에게 직접 알리지 않고 선택하신 자를 불러서 그를 통해 하나님의 뜻을 알리신다. 그렇게 하나님께서 선택하신 자가 누구인지를 드러내시고 선택받은 자가 존중받게 하신다. 대표적으로 구약의 선지자와 신약의 사도가 하나님의 '계시의 전달자'로 쓰임 받았다. 족장 시대에는 아브라함에게, 이스마엘이 아닌 이삭에게, 에서가 아닌 야곱에게 약속을 주셨고 그들만 상대하셨다.

즉, 하나님께서 선택하신 자들에게 말씀하여 그들을 언약의 계승자로 세우셨다. 하나님께서는 야곱 가정의 상속자와 당대에 하나님의 꿈을 이루기 위해 귀하게 사용할 자로 요셉을 선택하고 요셉을 통해 하나님의 뜻을 알리신 것이다.

💡 지금도 하나님께서는 소수의 사람만 선택하여 말씀하시는가?

그렇지 않다. 지금은 계시가 종결되었기 때문에(계 22:18-19) 계시의 전달자가 필요하지 않다. 이제는 완성된 계시인 성경으로 하나님의 뜻을 누구에게나 말씀하시고 알려 주신다.

만약 누군가가 자기만이 하나님의 뜻을 알고 있다거나 하나님께서 자기만 상대하신다고 주장한다면 위험한 신앙이다. 하나님께서는 성경을 통해 우리 모두에게 말씀하신다. 그러므로 성경을 하나님의 말씀으로 믿는 성도는 누구나 하나님과 관계하는 복을 누릴 수 있다.

그리고 요셉은 마치 그것을 아는 듯 하나님의 약속 말씀에 가족들을 초청했으나 가족은 그의 기대와 달리 동의하거나 환영하지 않았다. 오히려 형들은 시기했다.

2. 높이신다는 약속 vs. 낮아진 현실

요셉은 자기를 높여 주시겠다는 하나님의 약속을 받았으니 자기의 미래에 대해 얼마나 기대했겠는가?

신실하신 하나님의 약속이니 요셉은 평탄하게 펼쳐질 자기의 미래를 예상했을 것이다. 온 가족이 한마음이 되어 자기를 도와 하나님의 약속을 이룰 것을 상상했을 것이다. 그것은 결코 지나친 기대가 아니다. 그러나 그 후의 요셉의 삶은 보편적으로 예상할 수 있는 하나님의 약속이 성취되는 것과 반대되는 현상이 계속된다. 그것도 가장 가까운 사람들을 통해서.

💡 약속을 받은 후 요셉이 만난 현실은 어떠했는가?

하나님이 높여 주신다고 약속하셨지만, 요셉이 만난 현실은 약속과는 반대로 점점 낮아져 갔다. 하나님께서는 아브라함에게 아들 가운데 사라가 낳은 이삭이 상속자라고 정해 주셨고, 이삭에게는 쌍둥이 아들 가운데 동생인 야곱이 장자라고 정해 주셨다(창 21:12; 25:23).

즉, 하나님께서 정하신 장자를 아버지에게 말씀해 주셔서 세우게 하셨다. 그런데 야곱에게는 그의 열한 번째 아들인 요셉에게 직접 장자로 정하셨음을 알려 주신다. 야곱이 이미 요셉에게 채색옷을 입혀 장자로 세웠음에도 형들이 아버지의 뜻에 따르지 않았기 때문에 하나님께서 요셉의 꿈을 통해 하나님의 뜻을 드러내신 것이다.

그러므로 형들은 요셉의 꿈을 통해 아버지의 결정이 하나님의 뜻임을 확인하고 받아들여야 했다. 하지만 형들은 아버지의 심부름으로 자기들을 찾아오는 요셉을 보고 이렇게 말한다.

> 서로 이르되 꿈꾸는 자가 오는 도다 자, 그를 죽여 한 구덩이에 던지고 우리가 말하기를 악한 짐승이 그를 잡아먹었다 하자 그의 꿈이 어떻게 되는지를 우리가 볼 것이니라 하는지라 … 요셉이 형들에게 이르매 그의 형들이 요셉의 옷 곧 그가 입은 채색옷을 벗기고 그를 잡아 구덩이에 던지니 그 구덩이는 빈 것이라 그 속에 물이 없었더라 그들이 앉아 음식을 먹다가 … 그 때에 미디안 사람 상인들이 지나가고 있는지라 형들이 요셉을 구덩이에서 끌어올리고 은 이십에 그를 이스마엘 사람들에게 팔매 그 상인들이 요셉을 데리고 애굽으로 갔더라(창 37:19-28).

"꿈꾸는 자"라는 형들의 말에는 요셉의 꿈을 폄하하고 조롱하며, 동시에 하나님의 약속말씀을 대항하는 불신앙이 담겨 있다. 형들은

"요셉의 꿈이 어떻게 되는지 볼 것이니라"(창 37:20)라고 하며 요셉을 죽여서 구덩이에 던지고 아버지에게는 악한 짐승이 요셉을 잡아먹었다고 속이기로 모의한다. 구덩이는 빗물을 저장하기 위해 석회암의 암반을 깎아 회반죽으로 바른 것으로 물을 저장하거나 죄수를 가두는 임시 감옥으로 사용되었다(렘 38:6).

탈무드에 따르면 던지다(שָׁלַךְ[쇠라크])는 적어도 깊이가 10미터 이상 되는 곳으로 던져 넣을 때 사용되는 단어다.[21] 이렇게 깊은 구덩이에 빠뜨리면 스스로 빠져나올 수 없으므로 굶어 죽거나 맹수에게 잡아먹히거나 만약 구덩이에 물이 있다면 물에 빠져 죽을 것이다.

하지만 르우벤의 제안으로 구덩이에 던져진 요셉은 다시 유다의 제안으로 애굽으로 가는 상인에게 팔리게 된다(창 37:21-28).

💡 요셉을 없애는데 가장 앞장선 형은 누구일까?

요셉을 가장 시기한 사람이었을 것이다. 르우벤과 유다는 요셉을 구하려고 했기 때문에 아닐 것이다. 그리고 종들의 아들은 상속자가 될 수 없기 때문에 이들 또한 아닐 것이다(창 21:10). 그렇다면 남은 사람은 둘째 시므온과 셋째 레위, 다섯째 잇사갈, 여섯째 스불론이다.

르우벤이 아버지의 첩과 동침한 이후에 아버지가 요셉에게 채색옷을 입혀 장자권자로 삼았으므로 레아의 둘째 아들 시므온의 입장에서는 자기가 받아야 할 장자권을 요셉에게 빼앗겼다고 생각했을 것이다. 그러므로 시므온이 요셉을 해치는 일에 가장 앞장섰다고 유추할 수 있다. 요셉이 형들에게 동생을 데려오라며 시므온을 인질로 잡아 둔 것에서 어느 정도 확인이 된다(창 42:24).

💡 형들이 요셉에게 행한 일들은 어떤 의미인가?

형들이 요셉을 시기하고 요셉의 꿈이 어떻게 되는지 보자고 한 것으로 볼 때(창 37:11, 20), 요셉을 팔아버린 형들의 행위는 요셉의 꿈을 방해하는 악이며, 요셉이 가문의 상속자가 되는 것이나 자기들의 통치자가 되는 것을 거부하는 것이다.

이는 하나님의 말씀을 대적하는 불신앙이며, 아버지의 뜻을 거스르는 불효이고, 요셉의 신앙을 핍박하는 죄다. 아버지가 돌아가신 후 형들은 "우리가 그에게 행한 모든 악"(רע[라], evil, 사악한)이라고 인정한다. 스데반도 역사적으로 이스라엘의 불신앙적 사례들을 말할 때 요셉의 형들을 언급함으로 형들의 행위는 불신앙임이 입증된다(행 7:9).

형들에 의해 애굽에 노예로 팔려 간 요셉은 보디발의 집에서 가정 총무가 되었을 때 주인 아내의 유혹을 받는다. 보디발의 아내는 음란의 유혹이며 동시에 권력의 유혹이다. 그녀의 청을 들어준다면 요셉은 그녀를 통해 더 높은 지위로 상승할 수도 있을 것이다. 만약 거절한다면 요셉은 죽임을 당할 수도 있다.

그것을 알면서도 요셉은 그녀의 유혹을 거절했다. 요셉은 죄악 된 방법으로 높아지는 것을 거부한 것이다. 이렇게 요셉이 하나님께 순결과 주인에게 충성을 지켰지만 주인 아내의 거짓에 의해 성폭행 미수범이라는 누명을 쓴다(창 39:7-19). 감옥에서도 요셉은 술 빚는 관원장의 꿈을 해석해 주어 선을 베풀었지만, 석방된 후 은혜를 잊어버린 술 빚는 관원장에게 배신당한다(창 40:23; 41:9).

요셉의 신분은 '아들 ⇨ 종 ⇨ 죄수'로 더 낮아질 수 없을 때까지 낮아지고, 그의 환경은 '가정 ⇨ 노예 숙소 ⇨ 감옥'으로 더 비참해질 수 없을 때까지 비참해진다. 그의 인간관계는 형들에게 왕따를 당해 버림받고 ⇨ 여주인에게 누명 쓰며 ⇨ 술 빚는 관원장에게 잊혀진다.

형들은 시기하여 거짓말로 아버지를 속이고 요셉을 팔아 종으로 낮춘다. 여주인은 유혹(악)에 넘어오지 않자, 남편에게 거짓말로 고발하여 요셉을 죄수로 낮춘다. 술 빚는 관원장은 감옥에서 풀려나자, 요셉에게 받은 은혜를 잊고 요셉이 감옥에 계속 머물게 만든다.

요셉이 이들로부터 당한 고통을 "그의 발은 차꼬를 차고 그의 몸은 쇠사슬에 매였으니"(시 105:18)라고 요약해서 알려 준다. 발에 차꼬를 채우는 것은 도망가지 못하도록 노예에게 행하던 압제다. 쇠사슬로 몸을 묶은 것은 사람을 해치지 못하도록 위험한 죄수에게 행하던 억압이다.

이처럼 요셉은 자기가 속했던 공동체에서 큰 자들(형들, 여주인, 술 관원장)에 의해 점점 더 낮아진다. 그들의 행위는 요셉을 높이시려는 하나님의 뜻에 대적하는 악이다. 이러한 악인들의 악행으로 인해 언약신앙을 가진 요셉의 현실은 높여 주시겠다는 하나님의 약속과 점점 더 멀어져 가는 것처럼 보인다.

과연 요셉은 죄악의 세력을 이길 수 있을까?

믿음을 가지거나 말씀으로 약속(또는 부르심)을 받은 후 당신에게는 어떤 일이 있었는가?

하나님의 약속은 믿음으로만 참여할 수 있으므로 언약신앙을 가진 성도는 약속을 믿지 않는 사람들로부터 거절당할 수 있다. 또, 하나님의 약속은 미래에 성취될 것이므로 현실과는 거리감이 있어서 현실로부터도 거부당할 수 있다. 그러므로 말씀 신앙으로 부르심을 받은 성도의 삶은 필연적으로 고독하다. 하지만 두려워할 필요가 없다. 당신의 믿음이 옳기 때문이다. 또, 당신을 부르시고 약속하신 분은 전지전능하신 하나님이시기 때문이다. 그분이 약속을 믿고 순종하는 당신과 동행하시기 때문이다.

> 말씀을 믿는 성도의 길은 불신자와 현실로부터 외면당하지만, 하나님이 함께하시므로 외롭지 않은 거룩한 고독이다.

<<< 생각 나누기 >>>

1. 당신이 요셉처럼 하나님의 말씀(부르심, 약속)을 받는다면 누구에게 먼저 말하겠는가?

1-1. 이유가 무엇인가?

2. 당신이 형들이라면 요셉을 어떻게 하겠는가? 이유는?

3. 하나님의 약속은 (   )으로만 참여할 수 있으므로 언약신앙을 가진 성도는 약속을 믿지 않는 사람들로부터 (   )당할 수 있다. 또, 하나님의 약속은 미래에 성취될 것이므로 비현실적이어서 현실로부터도 (   )당할 수 있다. 따라서 언약신앙인의 삶은 필연적으로 (   )하며 때론 하나님의 약속과 반대되는 상황을 겪을 수 있다. 하지만 두려워할 필요가 없다. 그 믿음이 옳으며, 약속하신 전지전능하신 하나님이 약속을 믿고 순종하는 당신과 (   )하시기 때문이다.

4. 무엇이 선인가?

5. 무엇이 악인가?

6. 지금은 완성된 계시인 (   )으로 누구에게나 말씀하시고 하나님의 뜻을 알려 주신다.

7. (예수님, 말씀, 부르심)을 믿음으로 인해 역경을 만났을 때 어떻게 대처해야 하겠는가?

제4장

고난의 가치와 필요성

💡 요셉이 당한 고통은 고생인가, 고난인가?
💡 그것은 왜 요셉에게 있어야 했는가?

1. 연단을 위한 고난

　고통은 그 원인에 따라 고생과 고난으로 나눌 수 있다. '고생'은 자기의 허물로 인해 겪는 '징계적 고통'이고, '고난'은 하나님 나라를 위해 당하는 '희생적 고통'이다. 결과적으로 고생은 그 사람의 반응에 따라 그를 더 선하게 변화시키기도 하고 악하게 만들기도 하지만 고난은 그 사람을 선하게 더 성숙시킨다. 중요한 것은 내가 겪는 고통의 과정을 통해 악해지지 말고 믿음이 더 성숙해지기를 힘써야 한다는 것이다.
　요셉의 고난을 통해 그 방법을 배워보자.
　요셉에게 고통은 높여 주시겠다는 하나님의 약속과 반대로 낮아지는 현상으로 나타난다. 요셉의 고통은 고난이라고 생각한다. 지금부터 그 이유를 이야기하려고 한다. 창세기에는 심은 대로 거두는 하나님의 공의가 많이 나타나는데 원인은 그 사람이 행한 죄악에 대한 징계다.

예를 들어, 야곱이 아버지 이삭의 눈이 어두운 것을 이용해 자기를 형(에서)인 것처럼 속였는데, 결혼 첫날 밤 야곱은 캄캄한 어둠을 이용해 레아를 라헬인 것처럼 보낸 라반에게 속는다(창 27:1, 23; 29:23-25). 야곱이 염소 새끼의 가죽 털과 에서의 옷으로 자기를 에서인 것처럼 아버지를 속였듯이, 야곱은 숫염소의 피와 요셉의 옷에 의해 요셉이 죽은 것으로 아들들에게 속는다(창 27:15-16; 37:31-33).

야곱을 속여서 형이 울었는데, 지금은 아들들에게 속은 야곱이 운다(창 27:34; 37:34-35). 즉, 야곱이 라반과 아들들에게 속은 것은 야곱이 아버지와 형 에서를 속인 것에 대한 '징계'라는 것이다.

형들도 마찬가지다. 형들에게 요셉이 살려달라고 애걸했었는데, 나중에는 형들이 요셉에게 살려달라고 애걸한다(창 42:21; 50:15-18). 형들이 요셉을 노예로 팔았는데, 양식을 사기 위해 두 번째 애굽에 왔을 때는 요셉(총리)이 자기들을 노예로 팔까 봐 두려워한다(창 43:18).

또, 형들이 자기들에게 오는 요셉을 "보고"(רָאָה[라아, 보다)-"죽이기를"(מוּת[무트], 죽이다)-"꾀"(נָכַל[나칼], 모의하다)했던 것처럼(창 37:18) 형들이 곡식을 사러 애굽으로 가서 요셉을 처음 만났을 때 요셉이 형들을 "보고"(42:7, רָאָה[라아])-"모르는 체하고"(42:7, נָכַל[나칼])-"죽이겠다"(מוּת[무트], 죽이다)고 한다.

즉, 형들이 요셉에 의해 죽음의 위협을 받은 것과 요셉에게 살려달라고 애걸하고 자기들을 노예로 팔까 봐 두려워한 것은 형들이 요셉을 죽이려 했고, 노예로 팔았던 죄에 대한 '징계적 사건'이라는 것이다.

성경은 심은 대로 거두는 법칙을 통해 야곱과 형들에게 일어난 고통은 과거에 그들이 행한 죄악으로 말미암은 징계적 고통, 즉 고생임을 알려 준다.

심은 대로 거두게 하시는 목적은 자기가 죄를 범했던 것과 똑같은 일을 당함으로 자기의 죄를 생각나게 하여 깨닫고 돌이키게 하고,[22] 자기 죄로 인해 상대가 얼마나 고통당했는가를 알게 하여 사과하므로 관계를 회복하기 위해서다. 회개하여 거룩한 사람과 화목한 관계와 공동체로 회복시키려는 것이다.

이렇게 야곱과 형들이 겪은 고통은 자기들의 허물 때문이지만, 요셉이 당한 고통은 형들의 시기가 원인이 되어 당한 고통이므로 고생이 아닌 '고난'이다(창 37:4, 11; 행 7:9).

그러나 혹자는 요셉이 당한 고난의 원인을 요셉에게서 찾으려고 아래와 같은 다양한 이유를 제시한다.

💡 형들만 양을 치고 요셉은 놀았다?

아버지가 형들만 세겜으로 양을 치러 보내고 요셉은 놀게 했다는 것이다(창 37:12). 요셉을 형들과 함께 보내지 않은 까닭은 요셉이 죽은 엄마를 대신해 당시 2-5세쯤 되는 친동생 베냐민을 돌봐야 했기 때문일 수 있다. 또는 요셉에게 감독자가 입는 채색옷을 입혔기 때문일 수도 있다.

가장 큰 이유는 바로 앞 11절에 "아버지는 그 말을 간직해 두었더라"라는 말에서처럼 야곱이 요셉의 꿈을 들은 후 하나님께서 요셉을 상속자와 통치자로 선택하셨음을 알았기 때문에 노동에서 제외했을 수 있다.

하지만 요셉을 항상 제외했다고 볼 수는 없다. 왜냐하면, 17세의 소년 요셉은 형들과 함께 양을 쳤으며, 그가 형들의 악을 발견한 것도 형들과 함께 양을 칠 때였기 때문이다.

> 요셉이 십칠 세의 소년으로서 그의 형들과 함께 양을 칠 때에 그의 아버지의 아내들 빌하와 실바의 아들들과 더불어 함께 있었더니 그가 그들의 잘못을 아버지에게 말하더라(창 37:2).

아버지가 요셉을 양 치는 일에서 제외했어도 요셉은 장자권자로서 다른 일을 하는 것이지 혼자 논 것이 아니다. 예를 들어, 형들의 악행을 아버지에게 보고하는 일이나 형제들의 안부를 확인하기 위해 형들에게 간 것도 장자권자로서의 일이라고 할 수 있다. 그러므로 요셉이 놀았다는 주장은 근거가 희박하다.

그리고 유대인들은 정실부인의 자녀와 첩의 자녀 간에 차별이 있었는데 형들과 함께 양을 칠 때 요셉이 빌하와 실바의 아들들과 함께 있는 것이 바로 정실부인인 레아의 아들들이 요셉을 첩의 자녀들과 함께 지내라고 하대한 것이라고 볼 수 있다.

💡 요셉이 형들의 잘못을 철없이 고자질했다?

형들의 잘못은 가벼운 과실이 아니라 언약을 깨트릴 정도의 사악한 범죄다. 혹자는 형들이 요셉을 미워하고 죽이려고 한 이유가 요셉이 형들의 잘못을 아버지에게 고자질했기 때문이라고 하는데 요셉의 행위를 단순한 고자질로 보아서는 안 된다(창 37:2).

야곱이 요셉에게 채색옷을 입혀 형들을 감독[23]하게 했기 때문에 요셉은 장자권자로서 역할을 한 것이다. 요셉이 아버지에게 형들의 잘못을 말한 것은 형들을 욕보이기 위한 고자질이 아니라 아버지의 명에 순종하여 보고한 것이므로 합당한 행위다.

야곱이 요셉을 감독자로 세운 이유도 형들이 악한 행위를 하지 못하도록 예방하려는 것이다.[24] 형들은 자존심이 상했겠지만, 아버지나 요셉의 행위는 사랑에서 나온 선한 행위다.

한글로 형들의 "잘못"은 가벼운 실수라는 뉘앙스를 풍긴다. 그런데 히브리 원어를 보면 "잘못"(רע[라])은 "선악을 알게 하는 나무"에서 "악"(창 2:17), 뱀이 하와에게 선악을 알게 된다고 유혹할 때의 "악"[라](창 3:5)에 사용된 단어로서 '사악한, 악, 나쁜'으로 번역되어 '나쁜 의도로 악한 일을 행했음'을 의미한다.

'라'의 반대어가 창세기 1:31에 하나님이 보시기에 심히 좋았더라의 "좋다"(טוב[토브])이다. 토브는 하나님의 말씀대로 된 상태를 뜻하며 '선하다, 좋다'로 번역된다. '라'는 창세기 38:7 "유다의 장자 엘이 여호와가 보시기에 악하므로 여호와께서 그를 죽이신지라" 10절 "여호와의 보시기에 악하므로 여호와께서 그도 죽이시니"라는 말씀처럼 죽음으로 형벌을 받아야 할 정도의 악이다.

따라서 창세기 37:2의 형들의 잘못은 가벼운 과실이 아니라 언약을 깨트릴 정도의 중대한 악행을 의미한다.

그러므로 요셉이 형들의 잘못(악)을 아버지에게 말한 것은 집안에서 형들은 하나님이 보시기에 언약을 깨트리고 악을 행하는 자들이었으며, 요셉은 약속을 지키고 악을 막으며 선을 행하는 자라는 의미다. 창세기 35:22의 맏형 르우벤이 아버지의 첩 빌하와 간통한 사건 그리고 34장에서 디나가 강간당했을 때 시므온과 레위가 세겜 사람을 속여 전멸하고 약탈한 것에서 형들의 악한 성향을 짐작할 수 있다.

가인이 아벨을 살해한 것, 이스마엘이 이삭을 희롱한 것, 에서가 야곱을 죽이려고 했던 것, 형들이 요셉을 죽이려고 했던 것은 모두 동일하게 선택받은 믿음의 상속자들을 향한 '악'이다. 가인이 동생 아벨을 시기하였을 때 하나님은 경고하셨다.

> 네가 선을 행하면 어찌 낯을 들지 못하겠느냐 선을 행하지 아니하면 죄가 문에 엎드려 있느니라 죄가 너를 원하나 너는 죄를 다스릴지니라(창 4:7).

하지만 가인은 자기가 악을 행하여(요일 3:12) 하나님이 제사를 받지 않으신 것인데 회개하지 않고 적대감으로 하나님이 제사를 받아 주신 아벨을 시기하여 죽인다. 형들도 요셉을 향해 동일한 시기심과 적대감으로 행했다.

가인이 동생 아벨을 살해한 후 회개하지 않고 하나님 앞을 떠났었고, 에서가 동생 야곱을 죽이려고 했던 것을 생각할 때, 형들이 동생 요셉을 죽이려 하는 행위, 특히 동생을 죽이려고 구덩이에 던져 넣은 후 태평스럽게 식사하는 모습에서 형들이 얼마나 악에 사로잡혔는지를 알 수 있다(창 37:25).

요셉을 팔아 버린 후, 요셉의 옷을 찢고 피를 적셔서 아버지에게 보여 준 이유도 요셉의 꿈에 대한 아버지의 기대를 완전히 좌절시키기 위해서이다. 이처럼 형들은 언약의 집에서 사악한 자로 살아간다.

이런 악한 형들임에도 요셉이 자기들의 악을 아버지에게 말한 것에 대해서는 요셉에게 따지거나 보복하거나 그것 때문에 미워하지 않는다. 요셉이 한 말이 사실이기 때문이다.

만약 당신이 10대라면 20-30대의 형들이 하나님의 백성답지 않게 사악한 짓을 저지르려 할 때 그것을 막기 위해 어떻게 하겠는가? 완력으로 막을 수 없으니 가정의 권위자인 아버지에게 말할 것이다. 요셉이 바로 그렇게 한 것이다. 그것은 장자로서 형들이 행악하지 못하도록 최선을 다한 것이다. 따라서 요셉의 행위는 단순한 고자질이 아니라 하나님의 약속을 가진 자기 집이 악으로부터 떠나 있어야 한다는 것을 아는 신앙에서 나온 의로운 열심으로 장자권자가 할 일이다. 요셉은 가정에서 장자로서 선을 행하다가 형들에게 미움을 받은 것이다.

그러므로 형들은 하나님과 아버지의 뜻에 순종하여 요셉을 장자로 받아들여야 했다. 또, 자기들의 악을 숨길 수 없음을 깨닫고 회개해야 했다.

💡 요셉의 말투 때문이다!?

말투 때문이 아니라 말한 사실 자체가 미웠던 것이다. 혹자는 형들이 요셉을 더욱 미워한 이유가 요셉에게 첫 꿈 이야기를 들은 후 형들이 보인 반응인 "그의 꿈과 그의 말로 말미암아 그를 더욱 미워하더니"에서 "그의 말로 말미암아"(창 37:8)를 '말투'로 번역하여 요셉의 말투 때문에 형들의 마음이 상해서 더욱 미워했다고 주장[25]한다.

이 주장대로라면 요셉이 다른 투로 말했다면 형들이 미워하지 않았을까?

요셉이 자기들의 악에 동참하지 않으며 자기들을 지배하는 꿈을 꾸고 장자권자를 의미하는 채색옷까지 입었으니 형들은 요셉이 어떤 식으로 말하든 미워했을 것이다.

그리고 여기의 '말'과 아버지가 '간직한 말'의 원어가 '다바르'(דָּבָר)로 똑같다. '다바르'를 '말투'로 번역하면 아버지가 요셉의 말투를 간직한 것이 되므로 맞지 않는다. 만약 요셉의 말투가 형들이 미워할 만큼 오만했다면 아버지는 요셉에게 입혀 준 채색옷을 직접 벗길 정도로 형들보다 더 화가 났어야 한다.

아버지가 요셉을 꾸짖은 이유는(창 37:10), 말투 때문이 아니라 요셉의 꿈에서 막내인 요셉에게 부모까지 절하는 것이 혈통적 질서에 맞지 않기 때문이다. 또, 형들이 요셉을 장자권자로 받아들이지 않고 미워하고 있으므로 꿈 얘기로 인해 요셉이 더 미움을 받게 될까 봐 염려하여 제지한 것이다.[26] 하지만 곧바로 아버지는 요셉의 말을 간직했다.

겉으로는 책망하는 듯했지만, 속으로는 하나님의 뜻으로 받아들인 것이다. 이렇게 볼 때 아버지는 요셉의 말투가 아니라, 말의 내용, 즉 요셉 꿈의 의미를 간직한 것이다.

형들이 요셉을 "더욱 미워"했다는 말은 본래 미워했다는 것이고 형들이 요셉을 미워한 이유도 말투 때문이 아니라 꿈의 의미 때문임을 알 수 있다. 이유는 아버지가 요셉에게 채색옷을 입혔기 때문이다(창 37:3-4). 그런 형들이 요셉을 '더욱 미워' 한 것은 세 가지 이유 때문이다.

첫째, 요셉이 자기들의 왕이 될 것이라는 꿈 자체를 시기했기 때문이다.

둘째, "그의 말로 말미암아", 즉 요셉이 꿈을 말한 것 때문에 더욱 미워한 것이다. 안 그래도 미운데 자기들의 왕이 되는 꿈을 꾸었다고 말까지 하니 받아들이고 싶지 않아서 더 미운 것이다.

셋째, 아버지 앞에서 말해서 더더욱 미운 것이다. 요셉이 꿈을 말함으로 인해 요셉을 장자로 세우려는 아버지의 마음이 더 확고해졌을 것이기 때문이다.

형들은 요셉을 얼마나 미워했을까?

'요셉'이라는 이름도 부르지 않을 만큼 증오했다. 아버지의 심부름으로 자기들을 향해 오는 요셉을 발견한 형들은 조롱하며 "꿈꾸는 자"(창 37:19)라고 부른다.

요셉을 이스마엘 상인들에게 팔아버린 후에 아버지에게 피 묻은 채색옷을 아버지에게 보여 주며 "아버지 아들의 옷인가 보소서"(창 37:32)라고 한다. 형들은 요셉의 옷도 아니고 동생의 옷도 아니라 "아버지 아들의 옷"이라고 지칭한다. 이는 누가복음 15장에서 형이 동생에게 "아버지의 아들"(눅 15:30)이라고 부른 것과 같다. 요셉이라는 단어 자체를 말하지 않는 것을 통해 요셉을 향한 형들의 미움이 얼마나 컸는지를 짐작할 수 있다.[27]

💡 요셉이 게을러서?

요셉은 권위자의 말에 순종하는 일에 성실했다. 혹자는 요셉이 게을렀기 때문에 근면하도록 훈련받기 위해 노예가 된 것이라고 주장한다. 하지만 이 주장도 근거가 약하다.

> 이스라엘이 요셉에게 이르되 네 형들이 세겜에서 양을 치지 아니하느냐 너를 그들에게로 보내리라 요셉이 아버지에게 대답하되 내가 그리하겠나이다 이스라엘이 그에게 이르되 가서 네 형들과 양 떼가 다 잘 있는지를 보고 돌아와 내게 말하라 하고 그를 헤브론 골짜기에서 보내니 그가 세겜으로 가니라 어떤 사람이 그를 만난즉 그가 들에서 방황하는지라 그 사람이 그에게 물어 이르되 네가 무엇을 찾느냐 그가 이르되 내가 내 형들을 찾으오니 청하건대 그들이 양치는 곳을 내게 가르쳐 주소서 그 사람이 이르되 그들이 여기서 떠났느니라 내가 그들의 말을 들으니 도단으로 가자 하더라 하니라 요셉이 그의 형들의 뒤를 따라가서 도단에서 그들을 만나니라(창 37:15-17).

헤브론에 거하던 야곱은 세겜에 가서 양을 치는 아들들과 양들의 안부를 확인하기 위해 요셉을 형들에게 보낸다(창 37:14). 야곱이 세겜에서 양을 치는 아들들의 안부를 염려한 이유에 대해 혹자는 창세기 34장에 세겜에서 딸 디나가 강간당했을 때 야곱의 아들들이 세겜 성 사람을 진멸하고 약탈했던 일로 인해 보복당했을까 염려했기 때문이라고 주장한다.

하지만 만약 형들이 세겜성 사람들에게 보복당했다고 생각했다면 야곱은 절대로 장자권자인 요셉을 그 위험한 곳으로 보내지 않았을 것이다. 열 명의 형과 일꾼들이 세겜성 사람들에게 공격당했다면 혼자인 요셉은 더욱 위험하기 때문이다. 그러므로 단순히 형들이 (목초지를 찾아 세겜에서 도단으로 이동한 까닭에 돌아올 기간이 지났음에도) 아버지에게 오랫동안 안부를 전하지 않아 염려하여 요셉을 보냈을 것이다.[28]

요셉은 아버지께 순종하여 혼자 세겜으로 갔다. 그곳에서 요셉은 들에서 방황하며 애타게 형들을 찾아다녔다. 형들이 도단으로 옮겼다는 것을 알고 요셉은 도단으로 갔다. 형들을 찾아다닌 요셉의 행적은 헤브론 ⇨ 세겜 ⇨ 도단이다.

지도에서 보듯이 요셉은 아버지의 명에 순종하여 형들을 찾아 헤브론에서 세겜까지(100킬로미터) 5일 길을 혼자 갔다. 세겜에 가서 형

들이 없었을 때 요셉은 곧바로 돌아올 수 있었다. 하지만 요셉은 그 지역 사람을 통해 형들이 있는 장소를 알아내고 다시 세겜에서 도단까지(24킬로미터) 하룻길을 더 멀리 찾아갔다. 그렇게 하면 돌아오는 길은 더 멀어지고 더 위험할 수 있다.

이러한 요셉의 행동은 그가 게으르지 않으며, 아버지에 대한 절대복종의 모습을 보여 준다. 그것은 보디발, 간수장, 바로왕에게도 마찬가지로 나타난다. 요셉은 자기의 권위자에게 신실했고 자기에게 맡겨진 일에 성실했다.

💡 요셉이 형들을 미워해서?

아니다. 요셉은 신실한 사람이었다.

성경은 한 번도 요셉이 형들을 미워하거나 시기했다고 말하지 않는다. 혹자는 요셉이 형들을 미워해서 형들도 요셉을 미워한 것이라고 주장한다. 이 주장도 근거가 없다.

아버지가 형들보다 요셉을 더 사랑함을 보고 형들이 요셉을 미워하여 편안하게 말하지 않았다(창 37:4). 여기 '미워하다'(שָׂנֵא[싸네])는 '미워하다, 증오하다, 적'이라는 의미인데 한글성경에는 가장 약한 '미워하다'로 번역했다. 형들은 요셉을 자기들의 적으로 생각할 만큼 증오한 것이거나 최소한 미워한 것이다.

그렇지만 요셉은 이런 형들을 미워하지 않고 편안하게 얘기한다. 자기가 꾼 꿈 이야기를 할 때 "청하건대"라며 말한다(창 37:6). 청하건대는 히브리어로 '나'(נָא)인데 '제발, 애원'이라는 뜻이다. 아주 정중하고 간절하게 자기의 말을 들어달라고 부탁하는 것이다. 그런데 형들은 요셉의 꿈 이야기를 듣고 더욱 미워한다(창 37:5).

자기를 미워하는 형들에게 편안하게 말하는 것은 요셉의 똘끼가 있어서나 철이 없어서가 아니라 형들을 향한 미움이 없기 때문이다. 아버지가 형들에게 다녀오라고 할 때 형들이 자기를 미워하는 것을 앎에도 아무런 망설임 없이 혼자 가는 것은 요셉이 형들에게 아무런 거리낌이 없음을 의미한다.

글쓰기 중에 '말하기' 방식과 '보여 주기' 방식이 있다. 말하기는 중요하지 않은 내용일 때 작가가 어떤 일에 대해 결론과 해석을 요약적으로 서술하는 것이다. 보여 주기는 인물에 대해 반드시 독자가 알아야 할 중요한 내용일 때 대화와 같은 방식으로 구체적이고 생동감 넘치게 전달하는 것이다.

예를 들어, 창세기 37:12-17을 '아버지의 심부름으로 요셉이 멀리서 양을 치는 형들에게 갔다'라고 하면 '말하기'다. 그런데 대화식으로 요셉이 형들을 찾아 헤브론-세겜-도단으로 가는 과정을 상세하게 기록한 것은 '보여 주기'다. 창세기 37:18의 자기들에게 오는 요셉을 팔아버리는 형들에 관한 내용도 '보여 주기'다.

저자가 보여 주기로 썼다는 말은 이 내용이 요셉에 대해 그리고 형들에 대해 알려 주려는 중요한 것이 담겨 있다는 의미이다. 뒷부분(창 37:18 이하)의 보여 주기식 문장은 '요셉을 향한 형들의 악의'를 보여 준다면 대조적으로 앞부분(창 37:12-17)의 보여 주기식 문장은 '형들을 향한 요셉의 선의' 그리고 아버지의 말씀에 철저히 순종하고 자기 일에 끝까지 충성하는 요셉의 신실함을 보여 준다.

결론적으로 요셉은 형들을 미워하지 않았고 선의로 대했다. 또, 자기에게 주어진 일을 완수해 내는 성실한 책임감이 있었다.

성경은 인간의 죄를 드러내는 것을 주저하지 않는다. 아브라함이 아내를 누이라고 속인 것이나 모세가 사람을 죽인 것, 바울이 교회를 핍박하고 베드로가 주님을 세 번 부인한 것을 공개한 것이 그러하다. 특히, 유대인이 가장 자랑스럽게 여기는 다윗왕에 대해서는 "우리아의 아내에게서 솔로몬을 낳고"(마 1:6)라고 남의 아내에게서 아들을 낳았다고 노골적으로 다윗의 악을 드러낸다.

그런 성경이 요셉의 신앙이나 성품을 부정적으로 고발하지 않고, 죄로 인해 징계받았다고도 하지 않으며, 요셉이 잘못을 회개했다고 말하지도 않는다. 형들도 아버지에게 요셉이 악하다고 말하지 않는다. 집에서 형들이 악을 행하지 못하도록 아버지에게 말씀드린 것은 요셉이 거기에 참여하지 않았음을 전제한다.

하루아침에 종이 되었을 때도 그는 자기의 옛 신분을 주장하며 종의 생활을 거절하거나 게을렀다는 기록이 없다. 주인 보디발이 모든 종보다 요셉을 더 신뢰한 결과를 볼 때 오히려 다른 종들보다 더 열심히 그리고 성실하게 종살이했음을 알 수 있다. 감옥에서도 억울하다고 난동을 부리거나 탈옥하지 않았다. 죄수임에도 간수장이 신뢰한 것을 보면 다른 죄수들보다 착실했음을 알 수 있다.

사울이 바울이 되는 데에는 부활하신 예수님과의 만남이라는 전환점이 있었다(행 9장). 유다가 아버지의 집을 떠났다가 돌아올 때도 며느리 다말과의 관계를 통해 "그는 나보다 옳도다"(창 38장)라고 시인하는 전환점이 있었다. 그런데 요셉은 37장에서 꿈을 꾼 이후 전환점이 없다. 그 말은 요셉이 37장 이전부터 신앙의 사람이었다는 것을 의미한다.

요셉의 치부가 기록되지 않은 것은 요셉의 삶에 치부라 할 만한 일이 없기 때문이 아닐까?

성경에는 요셉처럼 흠이 기록되지 않은 의인(다니엘과 세친구, 느헤미야, 에스라, 에스겔, 디모데 등)이 많다. 성경이 요셉의 삶을 비판하지 않는데도 우리가 요셉과는 다른 현대의 문화나 심리학에 근거한 상상으로 요셉에게 문제가 있는 것처럼 말하는 것은 바람직하지 않다.

요셉이 형이나 여주인이나 술 관원장에게 당한 것은 단순한 고통이 아니라 죄악의 세력과의 싸움으로 인한 고난이다. 요셉이 약속의 말씀을 가졌음에도 불구하고 끝없이 추락하는 것은 죄의 세력, 악의 힘이 강하다는 반증이다. 하지만 죄의 힘은 결코 약속과 믿음을 이기지 못한다.

따라서 요셉은 죄악의 세력과의 싸움으로 인한 '의로운 고난'을 당한 것이고 요셉의 고난은 진정한 통치자가 되기 위한 하나님의 '섭리적 훈련'으로 보아야 한다. 형들이 요셉을 미워한 것은 요셉에게 특별한 허물이 있었기 때문이 아니라 유대 종교 지도자들이 예수님을 따르는 군중으로 인해 시기하여 예수님을 미워한 것처럼(마 27:18; 막 15:10), 하나님과 아버지의 사랑을 받는 요셉을 형들이 시기했기 때문이다(창 37:11).

신약에서 스데반은 "여러 조상이 요셉을 시기하여 애굽에 팔았더니"(행 7:9)라고 밝혀 준다. 시기는 자기가 갖지 않은 것을 타인이 소유하고 있을 때 발생하며 그것을 그 사람에게서 빼앗거나 제거하기 위해 악을 행하게 한다.

💡 형들에게는 없고 요셉에게만 있는 것이 무엇인가?

하나님의 약속 말씀을 향한 '신앙'과 그 약속을 붙들고 사는 '선한 삶'이다. 형들은 자기들에게는 주지 않고 요셉에게만 주어진 것이 하나님의 '약속의 말씀'과 아버지의 '사랑'이라고 생각했을 것이다. 하지만 형들이 모르는 것이 있다. 형들은 요셉만큼 하나님을 경외하거나 하나님의 약속을 신뢰하지 않았다. 요셉만큼 아버지 앞에서 그들의 삶이 선하지 않았다.

즉, 형들에게는 없고 요셉에게만 있는 것은 바로 '신앙'과 '선한 삶'이다. 그러므로 형들은 요셉을 없애려고 할 것이 아니라 자기들의 '신앙과 생활'을 돌아보고 요셉에게 있는 강점들을 닮으려고 해야 했다. 시기가 아니라 겸손히 자기 삶을 회개하고 자기 발전의 기회가 되도록 스스로를 개혁해야 했다.

하지만 형들은 자기들이 변하기보다 요셉을 없애는 편하고 악한 방법을 선택했다. 이는 자기와 자기 제사를 돌아보거나 회개하지 않고 하나님께서 받으시는 제사를 드린 아벨을 시기하여 죽인 가인과 같은 악이다.

요셉을 없앤다고 하나님의 약속이 자기들의 것이 되고, 아버지가 사랑해 주는 것이 아니다. 아버지는 형들의 기대와 달리 베냐민에게 더 집착한다. 아벨이 없어졌다고 해서 하나님이 가인과 그의 제사를 받으신 것이 아니다. 하나님께서는 셋이라는 새로운 아들을 주셔서 아벨을 계승하게 하셨다. 오히려 가인은 동생을 죽인 죄책감에 시달리며 하나님 앞을 떠나 심판의 두려움 가운데 살아야 했다(창 4:12, 16). 요셉의 형들도 마찬가지다.

> 야곱이 이르되 애굽에 곡식이 있다 하니 너희는 그리로 가서 거기서 우리를 위하여 사오라 … 야곱이 요셉의 아우 베냐민은 그의 형들과 함께 보내지 아니하였으니 이는 그의 생각에 재난이 그에게 미칠까 두려워함이었더라(창 42:2, 4).

야곱은 곡식을 사기 위해 형들을 애굽으로 보낼 때 베냐민은 보내지 않는다. 혹시라도 요셉처럼 잃을까 염려되었기 때문이다. 야곱은 형들보다 라헬의 아들인 베냐민을 더 생각하는 것이다.

> 야곱이 이르되 내 아들은 너희와 함께 내려가지 못하리니 그의 형은 죽고 그만 남았음이라 만일 너희가 가는 길에서 재난이 그에게 미치면 너희가 내 흰 머리를 슬퍼하며 스올로 내려가게 함이 되리라(창 42:38).

애굽에서 구매한 양식이 떨어져 다시 사러 가려고 할 때 형들이 "애굽의 총리가 반드시 동생을 데려와야만 된다"라고 말했다고 하자, 야곱은 이때도 결코 베냐민을 보낼 수 없다고 대답한다.

> 아버지의 생명과 아이의 생명이 서로 하나로 묶여 있거늘 이제 내가 주의 종 우리 아버지에게 돌아갈 때에 아이가 우리와 함께 가지 아니하면 아버지가 아이 없음을 보고 죽으리니(창 44:30-31).

이 말은 야곱의 자녀들이 애굽에 다시 가서 양식을 구해 오던 길에 베냐민의 자루에서 요셉의 금잔이 나와 베냐민을 노예로 잡아가려고 할 때 유다가 자기가 대신해 노예가 되겠다고 나서며 한 말이다.

세 본문의 요점은 요셉이 없어졌다고 해서 아버지가 형들을 사랑한 것이 아니라는 말이다. 오히려 형들은 자기들이 요셉을 판 일과, 슬퍼하는 아버지의 모습을 보며 죄책감에 시달려야 했다(창 42:21). 요셉은 버림받고, 아버지는 슬퍼하고, 베냐민은 불안하고, 유다는 집을 떠나 가정이 깨어지고 온 가족이 상처만 안고 흩어졌다. 이런 상황이니 야곱은 형들이 아니라 요셉의 동생 베냐민에게 더 집착한다.

그러므로 아버지의 사랑을 받으려면 요셉이 없어지는 것이 아니라, 형들이 변해야 했다. 하나님을 향한 믿음과 아버지 앞에서 선한 삶으로 돌이켜야 했다. 이로 볼 때 겸손히 현실을 인정하고 자기를 돌아보며 배우고자 한다면 발전의 기회가 될 것이지만, 교만한 열등감에 빠져 나보다 나은 사람이 없어지기를 바라는 우둔한 시기심에 사로잡히면 자기와 공동체 전체가 고통당함을 발견하게 된다.

요셉이 죄수가 되어 감옥에 갇힌 것도 요셉이 범죄했기 때문이 아니라 여주인이 거짓말로 누명을 씌웠기 때문이다. 요셉은 여주인이 유혹해 올 때 범죄하지 않기 위해 도망까지 쳤었다. 요셉은 은혜를 베풀었던 술 관원장에게도 잊힘을 당한다. 이렇게 요셉은 신앙과 선한 삶(신앙생활)으로 인해 악인들에게 고난을 겪는다.

당신은 요셉과 형들, 여주인, 술 관원장 가운데 누구를 닮았는가?

아벨을 시기한 가인이나 다윗을 시기한 사울왕 등 성경에 나오는 대부분의 시기는 형(기득권자)들이 자기보다 나은 동생(후임, 후배)을 향하는 공통점이 있다. 시기심에 사로잡힌 가인은 최초의 살인자가 되었고, 사울은 평생 다윗을 죽이려고 쫓아다닌 쪼잔한 왕이 되었다. 가인과 사울이 시기심을 극복하지 못하고 악을 행하여 망한 이유는 자기를 돌아보지 않으면서 자리만 지키려는 이기적 탐(권력)욕 때문이다.

성경은 요나단과 바나바같이 시기심을 극복한 성숙한 모델들도 보여 준다. 바나바는 바울에게 사역의 길을 열어 주었고, 요나단은 자기의 왕권을 양보하면서까지 아버지 사울왕의 위협으로부터 다윗을 보호해 주었다. 요나단과 바나바가 시기심을 극복할 수 있었던 것은 하나님의 나라와 하나님의 뜻을 추구하여 믿음으로 기득권을 내려놓았기 때문이다.

그렇다면 시기심은 분수를 모르는 교만과 탐욕의 이기심에서 자란 악이다. 내가 누군가를 시기한다는 말은 현재의 내가 시기하는 대상보다 못하다고 자인하는 것이다. 시기심을 극복하는 핵심은 하나님 나라와 하나님의 뜻을 품는 큰마음과 낮아짐이다. 요나단과 바나바는 위대한 다윗과 바울을 언급할 때 언제나 함께 칭찬받는다.

지금도 세상은 기득권을 가진 다수의 악한 형이나 상사, 또는 강자들이 소수의 선한 동생(약자)을 시기하거나 누명 씌우거나 무시하거나 따돌리며 짓밟아 멀리 쫓아내고 있다.

우리는 그렇지 않다고 말할 수 있을까?

2. 자기 절망

요셉은 높여 주시겠다는 하나님의 약속을 받았는데도 왜 더 낮아지는가?
선하고 충성되며 순결하게 봉사하며 사는데도 왜 더 비참해지는가?

> 그의 발은 차꼬를 차고 그의 몸은 쇠사슬에 매였으니 그의 말씀이 그를 단련하였도다(시 105:18-19).

요셉은 하나님의 말씀 때문에 차꼬를 차고 쇠사슬에 매여 연단 받았다. "단련"은 '차라프'인데 '정제(불순물을 제거)하다', '강하게 만들다'라는 뜻이다.

💡 요셉에게 있어서 고난은 어떻게 그의 불순물을 제거하고 강하게 만들었는가?

사람은 자기를 신뢰하고 보이는 사람과 세상의 힘을 의지한다. 그런데 그렇게 무언가를 신뢰하고 의지하면 할수록 그에 반비례하여 하나님을 의지하지 않게 된다. 자기가 하려고 설치기 때문이다. 그래서 하나님께서는 역경을 통해 요셉에게서 하나님보다 더 의지하거나 의지할 수 있는 것을 다 끊어내신다.

형들의 시기를 통해 자기를 지독하리만큼 편애하는 아버지를 끊어내셨고, 여주인의 악을 통해 자기를 전적으로 신뢰해 준 보디발과 술 관원장의 배은망덕을 통해 사람에 대한 기대를 끊어내셨다.

창세기 40장의 꿈과 해몽 이야기를 살펴보면,

A 옥에 갇힌 두 관원장이 요셉에게서 수종을 받음(1-4)
  B 두 관원장이 서로 다른 징조의 꿈을 꿈(5-8)
    C 요셉이 술 맡은 관원장의 꿈을 해석함(9-13)
      D 요셉의 간청: 나는 무죄하니 바로에게 탄원하여 옥에서 꺼내 주소서 (14-15) = 핵심
    C' 요셉이 떡 맡은 관원장의 꿈을 해석함(16-19)
  B' 두 관원장이 요셉이 해석한 대로 서로 다른 운명을 맞이함(20-22)
A' 술 맡은 관원장이 요셉의 선대를 기억하지 않음(23)[29]

위의 대칭 구조에서 보는 대로 40장의 꿈과 해몽 이야기의 초점은 'D 요셉의 간청' 부분으로 죄 없이 감옥에 갇힌 요셉의 간절한 석방이다. "나를, 내게, 내, 나를, 나는"(창 40:14-15)이라는 표현을 통해 요셉이 얼마나 술 관원장을 의지했는지 알 수 있다. 옥중에 있는 상황에서 요셉이 술 관원장에게 은혜를 끼쳤으므로 출옥을 위해 요셉이 기대할 수 있는 마지막 희망이었기 때문이다. 그러나 성경은 요셉의 애원에도 불구하고 그가 옥에서 나오지 못한 사실을 강조한다.

이렇게 하나님께서는 다시 의지하지 못하도록 아버지에게는 죽은 것으로, 보디발에게는 파렴치한 배신자라는 낙인으로, 술 관원장에게서는 잊히게 함으로 철저하게 끊어내신다. 그리하여 요셉 주변에 어떠한 사람도 남지 않게 하심으로 자기 절망에 이르게 하셨다.

3. 오직 하나님

만약 아버지의 집에서 장자로 계속 살았거나 보디발의 집에서 계속 청지기로 머물렀거나 술 관원장이 도와주었다면 요셉은 자기 힘으로 하나님의 약속을 이룰 수 있다며 자기 의(義)에 빠졌을 것이다. 그런데 최선을 다했음에도 사람들에게 버려져 철저히 혼자가 되고, 자기와 세상에 대해 절망에 이르도록 낮아지므로 하나님께만 희망을 두고, 하나님의 약속만을 소망하게 된다.

사람은 자기 절망에 이르러서야 하나님의 약속을 온전히 신뢰하고 하나님의 능력을 전적으로 의지하는 '참 신앙'에 이르게 되기 때문이다. 내 힘과 능력으로 불가능함을 인정하고 하나님의 능력만 신뢰하고 소망하며 구하는 바로 그때! 하나님께서 가장 탁월하신 지혜와 전능으로 모든 불가능을 뛰어넘어 약속을 이루신다. 그리하여 하나님 홀로 영광을 받으신다.

실제로 요셉은 나중에 바로왕의 꿈을 해석해 줄 때 "너는 꿈을 들으면 능히 푼다 하더라"(창 41:15)라고 하자, "하나님께서 편안한 대답을 하시리이다"(창 41:16)라고 말했다. 또, "하나님께서 그가 하실 일을 바로에게 보이심이니이다"(창 41:25), "하나님께서 그가 하실 일을 바로에게 보이신다"(창 41:28), "하나님께서 이 일을 정하셨음이라 하나님께서 속히 행하시리니"(창 41:32)라고 말했다.

요셉은 꿈을 해석하는 지혜와 꿈대로 이룰 능력이 자기에게 있는 것이 아니라 하나님께 있음을 고백한다. 자기 자신을 홍보할 기회에 하나님을 증거한다.

또한, 아들들의 이름을 "므낫세"(하나님께서 … 내 모든 고난 … 을 잊어버리게 하셨다)와 "에브라임"(하나님께서 나를 … 번성하게 하셨다) (창 41:51-52)이라 하여 하나님께만 영광을 돌린다. 요셉의 말에는 '나'가 없고 '하나님'뿐이다. 요셉의 철저한 주권 신앙을 볼 수 있다. 이러한 태도는 고난을 통해 하나님 앞에서 겸손케 된 심령에서 나온다. '나' 없이 말하는 요셉에게 하나님께서는 '하나님의 영'을 채워 주셔서 '하나님'을 증거하게 하신다.

이렇게 자기 절망에 이르는 고난은 하나님만 온전히 의지하는 참 신앙이 되게 하고 하나님만 자랑하게 하여 하나님 홀로 영광을 받으시게 한다.

4. 악으로부터의 보호

요셉에게 닥친 고난이 요셉을 총애하던 아버지와 보디발에게서 분리되는 아픔만 준 것은 아니다. 요셉에게 있어서 고난은 한편으로 그

동안 자기를 괴롭혔던 악의 세력으로부터 벗어나는 좋은 계기가 되었다.[30] 집에서는 형들의 시기와 박해에서 벗어날 수 없지만, 형들이 팔아버리니까 오히려 형들로부터 분리되는 보호를 누리게 된다. 애굽은 형들이 시기할 수 없는 곳이기 때문이다.

보디발의 집에서는 여주인의 계속되는 유혹을 피할 수 없지만, 여주인이 감옥에 보내니까 여주인에게서 분리되는 보호를 누린다. 감옥은 여주인이 유혹할 수 없는 곳이기 때문이다. 요셉은 감옥에서도 보디발의 지시를 받아 관원장들을 수종 든다(창 40:4). 실제적으로는 요셉의 근무지만 바뀐 것이다.[31]

하나님께서는 역설적으로 박해자들의 박해를 통해 요셉을 그들로부터 끊어지게 하셨다. 신분은 더 낮아지고 환경은 더 비참해졌지만, 악으로부터 멀어지게 하셨다. 그러므로 의인은 고난이 있어도 절대 망하지 않는다. 의인의 삶에는 악인들의 악을 통해 의인을 악인들에게서 분리시켜 보호하시는 하나님의 오묘한 섭리가 있기 때문이다.

5. 두려움으로부터의 단련

약속 성취의 통로 역할을 하는 성도들에게는 박해와 고난이 따른다.[32] 하나님의 약속 성취를 막으려는 사탄이 믿음을 무너뜨리려고 시련을 주기 때문이다. 고난은 정신적, 육체적 고통이 따르기 때문에 누구나 아프고 두렵다. 고난을 피하고 싶은 것은 인간의 자연스러운 본성이다.

하지만 하나님께서는 교회의 약함 속에서 자기의 능력을 보여 주신다. 고난 중에도 함께하셔서 당신의 능력으로 하나님의 약속을 이루신다. 요셉의 경우, 하나님께서는 직접적인 방법과 간접적인 방법으로 하나님의 언약 성취를 경험하게 하여 요셉이 약속 성취를 확신하는 가운데 고난을 극복하게 하신다.

간접적인 방법은 요셉이 두 관원장의 꿈과 바로가 두 번 꿈꾼 사건이 성취되는 것을 통해 요셉이 두 번 꾸었던 꿈도 성취될 것을 확신하게 하신 것이다. 직접적인 약속 성취는 보디발의 집에서도 가정 총무로 높여 주셨고, 감옥에서도 간수 대리로 높여 약속을 이루신 것이다.

이처럼 고난이 아무리 발악해도 하나님의 약속을 막지 못한다. 고난 중에도 하나님의 약속은 성취된다. 고난을 주는 악의 세력보다 약속을 이루시는 하나님께서 더 강하시기 때문이다.

이런 경험은 언약 백성에게 고난을 두려워하지 않는 담대함을 갖게 한다. 고난 중에도 하나님의 말씀 성취를 위해 살아갈 힘을 제공한다. 역경 중에도 전능하신 하나님을 의지하게 한다. 역설적이게도 전지하신 하나님께서는 우리가 두려워하는 고난을 통해 고난을 두려워하지 않도록 강하게 단련하신다.

그러므로 고난 중에 있을 때는 고난만 보지 말고 고난 중에 함께하시며 부어 주시는 하나님의 은혜와 돌보심과 성취된 약속을 헤아려 보라! 담대할 수 있을 것이다.

6. 최고를 위한 준비 과정

높이겠다는 약속에도 현실은 낮아져만 가므로 그 시간이 무의미하다고 생각할 수 있다. 하지만 요셉에게 노예 생활이나 감옥 생활은 결코 헛된 시간이 아니었다. 요셉을 귀하게 쓰기 위해 요셉을 준비시키는 놀라운 하나님의 섭리였다.

노예이기에 성실하고도 엄격한 자기 관리를 배운다. 애굽의 왕실 경호 대장 보디발의 집에서 가정 총무로 일하며 상류층을 접대하므로 애굽 왕실의 법도와 생활상을 구체적으로 체득한다.[33] 곡식을 생산하고 창고에 보관하므로 유통과 판매까지 사업을 경험한다.

고위 관리들이 들어오는 왕의 감옥에 갇히므로 요셉은 그들과의 교제를 통해 애굽의 정치, 경제, 사회, 문화, 교육 등 모든 지식을 배우고 인맥을 쌓는다.[34] 특히, 두 관원장을 시중들며 궁중 생활과 나라의 국정이 어떻게 운영되는지를 배운다.

여기에 더하여 아버지에게서 익힌 목축 산업 지식, 보디발 집에서 쌓은 농경 산업 지식과 경영 지식, 간수장에게서 배운 교도 행정 지식으로 요셉은 다방면에 탁월한 실력을 갖추게 된다.[35] 그래서 바로왕을 만났을 때 꿈 해석만이 아니라 즉석에서 경제 대안까지 제시할 수 있었다.

만약 요셉이 꿈만 해석했다면 총리가 되지 못했을 것이다. 바로왕의 입장에서는 꿈을 해석한 것만큼이나 신의 뜻에 대처할 방안이 중요했기 때문이다. 꿈 해석과 해법까지 갖춘 요셉이야말로 그 시대를 위한 하나님의 대안이었다.

종으로 낮아지니까 모든 사람을 섬기는 훈련이 된다. 자기가 누명을 쓰고 억울하게 죄수로 비천해지니까 약한 자들의 고통을 이해하게 되어 섬기는 통치자로 준비된다. 보디발의 큰 가정에서 노예들을 거느린 경험과 감옥에서 죄수들에게 했던 통치 경험은 애굽이라는 나라를 다스릴 능력을 배양하는 기회였다.

거절당한 배신의 경험을 통해서도 요셉은 나중에 정치 마당에서 겪을 권모술수를 견디어낼 힘을 얻는다. 이방인으로서 30세의 나이에 총리가 된 요셉이 감당해야 될 정치적 부담을 극복할 수 있는 깊은 내공은 감옥 안에서 쌓은 것이다.[36]

이처럼 하나님께서 요셉을 종과 죄수로 단련하신 것은 하나님의 뜻을 이룰 수 있는 자로 성숙하게 하기 위해서고 하나님께서 높여 주셨을 때 섬기는 통치자가 되도록 준비시키기 위해서다.

하나님께서는 요셉이 고난 중에 만난 자들과 고난의 때에 경험했던 일들을 통해 전인격적으로 성숙시키신다. 요셉에게 오늘의 고난은 내일의 영광된 사역을 위한 최고의 준비 과정이고 실력을 쌓는 기회였다.

7. 섬김의 훈련

요셉의 중심은 하나님 앞에서, 하나님을 경외하는 진실한 신앙 인격과 정직한 삶이다. 하지만 요셉이 하나님께 인정받는다고 해서 자동으로 사람들도 인정해 주는 것은 아니다. 형들은 요셉을 자기들의 통치자로 인정하지 않았다. 근본적인 원인은 요셉을 선택하신 하나님의 주권에 대한 형들의 불신앙과 요셉을 향한 형들의 시기심이다.

여기에서 잠시 형들에게 인정받지 못한 원인을 요셉에게서 찾아보자.

첫째, 요셉은 하나님은 알았으나 사람은 잘 알지 못했다.

집에서의 요셉은 하나님의 말씀을 믿어 선을 행하고 아버지의 말에 순종하는 신실한 삶이었다. 하지만 형들이 겪었을 상실감과 상처,

시기심, 그로 인해 자기를 향한 형들의 살기(殺氣)를 눈치채지 못했다. 자기와 다르게 살아가는 형들을 이해하지 못했다.

둘째, 요셉은 세상도 잘 알지 못했다.
그래서 하나님은 아버지의 품에서 빼내어 세상 속으로 보내셨다. 성령의 임재 아래 양심을 따라 사는 성도 가운데 순진하여 사람의 죄성을 이해하지 못하거나 사람의 연약을 용납하지 못하고, 이분법적 사고로 세상으로부터 스스로가 고립하는 성도가 있는데 요셉에게도 그런 면이 있을 수 있다.
그것은 철이 없는 것이 아니다. 외적으로는 처세술이 부족하거나 단호하여 정죄하는 것처럼 보일 수 있으나 본인은 신앙 양심에 따른 깨끗한 마음의 결정이며 악을 억제하려는 선에서 나온 정직한 언행이다. 그러므로 하나님 앞에서 죄라고 할 수는 없다. 하지만 세상에서 인정받거나 사람을 얻기는 쉽지 않다.

그런 요셉이 고난을 통해 변화된다. 사람과 세상을 알게 된다. 그래서 보디발의 집에서 여주인의 유혹을 일찍 간파한다. 여주인이 계속 유혹함에도 보디발에게 고발하지 않는다. 감옥에서는 두 관원장이 꿈을 꾼 후 괴로워하는 모습을 보고 먼저 도와준다. 요셉이 점점 사람의 죄성과 연약을 알아가고 연민을 갖는 것이다.
아버지 품을 떠나 애굽이라는 타향살이와 종살이, 감옥살이 등의 혹독한 경험을 통해 세상도 알아간다. 그리하여 의로 대처할 때와 사랑으로 품을 때를 분별해 가는 것이다. 악에서 자기를 멀리할 뿐만 아니라 적극적으로 선을 행한다. 비둘기같이 순결할 뿐만 아니라 동시에 뱀같이 지혜로워진다(마 10:16). 하나님 앞에서 신앙을 지키면서도 사람 앞에서 지혜로움을 통해 사람도 얻는다. 하나님의 품에 안길 뿐만 아니라 사람과 세상을 품에 안는다.

이러한 섬김의 훈련을 통해 요셉은 하나님께서 왜 높여 주시려는 지를 배운다. '세상 속에서 사람을 섬기라'는 것이다. 고난을 통해 요셉은 리더십과 선교 훈련을 받고 있는 것이다. 자기만 잘하는 사람은 훌륭하지만, 리더는 될 수 없다. 성숙한 사람은 자기도 잘할 뿐 아니라 다른 사람을 잘하도록 돕는다. 악한 문화까지도 변화시키고 문화를 선용한다. 하나님께서는 고난을 통해 사람과 세상을 알고 섬길 수 있는 리더로 요셉을 세워가시는 것이다.

8. 인내를 통한 온전한 성품

요셉이 형들에 의해 팔릴 때가 17세였고, 애굽의 총리가 되었을 때가 30세이므로 그는 13년 동안 연단을 받았다(창 37:2; 42:46). 요셉이 꿈을 해석해 준 대로 술 맡은 관원장이 복직될 때, 요셉은 그에게 자기는 무죄하니 풀려나도록 바로에게 자기의 억울함을 호소해 달라고 간청했었다(창 40:14-15).

요셉이 얼마나 기대하며 기다렸겠는가?

하지만 술 맡은 관원장은 복직이 되자 요셉을 잊어버린다. 바로 앞에 서게 될 때까지 요셉은 2년을 더 기다려야 했다(창 41:1). 이것은 인내의 훈련이다.

내 형제들아 너희가 여러 가지 시험을 당하거든 온전히 기쁘게 여기라 이는 너희 믿음의 시련이 인내를 만들어 내는 줄 너희가 앎이라 인내를 온전히 이루라 이는

> 너희로 온전하고 구비하여 조금도 부족함이 없게 하려 함이라(약 1:2-4).

로마서 5:4(쉬운말 성경)에서는 "인내는 우리의 성품을 단련시켜 주며"라고 했다. 성경은 인내가 우리의 성품을 단련시켜 온전하게 만들어 준다고 가르친다. 그러므로 인내가 최고의 선생이요, 최선의 훈련이다. 요셉은 감옥에서 2년을 더 인내함으로써 마지막 훈련을 마친다.

진주는 조개 안에 모래알 같은 이물질이 들어왔을 때의 생리작용으로 생겨난다고 한다. 조개가 이물질을 몸 밖으로 배출하려고 노력해도 안 될 때 조개는 그 이물질이 살을 상하게 하지 못하도록 감싸기 위해 계속 체액을 분비하며 돌린다. 그 체액이 단단한 껍질을 이루며 커져서 진주가 된다. 고통을 아름다움으로 승화하는 것이다.

만약 모래알이 살을 파고들어 왔을 때 조개가 체액을 분비하며 굴리지 않는다면 조개는 병들어 죽는다. 고통에 저항하는 지속적인 인내가 조개의 몸속에 아름다운 보석을 만든 것이다.[37] 이처럼 고난을 통한 요셉의 훈련 목적은 부족함이 없도록 온전하게 갖추기 위해서다.

> 요셉이 애굽 왕 바로 앞에 설 때에 삼십 세라 … (창 41:46).

요셉은 30세에 애굽의 총리가 된다.

왜 30세일까?

애굽의 제도는 나이 30세가 되어야 관리자가 될 수 있다.[38] 그것이 감옥에서 2년을 더 기다린 이유다. 그 2년 동안 막연히 시간을 허비한 것이 아니라 요셉에게 인내를 갖추어 온전하게 하고, 바로왕이 꿈을 꾸고 해석하지 못해 불안하여 해석할 자를 더 갈망하며 찾게 하고, 요셉이 왕의 꿈에 대한 해석과 더불어 대안까지 제시할 수 있는 실제적인 실력을 쌓게 하신 것이다.

현재를 위해서는 아무 일도 일어나고 있지 않았지만, 미래를 위해서는 필요한 모든 일이 진행되고 있었다. 만약 술 관원장이 복직하여 즉시 왕에게 요셉에 대해 말했다면 억울함은 풀 수는 있겠지만 '30세 법'에 막혀 총리가 되지 못했을 것이다.

마치 모세가 광야로 피신하여 "40년이 차매"(행 7:30) 하나님께서 찾아오셔서 이스라엘의 구원자로 부르시고 사용하신 것처럼, "때가 차매"(갈 4:4) 하나님의 아들 예수님이 구원자로 오셨던 것처럼, 요셉이 30세라는 때가 차매 하나님께서 바로 앞에 서게 하시고 총리로 세우셔서 약속의 말씀을 이루신다.

30세는 레위인들이 회막에서 봉사를 시작하는 나이이기도 하다(민 4:47 "삼십 세부터 오십 세까지 회막 봉사와 메는 일에 참여"). 예수님께서도 30세에 공생애를 시작하셨다(눅 3:23 "예수께서 가르치심을 시작하실 때에 삼십 세쯤 되시니라"). 이로 볼 때 하나님께서 요셉을 30세에 총리로 세우신 것은 '하나님 나라를 위한 공생애'로 섬기며 살도록 직분을 주신 것이라고도 할 수 있다.

이처럼 하나님의 약속 말씀은 정확하게 이루어진다.

하나님에 의해!
하나님의 시간에!
하나님의 방법으로!

따라서 하나님을 기다리는 것은 헛되지 않다. 기다리는 시간이 우리 편에서는 막연하게 보이지만 하나님께서는 그때도 섭리적으로 일하시기 때문이다. 그러므로 기다리는 동안에도 하나님의 약속이 이루어질 것을 믿어야 한다.

💡 요셉은 어떻게 이 모든 고난을 이겨낼 수 있었을까?

첫째, 하나님의 약속을 붙들었기 때문이다.

요셉의 현실은 하나님을 원망하고 좌절할 만한 상황이다. 하나님께서 높여 주시겠다고 약속하셨음에도 그의 신분은 계속 낮아져 갔고, 그의 환경은 계속 비참해져 갔기 때문이다. 신실하게 사람을 대했지만 계속 배반당하고 상처를 받았기 때문이다. 그런 생활이 10년 넘게 지속되었지만 성경은 요셉이 고난 중에도 원망하거나 좌절하거나 분노했다고 기록하지 않는다.

오히려 요셉은 종이 되고 죄수가 되었을 때도 남보다 더 성실하고 충성스러운 삶으로 인정을 받는다. 요셉이 훌륭한 이유는 단순히 고난이 많았기 때문이 아니라 그것을 이겨냈기 때문이다. 그뿐만 아니라 역경으로 인해 발생할 수 있는 불신앙과 원망, 미움, 분노 등에 사로잡히지 않았기 때문이다.

역경은 극복하지 않으면 가치가 없다. 사람을 쓰러지게 만들기 때문이다. 하지만 역경을 인내하여 극복하는 자에게 위대한 일을 이루는데 필요한 모든 것을 제공해 준다. 그런 의미에서 역경은 우리의 반응에 따라 기회가 되기도 하고 위기가 되기도 한다. 우리도 역경에 반드시 승리하여 역경이 주는 전리품을 취해야 한다.

> 여호와의 말씀이 응할 때까지라 그의 말씀이 그를 단련하였도다(시 105:19).

둘째, 말씀이 응할 때까지 말씀이 그를 단련했기 때문이다.

하나님의 말씀이 성취될 때까지 그 말씀이 요셉을 강하게 해서 고난을 이겨내게 했다. 약속이 고난을 이기게 한 것이다. 요셉은 '말씀 신앙'으로 고난에서 승리했다.

이처럼 요셉이 만난 현실은 높아질 것이라는 약속과는 정반대로 아들에서 노예로, 다시 죄수로 점점 낮아지는 고난의 연속이었다. 하지만 하나님께서는 고난을 통해 요셉의 전인격을 하나님의 약속을 이루기에 합당한 자로 성숙시키신다. 하나님과 인간과 세상 문화에 대한 경험적 지식으로 영성과 품성과 전문성을 갖추게 하신다. 언약 백성에게 고난은 하나님께서 귀하게 쓰시도록 변화되고 준비시키는 섭리적 훈련이다(잠 17:3).

당신은 역경의 때에 어떻게 반응하는가?

성도는 하나님의 사랑을 받으므로 사탄이 시기하여 대적해 온다. 그런 까닭에 그리스도인에게는 당연히 고난이 따른다. 하지만 안타깝게도 많은 성도가 고통의 때에 잘못된 반응을 보인다.

그것은 왜 나에게 고통을 주느냐고 하나님을 원망하는 것이다. 하지만 우리가 겪는 고통은 하나님께서 주신 것이 아니다. 우리를 대적하는 것은 사탄이다. 고통의 때에 하나님을 원망하는 것은 사탄의 미혹에 빠지는 가장 큰 어리석음이다. 고난은 영생을 얻은 자가 마땅히 감당해야 할 대가로 알고 인내해야 한다(빌 1:29; 딤후 3:12).

고통을 겪는 다른 이유는 유혹에 넘어가 죄를 범하기 때문이다. 고통의 때에는 자기의 죄성을 인정하고 겸비한 심령으로 자기 삶을 살펴 죄악을 회개해야 한다. 따라서 고통스러울 때는 먼저 고통의 원인이 사탄에 의한 불신 세상에서 온 고난인지, 나의 허물로 인한 고생인지를 파악하고 고난이면 인내, 고생이면 회개로 반응해야 한다.

자비하신 하나님께서는 고통의 순간에 우리와 함께하시며 극복하게 하신다. 회개하게 하여 정결케 하신다. 그것마저도 합력하여 나의 구원이 되게 하시고 사명을 이룰 자로 성숙시키신다. 그러므로 고통의 때에는 원망할 것이 아니라 겸허한 심정으로 자기를 부인하여 선한 변화의 기회로 삼아야 한다. 동시에 인내하며 하나님의 보호를 요청해야 한다. 우리를 고통에서 도우시는 분은 오직 하나님 한 분뿐이다.

모죽은 씨를 뿌린 후 5년 동안은 아무리 물을 주고 가꾸어도 하나의 싹도 나지 않는다. 그러다 위로 싹이 올라오기 시작하면 하루에 80센티까지 성장하는데 30미터까지 멈추지 않고 자란다. 뿌리가 사방팔방으로 얽히고설켜 땅속 깊이 박혀있는데 그 길이가 4,000미터나 된다. 5년 동안 꼼짝없이 갇혀만 있던 게 아니라 땅속으로 계속 깊이 파고들어 치열하게 내공을 다진 것이다. 위로 올라갈 때를 기다리며 기초를 준비하고 있었던 것이다.

단단하게 다져 둔 뿌리의 힘이 없으면, 30미터까지 쭉쭉 자라지 못했을 것이다. 어쩌다 높이 올라가도 바람에 쉽게 흔들리고 쓰러졌을 것이다. 높이 오를 힘과 거기에서 견뎌내는 내공은 오르는 동안 길러지는 것이 아니다. 땅의 힘과 물의 힘을 내 몸에 끌어모으는 '뿌리의 시절', 그때 태풍이 휘몰아쳐도 끄떡없고 최고를 향해 오를 단단한 힘이 생기는 것이다. 그러한 뿌리의 시절을 겪어내야 한다.[39]

비록 지금은 고난의 끝이 보이지 않아도 찬송가 623장의 가사처럼 '주님의 시간에 아름답게 모든 것이 변할 것'이다. 그러므로 우리는 말씀이 이루어질 때까지 비록 나의 상황이 약속과 멀어지는 것 같다 할지라도 '하나님께서' 주신 약속을 반드시 성취하실 것을 신뢰해야 한다. 겸손히 하나님의 능력을 의지하며 '하나님께만' 소망을 두어야 한다. '말씀이 이루어질 때까지' 하나님께서 보이지 않는 손길로 내 삶을 섭리하고 계심을 믿어야 한다.

작은 사건 하나하나에 일희일비(一喜一悲)하지 말아야 한다. 지금 내가 겪는 일들이 내 생각이나 계획과 달라도 하나님께서 나에게 약속의 말씀이 성취되게 하려고 나를 훈련하는 것임을 믿고 담대해야 한다.

말씀이 이루어질 때까지 약속 성취를 위해 준비하며 살아야 한다. 하나님께서 허락하신 환경은 의미 없는 것이 없다. 내가 만나는 모든 사람이 나를 훈련하는 조교이고, 내가 겪는 모든 환경이 나의 유익을 위해 예비하신 최적의 훈련장이다. 그러므로 고난의 시간에 상처가 아니라 실력이 남도록 선용해야 한다.

> 성도에게 고난은 하나님의 약속을 이룰 자로 성숙시키기 위한 섭리적 훈련이다.

<<< 생각 나누기 >>>

1. 형들에게는 없고 요셉에게만 있는 것이 무엇인가?

2. 시기심을 극복하는 방법은 무엇인지 자기의 경험이나 타인의 경험을 나누어 보라

3. 요셉이 당한 고통이 왜 고난인가?

4. 내가 당한 고통이 고생인지, 고난인지 어떻게 분별할 수 있는가?

5. 요셉에게 고난의 목적은 무엇인가?

6. 당신의 삶에 보이지 않게 하나님께서 섭리하신 간증이 있으면 나누어 보라.

6-1. 그 일을 통해 깨달은 것이 무엇인가?

7. 당신은 고통에 대해 어떻게 반응하겠는가?

제5장

형통이란?

'요셉'의 이름을 떠올리면 자연스럽게 생각나는 단어가 '형통'이다. 왜냐하면, 성경에서 "형통"이라는 단어를 요셉에게 가장 많이 사용했기 때문이다.

> 여호와께서 요셉과 함께하시므로 그가 형통한 자가 되어 그의 주인이… 여호와께서 그의 범사에 형통하게 하심을 보았더라 … 여호와께서 그를 범사에 형통하게 하셨더라(창 39:2, 3, 23).

성경은 요셉을 '범사에 형통한 사람'이라고 알려 준다.

요셉에게 형통이란 무엇일까?

1. 평탄이나 세상에서의 성공만이 아님

성경에서 요셉에게 "형통"이라는 단어를 가장 많이 사용하는 것은 하나님께서 보시기에 요셉의 삶이 형통했다는 의미다. 하지만 인간의 눈으로는 아무리 보고 또 보아도 요셉의 삶은 형통해 보이지 않는다. 오히려 환란을 많이 겪고 상처가 많은 사람이다. 결혼해서 첫아들을 낳은 후에야 모든 고난과 아버지의 집에서 받은 상처를 잊게 되었다고 고백한다(창 41:51). 그때까지 힘들었다는 것이다.

자기를 죽이려고 하고 노예로 팔아버린 형들에 대한 분노와 버림을 당한 아픔, 자기를 사랑하시던 아버지와 친동생 베냐민에 대한 염려, 고달팠던 외국에서의 노예 생활, 순결을 지키려다가 성폭행 미수범으로 몰렸던 억울함, 죄수가 되어 10여 년을 절망 가운데 손가락질 당하며 보낸 감옥 시절 등등 우리가 보기에 요셉의 삶은 형통하다는 단어와 어울리지 않는다. 아니, 너무 억울하고 원통하고 비참하고 한(恨) 많은 삶이다.

우리가 요셉이 형통하다는 말을 받아들이기 가장 힘든 이유는 이 말을 할 때가 결코 형통할 때가 아니기 때문이다. 만약 요셉이 아버지의 사랑을 받던 아들일 때나, 총리가 되어 떵떵거릴 때 요셉이 형통했다고 하면 누구나 쉽게 받아들일 수 있을 것이다.

💡 하지만 요셉에게 형통하다고 할 때가 언제인가?

> 여호와께서 요셉과 함께하시므로 그가 형통한 자가 되어 그의 주인 애굽 사람의 집에 있으니 그의 주인이 여호와께서 그와 함께하심을 보며 또 여호와께서 그의 범사에 형통하게 하심을 보았더라(창 39:2, 3).

요셉이 형들에 의해 노예로 팔려서 애굽 보디발의 집에서 '종살이할 때'다.

> 간수장은 그의 손에 맡긴 것을 무엇이든지 살펴보지 아니하였으니 이는 여호와께서 요셉과 함께하심이라 여호와께서 그를 범사에 형통하게 하셨더라(창 39:23).

억울하게 파렴치범으로 몰려서 죄수로 '감옥살이할 때'다. 요셉은 집에서 장자 같은 대접을 받다가 하루아침에 노예가 되었고, 청지기가 되어 충성과 순결을 지켰음에도 누명을 쓰고 죄수가 되었다. 신분적으로, 환경적으로, 관계적으로, 사회적으로도 밑바닥까지 추락한 것이다.

인간적으로 보면 가장 고통스럽고 절망적인 순간인데 성경은 형통하다고 말한다. 그렇다면 성경이 요셉에게 말하는 형통은 살면서 자기 뜻대로 평탄하고 세상적으로 성공하는 것이 아님을 알 수 있다.

그렇다면 성경이 말하는 형통은 어떤 것인가?

2. 하나님의 약속 성취를 위해 돌진하는 삶

성경은 요셉이 형통했다고 말씀한다. 노예이고 죄수일 때 요셉이 형통했다고 알려 준다. 우리가 못 믿을까 봐 세 번이나 반복해서 요셉이 형통했다고 선포한다. '잠깐 괜찮다는 말이겠지'라고 오해할까 봐 "범사에 형통"했다고 선언한다(창 39:3, 23).

하나님께서는 거룩하시고 신실하신 분이시기 때문에 결코 거짓말을 하실 수 없으시다. 그렇다면 우리가 생각하는 형통과 성경이 말하는 형통이 다른 것이다.

💡 과연 하나님께서는 무엇을 형통이라고 여기실까?

형통은 하나님의 약속이 성취되는 것이다. 사람들이 일반적으로 생각하는 형통은 '어려움 없는 평탄, 내 계획대로 일이 쉽고 편하게 잘 풀리는 승승장구'일 것이다. 창세기 37장의 "형통"은 원어로 '짜라흐'인데 '형통, 평탄, 감동' 등으로 번역되었다. 의미는 '돌진하다, 세찬 기세로 거침없이 곧장 나아가다' 이다.[40] 앞에 아무리 큰 장애가 있어도 그것을 뚫고 막힘없이 앞을 향해 나아가는 것이다.

> 이 율법책을 네 입에서 떠나지 말게 하며 주야로 그것을 묵상하여 그 안에 기록된 대로 다 지켜 행하라 그리하면 네 길이 평탄하게 될 것이며 네가 형통하리라(수 1:8).

'짜라흐'가 "평탄"이고, "형통"은 '싸칼'인데 '현명, 지혜'다. 율법책을 읽고 묵상하고 지키면 그것이 여호수아에게 "형통"(현명, 지혜)을 주어서 하나님께서 약속하신 땅을 정복하는 길이 "평탄"(돌진, 유익)할 것이라는 약속이다.

> 오직 여호와의 율법을 즐거워하여 그의 율법을 주야로 묵상하는도다 그는 시냇가에 심은 나무가 철을 따라 열매를 맺으며 그 잎사귀가 마르지 아니함 같으니 그가 하는 모든 일이 다 형통하리로다(시 1:2-3).

여호와의 율법을 즐거워하여 주야로 묵상하는 사람은 모든 일이 합력하여 열매(율법 성취)를 맺기 위해 돌진할 것이다.

> 하나님의 묵시를 밝히 아는 스가랴가 사는 날에 하나님을 찾았고 그가 여호와를 찾을 동안에는 하나님께서 형통하게 하셨더라(대하 26:5).

말씀을 아니까 하나님을 찾았고 하나님을 찾으니까 그의 삶이 묵시(하나님의 약속 말씀)가 이루어지도록 형통(돌진, 유익)했다.

> 사무엘이 기름 뿔병을 가져다가 그의 형제 중에서 그에게 부었더니 이 날 이후로 다윗이 여호와의 영에게 크게 감동되니라(삼상 16:13).

여기서 "감동"이 '짜라흐'이다. 다윗에게 기름을 부었더니 여호와의 영이 다윗에게 돌진하여 다윗이 여호와의 영으로 충만했다.

이로 볼 때 하나님께서 형통하게 하셨다는 것은 '삶이 하나님 말씀의 약속 성취를 향해 어떤 세력도 막을 수 없는 성령의 능력으로 돌진하게 하셨다'라는 의미다.

요셉의 삶을 통해 형통의 의미를 찾아보자. 요셉이 아들에서 노예로, 다시 죄수로 신분이 비천해질 때 형통하다고 하셨기 때문에 형통은 신분이 상승하는 것이 아니다. 요셉이 가장 고통스럽고 절망스러울 때 형통하다고 하셨기 때문에 형통은 심리적인 좋은 감정을 말하는 것도 아니다.

죄수로서 감옥에 갇혀 있는데 형통하다고 하셨기 때문에 형통은 환경의 편리함도 아니다. 요셉이 형들의 미움을 받고, 주인 아내에게 누명을 쓰고, 요셉에게 은혜를 받은 술 맡은 관원장이 요셉을 잊어버린 것을 보면 형통은 내 생각대로 잘 되거나 사람들에게 인정받는 것도 아니다.

요셉은 산전수전을 다 겪은 삶인데 형통하다고 말하는 것을 보면 성경이 말하는 형통은 평탄하고 안락한 삶도 아니다. 점점 더 신분과 상황이 망해가는데도 형통하다고 했으므로 형통은 세상에서의 출세도 아니다. 우리는 진리의 말씀을 들을 때 항상 내 생각을 진리대로 바꾸려는 자세를 가져야 한다. 진리는 변하지 않는 참이기 때문이다.

요셉이 형통했다는 것은 주변 사람들이 요셉에게 악을 행하여 요셉의 신분을 낮추고 환경을 비참하게 했지만, 요셉의 삶은 그러한 방해들을 뚫고 하나님의 약속(높이심)을 향해 거침없이 곧장 나아갔다는 것이다. 여러 가지 장애에도 불구하고 하나님의 말씀 성취를 향해 전진했다는 것이다.

하나님은 약속하신 대로 잊지 않고 형들이 요셉을 노예로 낮추어도 가정 총무로 가장 높여 주셨다. 여주인이 죄수로 낮추었을 때도 간수 대리로 가장 높여 주셨으며, 이방인임에도 애굽의 총리로 가장 높여 주셨다. 하나님께서는 요셉이 가는 곳마다 약속하신 대로 그를 높여 주셨다.

그렇다면 성경에서 요셉에게 말하는 '형통은 어떤 것도 막을 수 없을 정도로 삶이 요셉에게 하신 하나님의 말씀 성취를 향해 성령의 능력으로 돌진하는 것, 동시에 사람과 환경과 세상의 악과 방해에도 불구하고 하나님의 약속이 삶에서 이루어지는 것'이다.

형통은 다음 말씀을 연상하게 한다.

> 우리가 종일 주를 위하여 죽음을 당하게 되며 도살 당할 양 같이 여김을 받았나이다 함과 같으니라 그러나 이 모든 일에 우리를 사랑하시는 이로 말미암아 우리가 넉넉히 이기느니라 (롬 8:36-37).

형통은 모든 악의 대적과 방해에도 불구하고 우리를 사랑하시는 하나님께서 함께하셔서 우리가 넉넉히 이기는 것이다. 이렇게 요셉에게 형통은 언약 성취와 관련된다.

3. 형통케 하시는 하나님의 방법

요셉이 보디발의 집과 감옥에 있을 때 그리고 "형통"하다고 말할 때 "여호와"의 이름이 나타난다(창 39:2, 3, 5, 21, 23). 요셉의 삶에서 '형통'과 '여호와'라는 이름이 나타나는 것은 이때뿐이다. 여호와는 '언약에 신실하신 하나님, 구원의 하나님'을 강조할 때 주로 사용된다.

보디발의 집과 감옥은 '하나님의 약속과 반대되는 낮아진 상황'이지만, '여호와', 즉 언약에 신실하신 하나님께서 요셉을 구원(보호)하셔서 그곳에서도 약속을 이루실 것을 암시한다. 형통은 하나님의 약속이 이루어지는 것임을 다시 한번 확인할 수 있다. 그리고 요셉이 형통할 수 있었던 것은 여호와로 인한 것, 하나님 자신 때문이다.

💡 **여호와께서 어떻게 요셉을 형통하게 하셨는가?**

> 여호와께서 요셉과 함께하시므로 그가 형통한 자가 되어 그의 주인이… 여호와께서 그의 범사에 형통하게 하심을 보았더라 … 여호와께서 그를 범사에 형통하게 하셨더라(창 39:2, 3, 23).

하나님께서 요셉을 형통하게 하셨다는 말이 나올 때마다 반드시 앞에 조건처럼 나오는 말이 있다. "여호와께서 요셉과 함께하심"이다. 요셉의 삶에서 하나님께서는 모습을 드러내시거나 직접 말씀하시지 않았지만, 섭리를 통해 이방인들도 알아볼 정도로 요셉과 함께하셨다. 그렇다면 요셉은 수준 높은 훈련을 받았거나, 좋은 프로그램으로 형통해진 것이 아니다. 연줄이 좋거나 학위로 형통해진 것도 아니다. 대단한 재능이 있거나 혈통이 좋아서도 아니다. '하나님께서 함께하셨기 때문에 형통'했다.

구조를 통해 확인해 보자.

A 높여 주시겠다는 약속에 근거한 선한 삶
  B 낮아짐 = 악인들에 의한 고난
    C 하나님이 함께하심 = 핵심
  B' 높아짐 = 언약 성취 = 형통
A' 섬김의 통치로 번성하여 하나님 나라를 회복

구조에서 보는 것처럼 B 낮아짐에서 B' 높아질 수 있었던 것은 C 하나님이 함께하셨기 때문이다. 하나님의 약속이 높이겠다는 것이었으므로 총리로 높아진 것은 하나님의 약속 성취이며, 동시에 형통이다. 따라서 요셉이 형통할 수 있었던 것은 하나님께서 요셉과 함께하셨기 때문이다.

💡 하나님이 함께하신다는 말의 의미

하나님이 요셉과 함께하셨다는 것은 요셉이 만난 상황이 스스로는 해결할 수 없을 만큼 절망적이라는 뜻이다. '하나님께서 함께하신다'라는 말은 '임마누엘'인데 이사야 7장에 나온다. 아람과 북이스라엘이 동맹을 맺어 남유다를 침공한 상황에서 하나님께서 주신 말씀이다. 당시 유다 왕과 백성의 마음은 숲이 바람에 흔들림 같이 흔들

렸다(사 7:2). 유다의 군사력으로는 침략군을 절대로 막을 수 없기 때문이다.

그런데 하나님께서는 남유다 왕인 아하스에게 두려워하지 말고 낙심하지도 말라고 하신다. 하나님께서 남유다의 편이 되어 지켜 주실 것이기 때문이다. 그러면서 여호와께서 승리케 하실 징조를 구하라고 하신다. 징조를 구하라는 말씀은 하나님을 신뢰하고 의지해 기도하라는 의미다. 하지만 아하스왕의 마음은 여호와보다 당시 제국인 앗수르를 의지하기 때문에 여호와께 구하지 않겠다고 거절한다. 그때 여호와께서 주신 말씀이다.

> 그러므로 주께서 친히 징조를 너희에게 주실 것이라 보라 처녀가 잉태하여 아들을 낳을 것이요 그의 이름을 임마누엘이라 하리라(사 7:14).

아하스왕의 불신앙에도 불구하고 하나님께서는 이스라엘과 함께하셔서 적의 침략으로부터 보호하시고 승리케 하겠다고 약속하신다. 승리의 징조가 처녀가 잉태하여 아들을 낳는 것이다. 아이의 어머니는 그 시대 사람으로서 다윗 가문에 속한 한 처녀이며, 그 아들의 이름 임마누엘은 위기의 순간에 그 백성과 함께하시는 하나님의 현존과 장차 인간의 몸으로 오실 메시아에 대한 소망을 함께 담고 있다(마 1:23).[41]

성경에서 임마누엘이 사용될 때는 항상 인간의 능력으로 어찌할 수 없는 가장 어려울 때고 하나님께서 능력으로 개입하시어 자기 백성을 구원하는 극적인 반전을 이루신다. 임마누엘의 절정이 바로 성육신한 예수님이시다(마 1:23). 인간이 자기의 죄로 인해 죄와 죽음과 사탄의 종이 되어 절망적인 상황일 때 하나님께서는 아들을 사람으로 보내어 개입함으로 자기 백성을 그들의 죄에서 구원하는 역전을 이루신다(롬 5:21, 14; 히 2:15; 엡 2:2; 마 1:21).

그러므로 요셉이 노예이고 죄수일 때 하나님께서 함께하셨다는 것은 요셉이 만난 상황이 요셉의 힘으로는 해결할 수 없는 '절망적인 상황'이라는 것을 알 수 있다. 요셉에게 하나님이 함께하셨다는 표현이 가장 많이 기록된 것을 통해 다른 누구보다 요셉이 큰 고통을 겪었음도 알 수 있다. 요셉의 고난은 그야말로 절망에 빠질 수밖에 없는 죽음의 고통들이었다. 누가 보아도 하나님이 요셉을 떠난 것 같다. 하지만 보이지 않았을 뿐 하나님께서 요셉과 함께해 주셨다.

💡 하나님이 함께하시는 목적

절망적인 상황에서 요셉을 '보호'하시기 위해서다. 악을 멸하시어 그 상황을 하나님의 능력으로 '역전'시키기 위해서다. 요셉에게 하신 하나님의 약속 말씀을 '성취'하기 위해서다(창 28:15).

임마누엘의 역사는 요셉에게만 한정되지 않는다. 하나님께서 누군가를 부르실 때 주시는 약속이 '내가 너와 함께하겠다'이다(창 26:24; 31:3; 출 3:12; 수 1:9; 삿 6:12; 렘 1:8; 눅 1:28). 하나님께서는 부르신 사람과 함께하여 그가 사명을 감당하게 하신다. 하나님께서 그 사람에게 주신 말씀이 이루어지게 하신다(창 26:3; 28:15; 수 1:5; 삼상 18:14; 삿 6:16; 삼하 7:9; 사 41:10). 고난이 있어도 이겨내고, 환난이 있어도 인내하도록 보호하시며, 방해가 있다 할지라도 그의 삶이 하나님의 약속 말씀 성취를 향해 돌진하도록 역전시키신다.

이것은 요셉의 아버지 야곱의 삶에서도 나타난다. 창세기 28:13-14에서 하나님께서는 야곱에게 땅을 주고 자손을 번성케 하겠다고 약속하신 후 15절에서 이렇게 말씀하신다.

> 내가 너와 함께 있어 네가 어디로 가든지 너를 지키며 너를 이끌어 이 땅으로 돌아오게 할지라 내가 네게 허락한 것을 다 이루기까지 너를 떠나지 아니하리라(창 28:15).

하나님께서 야곱과 함께하시는 이유는 하나님께서 약속하신 것을 다 이루기까지 '보호'하기 위해서다. 야곱에게 하나님의 약속 말씀이 성취되는 것을 방해하는 모든 악으로부터 그를 지켜 주시기 위해서다. 그리하여 궁극적으로 야곱에게 하나님의 약속이 '성취'되도록 하기 위해서다. 실제로 라반이 열 번이나 야곱을 속여서 삯을 주지 않자 하나님께서 꿈으로 섭리하셔서 야곱의 재산이 두 떼나 이루도록 '역전'시키신다(창 31:32; 42; 32:10).

또, 야곱이 가나안 땅으로 도망가자 라반이 쫓아왔지만, 하나님께서 꿈을 통해 라반을 꾸짖으셔서 야곱을 헤치지 못하게 '보호'하신다(창 31:24). 이처럼 하나님은 야곱과 함께하셔서 라반의 거짓과 위협으로부터 보호하시고 번성하도록 역전시켜 가나안 땅으로 돌아오게 하시므로 야곱에게 하신 약속을 '성취'하신다.

다윗도 마찬가지다.

> 다윗이 그의 모든 일을 지혜롭게 행하니라 여호와께서 그와 함께 계시니라 사울은 다윗이 크게 지혜롭게 행함을 보고 그를 두려워하였으나(삼상 18:14-15).

하나님께서 함께하신 결과 다윗은 범사에 크게 지혜롭게 행한다. 그리하여 다윗을 대적하는 사울이 그를 두려워하게 된다. 하나님은 다윗과 함께하셔서 범사에 지혜롭게 행하게 하시어 사울의 위협에서 보호하신 것이다. 그것은 다윗을 이스라엘의 왕으로 세우겠다고 하신 약속을 지키기 위해서다(삼상 16:1; 삼하 5:2).

애굽에서 나온 이스라엘의 광야 생활도 마찬가지다. 광야에서 하나님께서는 구름과 불기둥, 성막으로 이스라엘과 항상 함께하셨다. 광야는 이스라엘의 힘으로는 하루도 살 수 없는 척박한 환경이다. 그런데도 물과 먹을 것이 없는 광야에서 굶어 죽거나 목말라 죽은 자가 없었다.

40년이 지나도 옷이 해어지지 않았고 발이 부르트지도 않았다(신 8:4; 9:21). 이스라엘은 군사 훈련을 제대로 받은 적 없는 오합지졸이지만 대적을 만날 때마다 승리했다. 광야에서도 하나님께서 함께하셨기 때문이다. 함께하신 하나님이 그 모든 역경과 대적을 능히 극복하도록 보호하시고 역전시키셨기 때문이다.

하나님이 함께하시며 이스라엘이 광야를 통과하도록 돌보신 이유는 하나님께서 언약 백성을 가나안 땅으로 인도하겠다고 약속하셨기 때문이다(출 3:17). 예수님의 이름은 '임마누엘'인데 그 뜻은 우리와 함께 계시는 하나님이시다. 그런데 하나님이 우리와 함께하시는 것도 말씀을 이루기 위해서다(마 1:22-23). 이처럼 성경에서 하나님이 함께하시는 것(임마누엘)은 그 자체가 목적이 아니라 궁극적으로 '하나님의 말씀을 이루기 위해서'다.

💡 형통의 정도

> 그의 범사에 형통 … 그를 범사에 형통하게 하셨더라(창 39:3, 23).

하나님은 요셉과 함께하셔서 그가 하는 모든 일을 형통하게 하셨다. 요셉이 겪었던 일들은 요셉을 무너뜨릴 만큼 강력했지만, 하나님이 함께하시니까 요셉이 만난 환란은 장애가 되지 않았다. 신분과 상황과 환경의 모든 장벽을 뛰어넘어 그의 삶은 하나님의 약속 성취를 향해 돌진하고 있었다. 하나님은 요셉이 겪은 모든 일을 수단으로 사용하셔서 그의 삶에 약속이 이루어지도록 섭리하셨다. 하나님이 함께하셔서 요셉이 당했던 모든 일이 합력하여 언약 성취가 되도록 역전시키셨다.

그러므로 우리가 어떤 신분이고, 어떤 상황이며, 어떤 환경에 처했는가는 그리 중요하지 않다. 가장 중요한 것은 하나님께서 나와 함께하시는 것이다. 하나님만 함께하시면 하나님께서 전능한 능력으로 보호하시고 역전시켜 우리 삶에 하나님의 약속 말씀이 성취되도록 돌진시키실 것이기 때문이다. 우리가 할 일은 하나님의 약속 말씀을 믿는 것이다.

💡 하나님께서 나와 함께하시는 것을 무엇으로 알 수 있는가?

> 여호와께서 그와 <u>함께하시매</u> 그가 <u>어디로 가든지 형통하였더라</u>(왕하 18:7).

하나님께서 보호해 주심으로 고난 중에도 믿음을 지키고 사명을 따라 사는 것이다. 내 능력으로는 불가능한데 하나님의 능력으로 보호받고 역전되는 것이다. 역경 중에도 '내 삶에 하나님의 말씀이 이루어지는 것'이다. 내 삶에 하나님의 약속이 성취되는 것이다. 삶이 형통한 것이다.

언약 백성은 하나님의 약속 성취를 신뢰하며 약속을 성취하기 위해 살아간다. 하나님의 말씀은 하나님의 뜻이므로 그것을 이루기 위해 사는 삶을 하나님이 가장 기뻐하신다. 하지만 악의 방해가 있다. 그래서 언약 백성의 삶에는 필연적으로 고난이 따른다. 그 고난은 인간의 힘으로 감당할 수 없다.

하나님께서 함께하셔서 고난 중에 있는 성도를 보호하고 그 상황을 역전시켜 하나님의 약속을 이루시고 누리게 하신다. 형통케 하신다. 그러므로 형통은 어려움이 없는 것이 아니고, 환란이 있음에도 불구하고 하나님의 약속이 이루어지는 삶이다. 고난이 있어도 사명을 위해 사는 것이다.

하나님께서는 우리와 함께하여 그분의 능력으로 자기의 약속을 이루어 가신다. 그렇다면 하나님의 약속 성취를 위해 사는 성도가 형통의 주인공이다.

이처럼 내 삶이 하나님의 뜻을 이루기 위해 돌진하는 과정도 형통이며, 동시에 나를 통해 하나님의 약속이 성취되는 결과도 형통이다. 요셉의 경우 남의 집에서 일하는 노예로 낮아질지라도 그의 삶은 하나님의 뜻을 이루기 위해 돌진하고 있었고, 거기에서 가정 총무로 높여 주시어 하나님의 약속이 성취되었기 때문에 형통한 것이다.

요셉이 감옥에서 죄수로 낮아졌을 때조차도 하나님의 말씀 성취를 향해 돌진하고 있었고, 거기에서도 간수 대리가 되어 높여 주시겠다는 하나님의 약속이 성취되었기 때문에 형통이다.

그렇다면 하나님의 약속을 믿고 하나님의 말씀 성취를 위해 사는 하나님의 백성은 비록 현재의 삶에 역경이 계속될지라도 원리적으로는 모두 다 형통하다고 할 수 있다. 형통하게 하시는 하나님께서 언제나 함께하시기 때문이다(요 14:16). 함께하시는 하나님께서 모든 것을 합력하여 우리 삶에 하나님의 약속이 이루어지게 하실 것이기 때문이다.

우리에게 일어나는 모든 사건은 하나님의 말씀 성취를 향해 돌진하게 하시는 하나님의 섭리다. 성도가 하나님의 약속을 붙들고 하나님 나라를 위해 말씀을 성취하려고 살아갈 때 모든 일은 다 가치가 있다.

요셉은 하나님 약속의 관점에서 자기를 보니 노예이고 죄수일지라도 실패가 아님을 알았고 하나님께서 합력하여 하나님의 말씀을 이루실 것을 믿었으며, 하나님께서 보내신 곳이라면 외국에서나, 감옥에서나 하나님께서 주신 하나님의 말씀을 성취하기 위해 신실하게 살 수 있었다. 요셉의 삶은 평탄하지는 않았지만 '언제나 형통'했다.

당신의 삶은 형통한가?

우리는 삶을 평가하는 기준이 자기 중심적이고 세속적이어서 '내가 편안하고, 편리해지고, 사람들에게 높임을 받고, 세상 것을 남보다 더 가지면 형통하다'라고 착각하는 경향이 있다. 이것은 자기중심, 육체 중심, 현세 중심, 물질 중심으로 세상에서의 출세를 추구하는 세속적인 관점이다.

그러나 성경이 우리 삶을 평가하는 기준은 하나님 중심적이며 하나님 나라와 하나님 말씀의 관점이다. 우리의 삶이 하나님의 말씀 성취를 향해 돌진하고 우리를 통해 하나님 나라가 확장되는 것을 하나님께서는 형통하다고 하신다. 내 계획대로 되는 것이 아니라 하나님의 계획대로 진행되는 것이다. 나를 통해 하나님의 뜻이 이루어지는 것이 형통한 삶이다.

형통하기 위해 우리에게 가장 필요한 것은 나의 능력도 아니고, 사람들의 인정도 아니고, 환경의 편리함도 아니며, 평탄함도 아니고, 세상 권력이나 재물의 부요함도 아니다. 오직 전지전능하신 하나님이 필요하다.

하나님께서 함께하시는 사람만이 하나님의 약속을 성취할 수 있고 누릴 수 있다. 하나님께서 함께하시는 사람이 가장 능력 있는 사람이다. 우리와 함께하시는 하나님이 진정한 성도의 능력 자체이시다(빌 4:13).

그런데 예수님은 성령으로 우리와 영원토록 함께하겠다고 약속하셨다(마 28:20; 요 14:16-17). 성령님은 우리와 함께하시며 신앙 행진에 만나는 모든 역경을 하나님의 은혜로 넉넉히 이기게 하여 우리 삶이 구원으로 '돌진'하게 하신다(롬 8:37). 합력하여 선(구원, 성숙, 하나님의 약속 말씀 성취)이 되도록 '역전'시키신다(롬 8:28). 약속하신 새 하늘과 새 땅에 도착할 때까지 우리의 신앙을 '보호'하신다. 그렇다면 하나님께서 함께하시는 목적은 우리를 형통케 하기 위해서다.

선을 행하며 사는데 시기하는가?
하나님을 경외하며 성결하게 사는데도 누명을 쓰고 버림당하는가?
은혜를 베풀어도 배신당하는가?
그동안 쌓은 모든 것이 타인의 거짓에 의해서 하루아침에 다 무너져버렸는가?
내 주변에 아무도 없는가?
억울하게 세상이 손가락질하는 파렴치범으로 몰려 어둠에 갇혀 있는가?
'절망'이란 단어밖에 떠오르지 않는 죽음의 상황인가?

바로 그때가 하나님을 찾을 때다. 모두 떠난 것 같고, 모든 사람이 나를 버린 것 같지만 하나님께서는 여전히 우리와 함께하신다. 그리고 하나님 한 분이면 우리가 만난 어떤 역경도 역전시키기에 충분하다. 그러므로 하나님께서 우리를 떠나지 않는 한 우리는 결코 버림받은 사람이 아니다. 우리가 하나님의 약속 성취를 위해 살고 있다면 결코 실패자가 아니다. 우리의 가능성은 우리에게 박수하는 사람들이나 우리에게 편리를 제공하는 환경이나 우리가 이룬 업적이 아니라 우리와 함께하시는 하나님께 있다.

하나님께서는 우리가 자기의 야망을 이루기 위해서가 아니라 하나님의 말씀을 이루는 삶을 살기 원하신다. 상처와 분노와 절망으로 포기하는 것이 아니라 하나님의 말씀을 붙들고 인내하기를 원하신다. 사람을 신뢰하거나 세상을 의지하거나 환경에 희망을 두지 말고 오직 하나님만 신뢰하고 의지하며 소망하기를 원하신다.

우리와 함께하시는 하나님께서 우리가 만난 문제를 해결하는 것은 물 한 잔 마시는 것만큼이나 쉬운 일이다. 그러므로 형통하려면 내 삶에 하나님의 약속(뜻)이 이루어지는 것을 최고의 가치와 영광으로 알고 그것을 추구해야 한다. 하나님께서 나와 함께하심을 믿어야 한다. 함께하시는 하나님을 의지해야 한다. 하나님의 말씀을 이루기 위해 살아야 한다.

그러면 언제나 우리와 함께하시는 하나님께서! 하나님의 시간에! 하나님의 방법으로! 보호하시고 순식간에! 역전시켜서 형통(말씀 성취)케 하실 것이다.

> 우리는 역경이 없는 것을 형통하다고 하지만 성경은 내 삶에 하나님의 약속이 이루어지는 것을 형통하다고 말한다.

<<< 생각 나누기 >>>

1. 요셉에게 형통하다고 할 때가 언제인가?

2. 성경이 말하는 형통은 어떤 것인가?

3. 형통케 하시는 하나님의 방법은 무엇인가?

4. 요셉에게 있어서 하나님께서 함께하신다는 말씀이 전제하는 상황은?

4-1. 하나님께서 함께하셔서 어떻게 하겠다는 약속인가?

5. 하나님께서 나와 함께하심을 믿는가? 그 증거가 무엇인가?

6. 형통했던 삶의 간증을 나누어 보라.

7. 형통한 삶을 위해 어떻게 살겠는가?

제6장

성취된 꿈

요셉에게 하신 하나님의 약속이 성취된다.

> 요셉의 형들이 와서 그 앞에서 땅에 엎드려 절하매(창 42:6).

첫 번째 꿈을 통한 하나님의 약속은 형들이 요셉에게 엎드려 절을 함으로 22년 만에 성취된다. 나중에 애굽의 총리가 자기들의 동생 요셉인 줄을 안 후에도 이 행동은 반복된다.

> 요셉이 집으로 오매 그들이 … 땅에 엎드려 절하니(창 43:26).
> 그들이 … 머리 숙여 절하더라(창 43:28).
> 유다와 그의 형제들이 요셉의 집에 이르니 … 그의 앞에서 땅에 엎드리니(창 44:14).
> 그의 형들이 또 친히 와서 요셉의 앞에 엎드려 이르되 우리는 당신의 종들이니이다 (창 50:18).

엎드려 절하는 것은 요셉을 자기들의 통치자로 인정하는 행위다. 이것은 형들이 스스로 자기들을 '요셉의 종'이라고 부르는 것에서 확인된다.

> 자기에게 있는 버금 수레에 그를 태우매 무리가 그의 앞에서 소리 지르기를 엎드리라 하더라(창 41:43).
>
> 하나님께서 나를 바로에게 아버지로 삼으시고 그 온 집의 주로 삼으시며 애굽 온 땅의 통치자로 삼으셨나이다(창 45:8).

두 번째 꿈을 통한 하나님의 약속 역시 요셉이 애굽의 총리가 된 후 바로를 제외한 나라의 모든 백성, 심지어 외국에서 온 사람들까지 요셉을 만나는 모든 사람이 그에게 엎드려 절을 하므로 성취된다.[42] 하나님께서 요셉에게 주셨던 꿈(약속)이 성취된 것이다.

그런데 성경은 이것이 여호와의 말씀이 응한 것, 즉 '하나님의 말씀 성취'라고 말한다.

> 곧 여호와의 말씀이 응할 때까지라 … 그를 그의 집의 주관자로 삼아 그의 모든 소유를 관리하게 하고 그의 뜻대로 모든 신하를 다스리며 그의 지혜로 장로들을 교훈하게 하였도다(시 105:19, 21, 22).

따라서 요셉의 비전 성취가 아니라 '하나님의 약속 성취'다.

2021년 2월 16일 자 「크리스천투데이」에는 '20-30대 기독교 청년의 40.4퍼센트가 "성경 말씀을 지키며 살면 성공하지 못한다"라고 대답했다'고 한다.

말씀을 지키면 성공하지 못하는가?

그렇지 않다. 오히려 요셉은 말씀을 지켜야만 성공할 수 있음을 보여 준다. 요셉이 하나님의 말씀을 믿고 그 말씀을 이루기 위해 살 때 당시 선진국 애굽의 총리가 되어 출세한다. 그런데 성경은 요셉이 비전을 이루었다고 하지 않고 말씀을 이루었다고 말한다. 하나님의 백성에게는 '말씀 성취가 진정한 성공'이다.

1. 하나님의 약속이 어디에서나 이루어짐

하나님께서 요셉을 당시 강대국 애굽의 총리로 높여 주셨다(창 45:8). 비록 문자적으로 부모가 요셉에게 절을 하지는 않았지만, 형들이 절을 하고, 애굽의 모든 백성이 요셉에게 엎드리며, 아버지 또한 요셉에게서 봉양을 받으므로 요셉의 꿈은 애굽에서 총리 때 이루어졌다고 할 수 있다(창 45:11).

하지만 요셉을 높여 주신 것이 애굽에서만은 아니다. 애굽에서의 총리가 요셉을 높여 주시겠다는 하나님 약속의 '완성'이라고 한다면, 요셉을 높여 주시겠다는 하나님의 약속은 그 이전부터, 어디에서나 이루어져 왔다.

1) 열한 번째 아들로 태어나 아버지 집에서 살 때(창 37:1-4)

요셉은 야곱의 열두 아들 중 열한 번째다. 장남이 아버지를 계승하기 때문에 보통은 장남이 가장 사랑받고 장자권을 받는다. 그런데 아버지의 집에서 요셉은 아버지에게 형제들보다 더 높은 대우를 받는다.

> 요셉은 노년에 얻은 아들이므로 이스라엘이 여러 아들보다 그를 더 사랑하므로 그를 위하여 채색옷을 지었더니 그의 형들이 아버지가 형들보다 그를 더 사랑함을 보고(창 37:3-4).

아버지가 다른 형제들보다 요셉을 더 사랑하여 요셉에게만 채색옷을 입혀 준 것이다. 일반 속옷은 소매가 짧았으나 채색옷은 '소매가 팔꿈치를 덮을 만큼 긴 속옷'이다.[43] 고대 근동에서는 옷의 색깔보다는 옷감 혹은 길이가 사람의 '신분'을 반영했다.[44]

예를 들어, 베두인들은 족장과 후계자만이 긴 소매가 달린 옷을 입었다.[45] 그러므로 '채색옷'보다는 '긴 소매의 속옷'이 바른 번역이다. 2021년에 출간된 맛싸성경은 채색옷이라고 하지 않고 '소매가 긴 옷'이라고 번역했다. 긴 소매는 일하기에 불편한 옷이다.

따라서 짧은 소매의 속옷을 보통 사람이 입었다면 손바닥까지 덮는 긴 소매의 속옷은 일하지 않는 특별한 계층, 즉 감독자나 주인, 왕족이 입었다(삼하 13:18). 채색옷은 단순히 고급스럽고 화려한 옷만이 아니다. 엘리야가 털옷을 입은 것이 그가 선지자임을 의미하고, 그가 엘리사에게 겉옷을 던진 것이 선지자로 부르심을 의미하며(왕상 18:16, 19-21), 제사장복을 입으면 제사장임을 나타내듯 성경에서 옷은 그 옷을 입은 사람의 '지위, 또는 직분'을 나타낸다.

야곱이 요셉에게만 채색옷을 입혔다는 것은 야곱 가정에서 요셉이 가졌던 독특한 지위를 보여 주는 것이다. 즉, 야곱이 요셉을 장자로 삼았다는 뜻이다.

💡 아브라함 가문에서 장자가 되는 것은 어떤 의미인가?

> 전에는 나의 장자의 명분을 빼앗고 이제는 내 복을 빼앗았나이다(창 27:36).

첫째, 형제들의 주가 되는 것이다.

창세기 27:36에서 에서가 말한 "장자의 명분"은 장자권이다. 장자권을 가지게 되면 다른 형제들과의 관계에서 "네가 형제들의 주가 되고 네 어머니의 아들들이 네게 굴복하며"(창 27:29). "네 아우를 섬길 것이며"(창 27:40). 장자는 형제들의 주(主)가 된다. 형제들은 장자에게 굴복하며 섬겨야 한다.

둘째, 형제들보다 두 배의 복을 받는다.

창세기 27:36에서 에서가 말한 "내 복"은 장자가 받는 복이다. "장자로 인정하여 … 두 몫을 줄 것이니"(신 21:17) 장자는 다른 형제보다 두 배의 재산을 상속받는다.

셋째, 가문의 제사장으로 자손들을 축복할 수 있다.

축복권이라고 말할 수 있다. 창세기 27:27 이하에서 이삭이 야곱을 장자로 세우면서 축복한다. 창세기 49장에서 야곱은 가정의 제사장으로서 열두 아들에게 축복한다.

넷째, 하나님이 장자만 상대하신다. 복이 되는 것이다.

이삭, 야곱, 요셉이 그러하다.

다섯째, 하나님 나라 언약, 즉 메시아 언약의 계승자가 된다.

아브라함 가문에만 계승되는 복이 있다. 바로 메시아 언약이다. 이 복은 하나님께서 아브라함을 부르시며 주신 "네 씨로 말미암아 천하 만민이 복을 받으리니"(창 22:18; 12:3)라는 약속인데 "이 약속들은 아브라함과 그 자손에게 말씀하신 것인데 … 오직 한 사람을 가리켜 네 자손이라 하셨으니 곧 그리스도라"(갈 3:16)라는 말씀과 같이 이 씨는 그리스도임을 알 수 있다.

아브라함의 후손으로 하나님 나라를 회복시키실 메시아가 올 것이라는 약속이다. 아브라함 가문의 장자는 하나님 나라 언약의 계승자가 되고 메시아의 조상이 된다.

💡 왜 야곱은 장남인 르우벤에게 장자권을 주지 않았는가?

야곱은 죽기 전 아들들의 미래를 유언할 때 르우벤에게 다음과 같이 말한다.

> 르우벤아 너는 내 장자요 내 능력이요 내 기력의 시작이라 위풍이 월등하고 권능이 탁월하다마는 물이 끓음 같았은즉 너는 탁월하지 못하리니 네가 아버지의 침상에 올라 더럽혔음이로다. 그가 내 침상에 올랐었도다(창 49:3-4).

라헬이 막내아들 베냐민을 낳다가 죽는다. 갑작스레 사랑하는 아내를 잃고 야곱이 슬픔에 빠져 있을 때 르우벤이 아버지의 첩인 빌하와 동침한다(창 35:19, 22). 그러한 악으로 인해 야곱은 르우벤이 장남이지만 장자로 삼지 않겠다는 것이다.

고대 근동에서는 후왕(後王)이 선왕(先王)의 첩을 아내로 삼음으로써 자기의 왕위를 인정받는 관습이 있었다(Herodotus, 헤로도토스). 이런 이유로 압살롬도 공개적으로 다윗의 후궁들과 동침함으로써 왕권을 쟁취했음을 선언했던 것이다(삼하 16:20-23).

열왕기상 2장에 보면 다윗이 죽고 솔로몬이 왕이 된 직후 솔로몬의 형인 아도니야가 선왕인 아버지 다윗의 마지막 후궁이었던 아비

삭을 자기에게 달라고 요구한다. 이는 아도니야가 솔로몬의 왕권을 인정하지 않는 것이며, 자기가 후계자라는 야망을 드러내는 것이다. 지혜로운 솔로몬은 왕위를 노리는 아도니야의 숨은 저의를 간파하고 처형한다.

마찬가지로 르우벤이 살아 계신 아버지의 여자와 동침한 것은 아버지에 대한 반역 행위다. 살아 있는 아버지를 부정하고 스스로 상속권을 취하려는 악이므로 당연히 장자로서 자격이 없다.

이외에도 간접적인 증거로는 형들이 요셉을 죽이려고 할 때 르우벤이 "우리가 직접 죽이지 말고 구덩이에 던지자"라고 말한다(창 37:20-21). 하지만 유다가 "죽이지 말고 상인들에게 팔자"고 할 때 형제들은 장자인 르우벤의 말보다 유다의 말을 더 따른다(창 37:27).

애굽에서 사 온 양식이 떨어져서 다시 사러 가야 할 때 애굽의 총리는 다시 양식을 사려면 베냐민을 데려오라고 했다(창 42:37). 그래서 장남인 르우벤이 애굽에 베냐민을 안전하게 데리고 갔다가 오겠다고 하면서 "만약 베냐민을 데려오지 못하면 내 두 아들을 죽이라"라고까지 맹세하지만, 아버지 야곱은 거절한다.

그런데 유다가 설득할 때 아버지 야곱은 베냐민을 데리고 가라고 허락한다(43장). 아버지 야곱도 장남인 르우벤보다 유다의 말을 더 신뢰하는 것이다. 아버지와 형제들 조차 르우벤을 장자로 인정하지 않는 것이다. 야곱의 유언처럼 이스라엘 역사 가운데 르우벤 지파에서는 어떤 사사나 왕, 또는 선지자나 제사장도 나오지 않는다(창 49:4).

다른 형들이 장자가 되지 못한 이유는 무엇인가?

야곱의 둘째 아들은 시므온이고 셋째 아들은 레위다. 장남인 르우벤이 장자의 자격을 잃으면 시므온 그리고 레위 순서로 장자가 되어야 한다. 그런데 아들들에 관한 야곱의 유언을 보면 저주하고 있는 것을 볼 수 있다.

> 시므온과 레위는 형제요 그들의 칼은 폭력의 도구로다 내 혼아 그들의 모의에 상관하지 말지어다 내 영광아 그들의 집회에 참여하지 말지어다 그들이 그들의 분노대로 사람을 죽이고 그들의 혈기대로 소의 발목 힘줄을 끊었음이로다 그 노여움이 혹독하니 저주를 받을 것이요 분기가 맹렬하니 저주를 받을 것이라 내가 그들을 야곱 중에서 나누며 이스라엘 중에서 흩으리로다(창 49:5-7).

야곱이 시므온과 레위를 저주하는 이유는 그들이 세겜에서 동생 디나가 강간당했을 때 세겜성 사람들을 진멸하고 노략 했기 때문이다(창 34:25-29). 그것은 단순히 보복 사건이 아니다. 시므온과 레위는 세겜성 사람들에게 할례를 받으면 동생 디나를 세겜성 추장의 아들과 혼인시키겠다고 약속하고는 그들을 죽였다. 할례는 하나님의 약속을 받았다는 증표로서 세례와 같은 의미다.

시므온과 레위는 언약의 징표인 할례를 개인의 복수를 위해 악용한 것이다.[46] 이것은 신앙의 이름으로 사기를 치고 하나님의 말씀으로 살인하여 하나님의 영광을 훼손한 큰 악이다. 아버지 야곱이 자식들을 저주했다는 것은 그들을 장자로 삼지 않겠다는 의미다.

💡 요셉을 장자로 삼은 이유는 무엇인가?

첫째, 야곱이 유일하게 사랑한 아내 라헬의 아들이기 때문이다.

> 아브라함과 그의 아내 사라가 거기 장사되었고 이삭과 그의 아내 리브가도 거기 장사되었으며 나도 레아를 그 곳에 장사하였노라(창 49:31).

아브라함과 이삭은 아내를 막벨라 굴에 장사했다고 하는데 야곱은 그곳에 장사한 레아를 자기의 아내라고 말하지 않는다. 창세기 46장에 애굽으로 간 이스라엘 가족들을 기록할 때 야곱은 네 명의 아내와 그들이 낳은 아들들을 소개하는데, 그중 라헬에게만 "아내"라고 표현한다(창 46:19; 참조 44:27; 49:31). 다른 아내들은 야곱이 원한 것이 아니었기 때문이다. 따라서 야곱은 진심으로 사랑한 라헬만 자기의 아내로 여긴 것이다(창 29:20). 요셉은 사랑하는 아내 라헬의 아들이므로 장자로 삼은 것이다.

둘째, 다른 아들들보다 더 사랑했기 때문이다.

"이스라엘이 여러 아들들보다 그(요셉)를 더 사랑하므로"(창 37:3). 앗수르 북쪽 누지에서 발견된 문서에 족장 시대에는 상속권을 부모가 기뻐하는 자식에게 주는 관습이 있다고 기록되어 있다.[47] 야곱은 라헬의 아들 요셉을 다른 아들들보다 더 사랑했기 때문에 장자권을 준 것이다.

셋째, 야곱이 사랑하는 라헬의 장남이기 때문이다.

르우벤이 첫째 아내 레아의 장남이지만, 장자의 자격을 잃었으므로 사랑하는 라헬의 장남을 장자로 삼은 것이다.

넷째, 요셉이 신탁을 받았기 때문이다.

당시 꿈은 신의 메시지이며, 꿈을 꾸거나 꿈을 해석하는 자는 신탁을 받는 자였으므로 가정과 나라의 제사장이 된다. 다니엘이 느부갓네살왕의 꿈을 해석하자 거룩한 신들의 영이 있는 사람이라며 바벨론 모든 지혜자의 어른이 된 것, 박수와 술객과 갈대아 술사와 점쟁이의 어른이 된 것이 그러하다(단 4:8; 2:48; 5:11).

마찬가지로 요셉도 바로의 꿈을 해석하자, 하나님의 영에 감동된 사람으로 인정해 애굽의 총리가 된다(창 41:38). 야곱도 아들들 가운데 요셉이 꿈을 꾸었을 때 신탁을 받은 것으로 인정해 요셉의 말을 간직한 것이며(창 37:11), 하나님이 요셉을 장자로 선택하신 것으로 받아들인 것이다.

다섯째, 형들과는 다른 요셉의 믿음 때문이다.

모든 형이 요셉의 꿈을 믿지 않고 대적한 것에서 형들의 불신앙을 볼 수 있다. 이에 반해 요셉은 형들이 행하는 도덕적인 범죄에 가담하지 않았으며, 오히려 아버지에게 알리므로 형들이 악을 행하지 못하도록 막아서는 선을 행했다(창 37:2). 아버지는 요셉에게서 아브라함의 상속자가 갖추어야 할 믿음을 본 것이다.

역사적으로 장자가 된 인물을 살펴보면, 아브라함의 아들 중에는 첫째인 이스마엘이 아닌 아브라함이 약속을 믿음으로 낳은 이삭(창 17:19)이 그리고 이삭의 아들 중에서는 먼저 태어난 에서가 아닌 하나님의 약속을 믿고 장자를 사모한 둘째 야곱(창 25:23)이 그리고 야곱의 아들 중에서는 먼저 태어난 르우벤이 아닌 열한 번째이지만 믿음으로 선하게 사는 요셉이 장자가 된다.

이렇게 아브라함 가문에서 장자는 먼저 태어난 자가 자동으로 되는 것이 아니라 하나님께서 선택하신 자, 사람 편에서는 하나님의 약속을 믿는 믿음이 있는 자가 장자가 된다. 아브라함 가문에서 장자는 단순히 경제적인 상속자가 아니라 하나님 나라 언약의 상속자, 즉 믿음의 계승자가 되는 것이므로 믿음의 사람이어야 한다.

💡 야곱은 언제부터 요셉을 장자로 생각했을까?

창세기 35장은 '라헬의 죽음 ⇨ 르우벤이 아버지의 첩 빌하와 간음–(야곱의 아내 네 명과 열두 아들의 이름) ⇨ 이삭의 죽음–(36장은 에서의 족보) ⇨ 37장은 요셉의 채색옷'의 순서로 기록되어 있다. 가족의 이름이나 에서의 족보(괄호 안)는 시간과 관계없는 '기록'이므로 시간상으로는('⇨'로 표시) 35장 르우벤의 간음 사건 ⇨ 이삭의 죽음 ⇨ 37장 요셉의 채색옷으로 연결된다. 시간순으로 보면 르우벤이 자기의 첩과 간음한 이후부터 야곱은 르우벤을 장자로 인정하지 않고 요셉을 장자로 생각했음을 알 수 있다.

💡 야곱이 열한 번째 아들인 요셉을 장자로 삼은 증거는 무엇인가?

첫째, 요셉이 아버지를 대신해 형제들의 리더가 된 것이다.
아버지로부터 가족의 통치권을 이어받은 것이다. 아버지 야곱이 죽은 후 "형들이 또 친히 와서 요셉의 앞에 엎드려 이르되 우리는 당신의 종들이니이다"(창 50:18)라고 했다. 요셉은 "내가 당신들과 당신들의 자녀를 기르리이다"(창 50:21)라고 했다. 요셉은 아버지가 돌아가신 후에도 형제들과 형제들의 자녀들까지 돌본다.

둘째, 다른 형제들에 비해 요셉의 기업이 두 배로 많은 것이다.

> 내가 애굽으로 와서 네게 이르기 전에 애굽에서 네가 낳은 두 아들 에브라임과 므낫세는 내 것이라 르우벤과 시므온처럼 내 것이 될 것이요(창 48:5).
> 내가 네게 네 형제들보다 세겜 땅을 더 주었나니 … (창 48:22).
> … 너희는 이 경계선대로 이스라엘 열두 지파에게 이 땅을 나누어 기업이 되게 하되 요셉에게는 두 몫이니라(겔 47:13).

야곱은 요셉의 아들인 므낫세와 에브라임을 자기 아들로 입양하고[48] 땅도 다른 형제들보다 요셉에게 두 배로 준다(수 14:4). 후에 주어진 모세 율법은 장자에게 부모 소유에서 다른 형제의 두 몫을 주라고 명령한다(신 21:17).

셋째, 야곱이 요셉에게 언약을 계승해 준 것이다.

야곱은 죽기 전에 열두 형제에게는 자기를 조상들이 묻힌 막벨라 굴에 장사하라고 유언하고(창 49:29), 요셉에게만 하나님이 주신 땅 언약과 땅 언약의 성취에 대해 유언한다.

> 요셉에게 이르되 이전에 가나안 땅 루스에서 전능하신 하나님이 내게 나타나사 복을 주시며 내게 이르시되 내가 너로 생육하고 번성하게 하여 네게서 많은 백성이 나게 하고 내가 이 땅을 네 후손에게 주어 영원한 소유가 되게 하리라 하셨느니라(창 48:3-4).
> 이스라엘이 요셉에게 또 이르되 나는 죽으나 하나님이 너희와 함께 계시사 너희를 인도하여 너희 조상의 땅으로 돌아가게 하시려니와(창 48:21).

이 유언은 요셉에게 언약을 계승해 주는 것이다. 아브라함 가문에서 하나님의 약속은 장자에게만 상속된다. 따라서 야곱이 요셉에게만 땅 언약을 들려준 것은 야곱이 요셉을 장자라고 선언하는 것이다.

넷째, 요셉이 아버지를 봉양한 것이다.

장자의 가장 큰 의무는 노년의 부모를 잘 모시는 것이다(룻 4:15 참조).

> 또 그의 아버지와 그의 형들과 그의 아버지의 온 집에 그 식구를 따라 먹을 것을 주어 봉양하였더라(창 47:12).

요셉은 아버지만이 아니라 형들과 온 집안 식구를 다 봉양한다(창 45:11).

다섯째, 톨레도트(족보)를 통해 요셉이 상속자임을 알 수 있다.

이해를 돕기 위해 야곱 가족의 나이를 살펴보자. 야곱이 태어날 때 아브라함은 160세, 이삭은 60세였다. 야곱과 요셉이 다시 만날 때 야곱은 130세(창 47:9)였고, 요셉은 39세(창 41:46 바로 앞에 설 때, 30세+7년 풍년+창 45:11에 2년 흉년)였다. 요셉이 태어났을 때 야곱은 91(130-39)세, 이삭은 151세였다.

야곱이 라반에게 간 때는 77세(요셉이 태어났을 때가 라반에게 가서 14년을 채운 후이므로 91-14년, 창 30:25)이고 야곱이 라반에게서 나온 때는 97세(91세+6년, 창 31:41)였고, 헤브론에 있는 이삭에게 간 때는 120세(창 35:28), 당시 이삭은 180세(창 35:27-28)다.

그렇다면 라반에게서 나온 후 아버지 이삭에게 가기까지 23년간 야곱은 숙곳(창 33:17, 딸 디나가 강간당함, 창 34:2)-벧엘(창 35:6)-알론바굿(유모 드보라가 죽음, 창 35:8)-에브랏(베냐민 낳다가 라헬이 죽음, 창 35:19)-에델 망대(르우벤이 첩 빌하와 동침, 창 35:22)를 지나고 있었다. 요셉이 팔린 17세 때(창 37:2) 야곱은 108세(91+17), 이삭은 168세였다.

이상의 내용을 표로 정리하면 다음과 같다.

	이삭	야곱	요셉
야곱의 출생	60세	0	0
야곱이 라반에게 간 때	137세	77세	0
요셉의 출생	151세	91세	0
야곱이 라반에게서 떠난 때	157세	97세	6세
요셉이 팔림	168세	108세	17세
야곱이 이삭에게 간 때, 이삭이 죽음	180세	120세	29세
야곱과 요셉의 재회	0	130세	39세

이삭이 죽기 12년 전에 요셉이 팔렸으므로 요셉이 팔렸을 때 이삭은 168세로 살아 있었다. 그런데 다음 구절의 기록을 보면 마치 이삭이 죽은 후에 요셉이 팔려 간 것처럼 보인다.

> 이삭이 나이가 백팔십 세라 이삭이 나이가 많고 늙어 기운이 다하매 죽어 (창 35:28-29).
> 야곱이 가나안 땅 곧 그의 아버지가 거류하던 땅에 거주하였으니 야곱의 족보는 이러하니라 요셉이 십칠 세의 소년으로서(창 37:1-2).

하지만 성경은 시간순으로 기록된 것이 아니다. 이렇게 기록한 이유는 창세기 37:1로 이삭의 계보가 끝이 나고, 2절부터는 "야곱의 족보는 이러하니라"라는 말씀처럼 야곱을 기준으로 다시 기록했기 때문이다. "족보"는 '톨레도트'인데 창세기에 열한 번 나온다. '내력, 계보, 족보'로 번역되었다.

톨레도트의 용례가 약간의 차이가 있으나 일반적으로 "야곱의 족보는 이러하니라"의 앞부분에는 야곱에 대한 내용이고, 뒷부분은 야곱의 상속자에 대한 내용이다. 야곱의 족보를 기록하면서 처음에 요셉 이야기를 하는 것은 요셉이 야곱의 상속자, 즉 장자라는 뜻이다.

여섯째, 창세기 37장부터 요셉이 주인공이다.

성경은 모든 사람에 대해 기록하지 않는다. 하나님 나라 운동에 관련된 인물들에 대해, 그들을 중심으로 기록한다. 이스마엘이 형이지만 성경은 이삭을 아브라함의 상속자라고 소개하는데 그 증거 중 하나가 이스마엘에 대한 기록은 짧고 이삭에 대한 기록이 많은 것이다.

성경은 에서가 형이지만 야곱의 삶을 중점적으로 기록하면서 그가 상속자임을 보여 준다. 마찬가지로 요셉은 열두 형제 가운데 열한 번째이지만 장자임을 알 수 있는 것은 "야곱의 족보는 이러하니라 요셉이 십칠 세의 소년으로서"라고 하므로 야곱의 아들들 가운데 요셉을 주인공으로 삼아 37장부터 50장까지를 기록하기 때문이다(창 37:2).

일곱째, 요셉이 주변 사람에게 '복'이 되는 것이다.

아브라함이 복(창 12:2)이므로 아브라함을 따른 롯은 아브라함 때문에 복을 받았으나, 아브라함을 떠나면서 망하게 된다. 복을 떠났기 때문이다. 다음 세대는 이삭이 복이 되어 이삭이 농사한 땅은 백 배를 추수한다(창 26:12). 다음 세대는 야곱이 복이 되어 야곱이 일을 하는 라반의 집이 복을 받는다.

그리고 그다음 세대인 요셉이 복이 되어 요셉이 가는 곳마다 요셉의 주변 사람들이 복을 받는다(창 39:5).

여덟째, 요셉에게 채색옷을 입힌 것이다.

요셉의 삶에서 최고의 권위자가 요셉에게 옷을 입혀줄 때마다 제2인자가 되어 요셉을 높여 주시겠다는 하나님의 약속이 성취됨을 보여 준다. 바로왕이 요셉에게 세마포 옷을 입혀 준 것은 총리로 높아짐을 상징하고, 보디발이 요셉에게 옷을 입혀 준 것은 가정 총무로 높아짐을 상징하며, 아버지가 채색옷을 입혀 준 것은 장자로 높아짐을 상징하는 것이다. 따라서 아버지가 요셉에게만 채색옷을 입혔다는 것은 장자권자로 삼았다는 의미이다. 아버지는 '집안 전체를 요셉에게 맡긴 것'이다.

아홉째, 요셉이 장자라는 가장 확실한 증거는 성경이 증거하기 때문이다.

> 이스라엘의 장자 르우벤의 아들들은 이러하니라 르우벤은 장자라도 그의 아버지의 침상을 더럽혔으므로 장자의 명분이 이스라엘의 아들 요셉의 자손에게로 돌아가서 족보에 장자의 명분대로 기록되지 못하였느니라 유다는 형제보다 뛰어나고 주권자가 유다에게서 났으나 장자의 명분은 요셉에게 있으니라(대상 5:1-2).

성경은 확실하게 요셉이 장자권("장자의 명분", 베코라 = 장자 상속권)을 받았다고 알려 준다. 이처럼 아버지의 집에서 하나님은 요셉을 '장자'[49]로 열두 형제 가운데 '가장 높여 주셨다'.

2) 애굽 보디발의 집에서 종살이할 때(창 39:1-6)

형들에 의해 외국 상인에게 팔린 요셉은 애굽 땅 보디발의 집에서 노예가 되어 종살이한다. 요셉의 주인 보디발은 애굽 왕 바로의 친위대장이라는 높은 직책을 가졌으므로 그 집에는 종들이 많다(창 39:1). 요셉은 보디발의 집에서 많은 종 가운데 한 사람일 뿐이다. 그런데 보디발의 집에서 요셉은 주인에게 다른 종들보다 좋은 대우를 받는다.

> 요셉이 그의 주인에게 은혜를 입어 섬기매 그가 요셉을 가정 총무로 삼고 자기의 소유를 다 그의 손에 위탁하니(창 39:4).
> 이 집에는 나보다 큰 이가 없으며(창 39:9).

요셉은 주인에게 은혜를 입는다. 종으로서는 받을 수 없는 과분한 사랑을 받는다. 주인은 요셉을 자기 가정의 총무로 삼아 '자기의 모든 소유를 요셉에게 맡긴다'. 보디발의 가정에 있는 종 가운데는 요셉보다 먼저 들어온 종도 많을 것이고, 요셉보다 나이가 많은 사람, 이전부터 신뢰하는 사람들도 있었을 것이다. 그런데도 애굽 보디발의 집에서 하나님은 약속하신 대로 요셉을 '가정 총무'로 종들 가운데 '가장 높여 주셨다'.

3) 죄수가 되어 감옥에 갇혔을 때(창 39:7-23)

"요셉은 용모가 빼어나고 아름다웠더라"를 우리말 성경은 "요셉은 외모가 아름답고 얼굴이 잘생긴 사람이었다"라고 번역했고 맛싸성경은 "요셉은 몸매가 아름다웠고 외모도 아름다웠다"라고 번역했다(창 39:6). 요셉의 외모를 표현할 때 '야페'(빼어나고, 아름다웠더라)라는 단어를 두 번이나 사용했다. 이는 요셉의 외모가 얼마나 출중했는지를 보여 준다.

주인의 아내는 요셉의 젊고 유능하며 빼어난 외모의 매력에 빠져 남편이 없을 때 요셉을 유혹한다. 하지만 요셉이 거절하자 도리어 요셉이 자기를 성폭행하려 했다고 누명을 씌운다. 요셉은 하나님과 주인에게 순결을 지켰음에도 주인 아내의 모함으로 파렴치범이 되어 감옥에 갇힌다.

그렇지만 요셉은 감옥에서 간수장에게 다른 죄수들보다 나은 대우를 받는다.

> … 요셉이 옥에 갇혔으나 … 간수장이 옥중 죄수를 다 요셉의 손에 맡기므로 그 제반 사무를 요셉이 처리하고 간수장은 그의 손에 맡긴 것을 무엇이든지 살펴보지 아니하였으니 … (창 39:20-23).

간수장은 '감옥의 모든 사무와 죄수를 요셉에게 다 맡긴다'. 요셉은 죄수로서는 받을 수 없는 신뢰를 받은 것이다. 그 감옥은 왕의 죄수를 가두는 곳이고(창 39:20), 40장에 보면 바로왕을 섬기던 관원장들이 죄를 범했을 때 가두는 곳이기 때문에 유능한 사람이나 귀족들도 많았을 것이다. 하지만 감옥에서 하나님은 약속하신 대로 요셉을 '간수 대리'로 죄수 가운데 '가장 높여 주셨다'.

4) 바로왕을 만났을 때 (창 40-41장)

요셉이 갇혀 있는 감옥으로 들어온 왕의 떡 굽는 관원장과 술 빚는 관원장이 같은 날 꿈을 꾸고 괴로워한다. 요셉이 꿈을 해석해 주었는데 요셉이 해석한 그대로 떡 굽는 관원장은 죽고, 술 빚는 관원장은 복직된다. 요셉은 술 빚는 관원장에게 자기는 죄가 없으니 왕에게 말해서 억울함을 풀어 달라고 부탁하지만, 술 빚는 관원장은 출옥한 후 요셉을 잊어버린다. 그리고 2년 후 애굽 왕 바로가 꿈을 꾸었으나 아무도 꿈을 해석하지 못하자 괴로워한다.

고대 근동에서 꿈은 신들이 사람들에게 전하는 메시지를 담고 있다고 여겨 중요시했다. 하지만 꿈은 상징들로 이루어져 해석이 어려운 까닭에 꿈을 전문적으로 해몽해 주는 점술가들, 박수들이 생겨났다. 이들은 많은 공부를 하고 훈련받은 엘리트였다.[50]

꿈은 신이 보낸 메시지이므로 반드시 해석해야 하지만, 관원장들과 바로는 꿈을 해석해 줄 사람을 찾지 못해 괴로워한 것이다. 그들은 꿈의 내용이 자기들과 나라의 미래와 관련된다고 생각했으므로 더 불안했을 것이다. 그때 술 빚는 관원장이 요셉을 떠올리고 왕에게 추천해 요셉이 왕을 만나 그 꿈을 해석해 준다.

그런데 애굽의 왕궁에서, 요셉은 바로 왕에게 다른 사람들보다 귀한 대우를 받는다.

> 바로가 그의 신하들에게 이르되 이와 같이 하나님의 영에 감동된 사람을 우리가 어찌 찾을 수 있으리요 하고 요셉에게 이르되 하나님께서 이 모든 것을 네게 보이셨으니 너와 같이 명철하고 지혜 있는 자가 없도다 너는 내 집을 다스리라 내 백성이 다 네 명령에 복종하리니 내가 너보다 높은 것은 내 왕좌뿐이니라 바로가 또 요셉에게 이르되 내가 너를 애굽 온 땅의 총리가 되게 하노라 하고 자기의 인장 반지를 빼어 요셉의 손에 끼우고 그에게 세마포 옷을 입히고 금 사슬을 목에 걸고 자기에게 있는 버금 수레에 그를 태우매 무리가 그의 앞에서 소리 지르기를 엎드리라 하더라 바로가 그에게 애굽 전국을 총리로 다스리게 하였더라(창 41:38-43).

요셉을 잠깐 만나 본 왕은 요셉의 탁월한 지혜를 보고 '너 같이 신에 감동한 사람이 어디 있겠느냐'라고 하면서 그 자리에서 '나라를 요셉에게 맡긴다'. 왕족이 아닌 사람이 오를 수 있는 가장 높은 자리가 총리다. 애굽의 최고 권위자에 버금가는 총리는 이방인에 노예 출신, 더군다나 주인의 아내를 성폭행하려고 했던 죄수로서는 상상도 할 수 없는 직책이다.

애굽은 당시 최강대국으로 모든 첨단 지식과 기술과 인재가 모인 곳이다. 그러한 제국에서 하나님은 약속하신 대로 요셉을 '총리'로 모든 백성 가운데 '가장 높여 주셨다'.

> 가정 총무로 삼고 자기의 소유를 다 그의 손에 위탁하니(창 39:4).
> 간수장이 옥중 죄수를 다 요셉의 손에 맡기므로(창 39:22).
> 애굽 온 땅의 총리가 되게 하노라(창 41:41).
> 장자의 명문이 요셉에게로 돌아가서(대상 5:1).

밑줄 친 히브리어 단어는 모두 같은 '나탄'(נָתַן)으로 '주다, 맡기다, 관리하다'라는 의미다.

'나탄'(위탁, 맡김)의 뒷 구절에는 요셉에게 맡긴 결과가 나온다.

> 그가 요셉에게 자기의 집과 그의 모든 소유물을 주관하게 한 때부터 여호와께서 요셉을 위하여 그 애굽 사람의 집에 복을 내리시므로 여호와의 복이 그의 집과 밭에 있는 모든 소유에 미친지라(창 39:5).
> 간수장은 그의 손에 맡긴 것을 무엇이든지 살펴보지 아니하였으니(창 39:23).
> 애굽에 곡식이 있다(창 42:2).
> 장자의 명분은 요셉에게 있으니라(대상 5:2).

여호와께서 복을 주시므로 요셉에게 맡긴 자들과 공동체가 여호와의 복을 누린다. 그러므로 요셉이 형제들에게 팔림을 당하고, 주인의 아내에게 누명을 쓰고, 술 빚는 관원장에게 잊힘을 당했어도 실패가 아니었다. 노예와 죄수라는 비천한 신분이 되었어도 실패가 아니었다. 종살이, 감옥살이라는 비참한 환경에서 살았어도 실패가 아니었다. 가정에서도, 보디발의 집에서도, 감옥에서도, 애굽에서도 실패가 아니었다.

요셉은 하나님을 경외하며 하나님의 약속 말씀을 믿었기 때문이다. 가정에서 악을 억제했고, 보디발의 집에서 악의 유혹을 거절하고 충성했으며, 감옥과 애굽에서도 여전히 선을 행하며 살았기 때문이다.

형들과 여주인, 술 빚는 관원장이 거짓으로 요셉을 더 낮추는 악을 행하여 요셉의 삶에 환란이 계속되었지만, 이 모든 것을 보시는 신실하신 하나님께서는 어떤 상황에서도 하나님의 약속대로 요셉을 높여 주셔서 요셉의 삶이 실패가 아님을 확인시켜 주셨다.

부분적 하나님의 약속 성취를 통해 하나님은 요셉의 신실하심을 인정하고 최종적인 하나님의 약속 성취를 소망하게 하셨다. 그래서 요셉은 엄청난 고난을 이겨낼 수 있었다.

이렇게 하나님은 요셉을 가정에서는 장자로, 보디발의 집에서는 가정 총무로, 감옥에서는 간수 대리로, 애굽에서는 총리로 요셉이 가는 곳이라면 '어디에서나 대리 통치자로 높여 주셨다'.

요셉이 어떤 신분일 때든지!
요셉이 어떤 사람들 속에 있든지!
요셉이 어떤 환경에 있든지!
요셉을 높여 주셨다!

하나님께서는 높여 주시겠다는 약속 말씀을 어디서나 신실하게 지키고 계셨다.

당신에게 하나님의 약속 말씀이 성취된 경험이 있는가?
하나님 나라는 미래에 완성될 새 하늘과 새 땅이 있고, 지상에서 현재에 시작되고 누리는 심령 천국이 있듯이, 하나님의 약속 완성은 장래에 될 것이지만 하나님의 약속 성취는 현재에도 맛볼 수 있다. 그러한 부분적인 성취를 통해 우리는 언약적 완성을 확신하고 소망하며 그 완성을 향해 더 약속신앙으로 살게 된다. 우리가 약속 성취를 확신하고 약속 성취를 위해 살아간다면 언제, 어디서든(부분적으로나마) 약속 성취를 누릴 수 있다.
개인적으로 부르시며 주신 약속도 마찬가지다. 하나님의 약속은 반드시 성취된다.

지금부터!
항상!
부분적으로!
성취를 맛볼 수 있다!

그러므로 아무리 신분이 비천해져도 성도는 좌절하지 않는다. 아무리 상황이 캄캄해도 성도는 포기하지 않는다. 아무리 환경이 낭떠러지 같을지라도 성도는 절망하지 않는다. 주변 사람이 계속 악을 행해와도 성도는 하나님의 약속을 붙들고 선하게 산다. 하나님의 약속은 모든 역경을 극복하게 만들고 역경 속에서도 이루어지기 때문이다.

2. 약속을 이루시는 방법

요셉이 집에서 아버지의 슬하에 있을 때는 아버지가 열 명의 형들보다 요셉의 말을 더 믿었다.
"그가 요셉을 가정 총무로 삼고"(창 39:4).
그리고 요셉이 애굽에서 노예일 때는 주인 보디발이 다른 모든 종보다 요셉을 더 신뢰했다.
"간수장이 옥중 죄수를 다 요셉의 손에 맡기므로 그 제반 사무를 요셉이 처리하고"(창 39:22).
요셉이 감옥에서 죄수일 때는 그곳이 왕의 죄수들, 즉 관리들을 두는 감옥임에도 간수장은 감옥의 다른 관리들보다 요셉을 더 신뢰했다(창 39:21).
"내가 너를 애굽 온 땅의 총리가 되게 하노라"(창 41:41).
요셉이 출옥하여 백성일 때는 왕이 다른 신하들보다 요셉을 더 신뢰했다. 이렇게 요셉은 가는 곳마다 그곳의 최고 통치자에게 '신뢰받는 사람'이었다. 요셉을 만난 사람, 요셉을 아는 사람은 한결같이 '요셉은 믿을 만한 사람'이라고 칭찬했다. 하나님께서 요셉을 높여 주시는 방법은 사람들, 특히 최고 권력자에게 신뢰받게 하신 것이다

💡 그들은 요셉을 어느 정도로 신뢰했는가?

아버지는 장자로 삼아 요셉에게 가문과 하나님 나라 언약을 맡길 만큼 신뢰했다.
"간수장은 그의 손에 맡긴 것을 무엇이든지 살펴보지 아니하였으니"(창 39:23).

간수장은 요셉을 자기 대리로 삼아 죄수들과 감옥의 모든 일을 맡겼을 뿐 아니라 요셉에게 맡긴 일에 대해 점검하지 않을 정도로 무한 신뢰했다.

"너는 내 집을 다스리라 내 백성이 다 네 명령에 복종하리니"(창 41:40).

애굽 왕은 처음 만난 요셉에게 제국의 2인자의 자리와 나라의 미래를 맡길 정도로 첫 만남에 열렬한 팬이 되었다.

"자기의 소유를 다 그의 손에 위탁하고 자기가 먹는 음식 외에는 간섭하지 아니하였더라"(창 39:6).

보디발은 자기의 아내 외의 모든 소유를 요셉에게 맡길 정도로 신뢰했다.

"주인이 아무것도 내게 금하지 아니하였어도 금한 것은 당신뿐이니 당신은 그의 아내임이라"(창 39:9).

보디발이 '모든 것을 요셉에게 맡겼(나탄, 위탁, 주관)다.'는 단어만 39:4, 5, 6, 8절에 네 번이나 나온다. 위의 사람들은 공통적으로 요셉이 속한 공동체의 리더였으며, 거의 모든 것을 맡길 정도로 요셉을 '철저히' 신뢰했다.

당시의 법은 자유인이라도 간음한 자에게 천 대의 매를 때리거나 사형에 처했다.[51] 그런데 자기 아내를 욕보이려고 한 비천한 외국인 노예를 당장 죽이지 않고 감옥에 가둔 것, 특히 왕의 죄수를 가두는 감옥[52]에 가둔 것(창 39:20)은 상식적으로 이해할 수 없는 일이다.

💡 보디발은 왜 자기의 아내를 성폭행하려고 한 노예를 죽이지 않고 왕의 죄수를 가두는 고급 감옥에 보내는 특혜를 베풀었을까?

첫째, 요셉을 성폭행범이라고 믿지 않았기 때문이다.

요셉이 갇힌 왕의 감옥에 들어온 술 관원장과 떡 관원장은 시간이 지난 후에 한 명은 사형판결이 나고, 한 명은 석방이 된다. 그렇다면 왕의 감옥은 아직 판결을 내리기 전 용의자들을 임시로 가두는 곳일 수 있다. 그래서 맛싸 성경은 "감옥"을 '구치소'(guard, custody)로 번역했다.

보디발이 요셉을 구치소에 가둔 것은 아내의 고발에도 불구하고 요셉을 강간미수 범이라 확신하지 않았기 때문이다.

둘째, 보디발이 내시이므로 자기 아내가 요셉을 유혹했음을 알았기 때문이다.

"바로의 신하 친위대장 보디발"(창 37:36)에서 "바로의 신하"는 '싸리쓰 파르오'인데 '파라오의 환관장'이라는 뜻이다(창 39:1도 동일). "바로가 그 두 관원장 곧 술 맡은 관원장과 떡 굽는 관원장에게 노하여"에서 "두 관원장"은 '싸리쓰'(סָרִיס)인데 '그(파라오)의 환관장들'이라는 뜻이다(창 40:2). 다니엘 1:3에 나오는 "환관장 아스부나스"에서 "환관장" 또한 '싸리쓰'를 사용한다.

이처럼 '싸리쓰'라는 같은 단어가 '환관장, 신하, 관원장'으로 다양하게 번역되었다. 복음주의에서 용인하는 할러데이 렉스콘에도 싸리쓰의 첫 뜻은 '환관, 내시'(eunuch)다. 무엇보다 히브리어 원문이나 70인역에는 '보디발 내시 시위대장 애굽인'이라고 하여 그가 내시임을 분명하게 밝히고 있다.[53]

그러므로 '바로의 신하'는 '바로의 환관'으로 번역하는 것이 더 적절하며, "바로의 신하 친위대장 보디발"은 '바로의 환관(내시) 경호대장 애굽사람 보디발'로 번역하는 것이 적합하다. 중국에서도 환관인 십상시가 왕의 최측근으로 나라를 좌지우지했던 것처럼 애굽의 바로도 환관들을 측근에 두었음을 알 수 있다. 내시인 보디발은 아내가 성적 욕망을 채우려고 청년 요셉을 유혹한 것임을 안 것이다.

셋째, 죄가 없는 요셉에게 미안했기 때문이다.

요셉이 자기를 성폭행하려 했다는 아내의 말을 듣고 보디발이 심히 진노했다고 했지만, 히브리 원어를 보면 누구에게 화를 낸 것인지 나오지 않는다(창 39:19). 요셉에게 죄가 없음을 알았으므로 비천한 이방 노예인 요셉을 죽이지 않았으며, 어쩌면 요셉에게 미안해서 왕의 죄수들을 가두는 특별감옥에 가두었을 것이다.

넷째, 요셉을 여주인으로부터 보호하기 위해서다.

여주인은 요셉의 입을 막기 위해 요셉을 암살할 수도 있다. 그런데 왕의 감옥은 보디발의 아내의 손길이 미치지 못하는 곳이다. 즉 보디발이 요셉의 안전을 위해 왕의 감옥에 넣었을 수 있다.

다섯째, 요셉을 오래지 않아 풀어주려고 했기 때문이다.

요셉이 갇힌 감옥은 친위대장의 집 안에 있었다(창 40:3). 보디발이 요셉을 자기의 집 안에 있는 감옥에 가둔 것은 자기 집안에서 있었던 부끄러운 일을 감추기 위해서이며 동시에 오래지 않아 요셉을 풀어주려고 했기 때문일 것이다.

여섯째, 요셉을 신뢰했기 때문이다.

감옥에서도 요셉에게 술 빚는 관원장과 떡 굽는 관원장을 섬기게 한 것(창 40:4)은 보디발이 요셉을 여전히 신뢰했음을 보여 준다. 왜냐하면, 관원장들은 바로왕의 최측근들이며 아직 판결이 나지 않은 상태이므로 잘못 모셨다가는 그들이 복귀할 경우 보디발에게도 해롭기 때문이다. 그러므로 보디발은 가장 신뢰하는 자에게 관원장들을 섬기게 했을 것이다. 바로 요셉이다. 주인 보디발은 아내의 말보다 요셉을 더 신뢰했음을 알 수 있다. 이처럼 요셉은 '누구나 믿을 만한 사람'이었으며 '아내보다 더 신뢰할 만한 사람'이었고, '모든 것을 맡길 정도로 신뢰가 가는 사람'이었다.

💡 요셉이 그들의 신뢰를 받는 데는 얼마나 시간이 걸렸는가?

집에서는 다수의 악한 형과는 달리 요셉의 신앙과 삶이 선하다는 것을 아버지가 인정하기까지 시간이 필요했다. 형 열 명의 말과 요셉 한 사람의 말이 달랐으므로 그 말이 증명되기까지는 시간이 필요했기 때문이다(창 37:2).

애굽에서 종살이할 때는 다른 종들의 종살이에 비교해 짧은 시간에 가정 총무가 된다. 감옥에서 죄수로 지낼 때는 더 짧은 시간에 간수 대리가 된다. 애굽 왕은 처음 만났을 때 그 자리에서 요셉을 신뢰한다.

요셉은 점점 더 신뢰받기 어려운 신분이 되고, 그를 둘러싼 환경은 점점 더 극복하기 힘겨운 상황으로 바뀌었으며, 악인들이 요셉에게 하나님의 뜻이 이루어지는 것을 방해했지만, 만나는 모든 최고의 권위자에게 요셉이 신뢰받는 시간은 점점 더 짧아지고 있었다. 이것으로 요셉이 연단을 통해 성숙하게 준비되어 가고 있음을 알 수 있다.

💡 요셉은 어떻게 가는 곳마다 신뢰받을 수 있었을까?

눈에 보이는 요셉의 신실한 삶과 실력 그리고 보이지 않는 하나님의 은혜 때문이다. 사람은 절대적으로 신실하신 하나님도 잘 신뢰하지 않기 때문에 타인을 믿지 못한다. 오래 지켜보고 꼼꼼히 살펴보아도 사람을 선뜻 믿지 못한다.

특히, 이해관계가 얽히게 되면 가족도 신뢰하지 못한다는 것을 요셉의 형들이 증명한다. 따라서 타인에게 신뢰받는 것은 결코 쉬운 일이 아님을 알 수 있다.

이러한 삶의 경험을 통해 우리는 열한 번째 아들을 형들보다 더 신뢰하는 것, 외국에서 잡혀 온 노예에게 다른 모든 종보다 더 은혜를 베푸는 것, 죄수 가운데 주인을 배신한 노예 출신 파렴치범을 전적 신뢰하는 것, 처음 보는 일개 이방인 노예 죄수를 모든 신하보다 더 신뢰하여 나라를 맡기는 것 등은 상식적으로 불가능한 일이라는 것을 알고 놀라게 된다.

그들이 요셉을 가장 신뢰하고 자기 일을 전부 맡길 정도로 은혜를 베푼 까닭은, 아버지의 경우 요셉에게서 형들에게 없는 신앙과 선한 삶을 보았기 때문이다.

> 여호와께서 요셉과 함께하시므로 그의 주인이 여호와께서 그와 함께하심을 보며 또 여호와께서 그의 범사에 형통하게 하심을 보았더라(창 39:2-3).

보디발 또한 요셉에게 자기의 가정 총무를 맡겼을 때 하나님께서 자기 집과 밭에까지 복을 주시는 것을 통해 하나님께서 요셉과 함께하신다는 것과 그의 범사에 형통하게 하심을 보고 알았기 때문이다. 그뿐만 아니라 요셉에게서 자기를 향한 충성심을 보았기 때문이다. 요셉은 혈기 왕성한 청년임에도 여주인이 성적으로 유혹해 올 때 거절한다.

> … 주인이 아무것도 내게 금하지 아니하였어도 금한 것은 당신뿐이니 당신은 그의 아내임이라 그런즉 내가 어찌 이 큰 악을 행하여 하나님께 죄를 지으리이까(창 39:9).

요셉이 달콤한 유혹을 거절한 이유는 자기를 믿고 모든 것을 맡겨 준 주인의 명령에 철저하게 복종하는 충성심과 주인의 아내와 간음하는 것은 하나님께 범죄로 여길 만큼 경건했기 때문이다.

여주인이 요셉의 옷을 잡았을 때, 요셉은 옷을 버려두고 도망간다(창 39:15). '도망치다'(נוס[누스])는 전쟁에서 패하고 살기 위해 급히 도망치거나, 우발적으로 살인한 자가 황급히 도피성으로 피할 때 사용된 단어다(창 14:10; 민 35:6, 11).[54]

그만큼 요셉은 즉각적이고 빠르게 그 자리를 피한 것이다. 하나님을 경외하는 신앙으로 철저하게 윤리적 성결 생활을 한 것이다. 이러한 순결한 충성심은 평상시의 말이나 행동이나 삶의 태도에서 자연스럽게 드러난다.

보디발은 일상에서 요셉의 말을 통해 요셉이 믿는 하나님께서 함께하시며 형통하게 하신다는 것을 들었을 것이다. 또, 요셉의 삶을 통해 하나님을 향한 요셉의 경외심과 맡겨진 일에 대한 탁월함을 보았을 것이다. 요셉의 신앙고백과 삶 그리고 사역의 열매들이 일치했기 때문에 보디발은 요셉을 신뢰할 수 있었다.

간수장이 요셉을 신뢰한 이유는 간수장이 있거나 없거나, 보거나 안보거나 요셉이 성실하고 완벽하게 자기에게 맡겨진 일을 수행했기 때문이다. 그래서 간수장은 요셉에게 맡긴 일을 잘하는지 불안해하거나 감시하거나 감독할 필요가 없었다.

요셉에게 이르되 하나님께서 이 모든 것을 네게 보이셨으니 너와 같이 명철하고 지혜 있는 자가 없도다(창 41:39).

왕이 요셉을 신뢰한 이유는 요셉에게는 애굽의 모든 인재도 해석하지 못한 왕의 꿈을 해석하는 '신적 지혜'가 있었기 때문이다. 그뿐만 아니라 앞으로 부딪히게 될 기근 문제를 해결할 수 있는 '실력'도 갖추고 있었기 때문이다.

이처럼 요셉은 하나님 앞에서(코람데오)의 신앙으로 죄와 구별된 삶을 살았다. 하나님을 경외함에서 나오는 지혜와 지식이 있었다 (잠 1:7; 8:13; 9:10; 16:6). 하지만 그들이 요셉을 신뢰한 가장 큰 이유는 요셉 자신 때문이 아니라 하나님의 은혜 때문이다.

> 요셉이 그의 주인에게 은혜를 입어(창 39:4).
> 여호와께서 요셉과 함께하시고 그에게 인자를 더하사 간수장에게 은혜를 받게 하시매(창 39:21-23).
> 바로가 그의 신하들에게 이르되 이와 같이 하나님의 영에 감동된 사람을 우리가 어찌 찾을 수 있으리요(창 41:38).

하나님께서 요셉을 성령으로 감동시키시고, 하나님께서 요셉과 함께하심을 보여 주셔서 그들로 하여금 요셉에게 은혜를 베풀도록 역사하셨기 때문이다. 이렇게 하나님께서는 요셉이 가는 곳마다 그곳의 최고 통치자에게 은혜를 받게 하여 약속하신 대로 높여 주셨다.

"은혜를 입어"(마짜 헨)는 '호의를 받다'라는 뜻인데 호의를 받는 사람의 행동과 관계없이 호의를 베풀 때 사용되는 말이다(에 7:3; 8:5). 주인이 요셉을 좋게 보게 된 동기가 요셉의 자질보다 하나님으로부터 비롯된 것임을 강조하는 표현이다. 요셉이 신뢰를 받을 수 있었던 근본적인 원인은 하나님의 은혜 때문이다.

그렇다고 하나님의 은혜만 있으면 나는 가만히 있어도 타인이 나를 신뢰해 줄 것으로 오해하지 말아야 한다. 하나님의 은혜와 인간의 믿음은 같이 일한다. 하나님의 주권과 인간의 책임은 동시적이다. 하나님의 은혜는 눈에 보이지 않지만, 은혜받은 사람의 믿음으로 나타난다.

마찬가지로 하나님의 주권과 섭리를 믿는 사람은 책임 의식을 가지고 하나님의 뜻에 자원하여 순종한다. 눈에 보이지 않게 하나님의 은혜가 역사했다. 동시에 요셉이 하나님을 경외하는 순결한 양심과 고품격의 도덕적 삶을 산다. 맡긴 일을 책임 있게 성실히 해 낸다. 탁월한 지혜와 실력을 갖춘다. 그리하여 맡은 일마다 열매를 맺었다.

보디발이나 간수장이나 바로왕은 하나님을 믿지 않는 사람이다. 그들의 눈에는 오직 요셉의 신실함만 보일 뿐이고, 그들은 요셉의 신실함을 보고 신뢰했다. 그런데 그들이 요셉을 신뢰한 것은 궁극적으로 요셉이 그들에게 은혜를 입도록 하나님께서 역사하셨기 때문이다.

이처럼 하나님의 은혜와 신실한 요셉의 삶은 함께 역사했다. 그러므로 우리는 신실하게 살되 사람들이 우리를 신뢰할 때 오직 하나님의 은혜임을 깨닫고 하나님께만 영광을 돌려야 한다. 요셉은 '하나님의 은혜가 있는 사람'이었다.

💡 요셉을 신뢰한 결과

요셉을 신뢰하여 요셉에게 자기의 일을 다 맡긴 사람들은 요셉을 통해 복을 누렸다. 보디발은 집안이 번영했다.

> 그가 요셉에게 자기의 집과 그의 모든 소유물을 주관하게 한 때부터 여호와
> 께서 요셉을 위하여 그 애굽 사람의 집에 복을 내리시므로 여호와의 복이 그
> 의 집과 밭에 있는 모든 소유에 미친지라(창 39:5).

요셉에게 가정 총무를 맡겼을 때 하나님께서 주인의 집과 밭에까지 복을 주셨기 때문이다. 간수장은 죄수들이 난동을 부리거나 탈옥을 하거나 감옥에 대한 악평이 날까 불안해 하지 않게 되었다. 안심했다. 요셉이 일을 너무 잘해서 간수장이나 죄수들이 불만이 없었기 때문이다.

왕은 두 번이나 불길한 꿈을 꾸고 해석하지 못해 전전긍긍했는데 요셉이 해석과 대안까지 제시하므로 불안이 해소되고 나라의 미래에 희망이 생겼다. 요셉은 번영과 안정과 희망을 주는 사람, '복이 되는 사람'이었다. 이처럼 요셉은 가장 신뢰할 수 있는 사람이었다. 누구나 신뢰할 만한 인격이었다. 다 맡길 정도로 신뢰가 가는 삶이었다.

그리고 요셉은 자기를 신뢰하는 사람들에게 안정감과 번영과 희망을 주었다. 하나님께서 요셉에게 은혜를 주시고 사람들에게 은혜받도록 역사하셨기 때문이다. 동시에 요셉이 타인이 신뢰할 만큼 신앙과 성품과 실력을 갖추었기 때문이다.

당신은 신뢰받는 사람인가?
일제 강점기 말에 한 관리가 북한의 어느 지역으로 발령이 나자 거부했다는 기록을 본 적이 있다. 이유는 그가 관리가 되기 위해 뇌물을 많이 썼는데 발령이 난 지역에는 예수쟁이가 많아서 뇌물이 들어오지 않을 것이라 예상했기 때문이다. 그래서 예수쟁이가 많은 지역으로는 가지 않겠다고 한 것이다.

1970년대에는 대기업의 임원이 되려면 교회의 장로라야 한다는 말도 있었다. 교회의 장로이면 인격과 실력을 신뢰할 수 있다는 것이다. 그만큼 한국 기독교는 사회로부터 신뢰를 받았다.

  한국 교회만이 아니라 교회는 처음 출발할 때부터 세상에서 칭찬을 받았다(행 2:47). 불신 세상에는 없는 신앙에서 나오는 사랑과 정직과 연합과 나눔이 교회에는 있었기 때문이다. 이처럼 교회의 윤리적인 성결함과 하나님의 은혜가 역사했으므로 역사적으로 참된 교회와 성도들은 불신 세상으로부터 언제나 칭찬과 신뢰, 심지어 존경을 받았다. 불신 세상이 교회와 성도들을 핍박한 이유는 오직 신앙과 복음 때문이었다. 참 교회는 세상의 빛과 소금과 증인으로서 신뢰와 핍박을 함께 받았다.

  하지만 요즘은 목사도 신뢰받지 못하는 시대다. '교회는 제발 사고나 치지 말라'는 말을 들을 정도로 사회적 신망을 잃었다.

  앞에서 요셉이 가는 곳의 일인자에게 신뢰를 받은 것은 하나님께서 함께하시기 때문이라고 했는데 그러면 한국 교회가 세상으로부터 신뢰를 받지 못하는 것은 하나님께서 우리와 함께하지 않아서인가?

  결코, 그렇지 않다. 그리스도인이 세상에서 신뢰받지 못하는 것은 우리 책임이다. 목회자와 성도들이 이기적이고 부정한 삶으로 교회답지 못해 사회적 공공성을 상실했기 때문이다. 하나님께서는 애굽에서 은혜로 구원하신 후에 광야에서 십계명을 주셨다. 먼저 구원하신 후에 구원받은 자 다운 삶을 살라고 율법을 주신 것이다.

  하나님께서는 구원받기 전에는 계명을 지키라고 요구하지 않으신다. 하지만 은혜를 받은 자에게는 율법을 엄중히 지킬 것을 요구하신다. 빛과 소금으로서 세상 속에서 선한 영향력을 끼치기를 원하신다. 그러므로 내가 구원받았다고 믿는다면 구원받은 하나님의 백성답게 하나님의 법을 지키며 살아야 한다. 예수님 닮기를 힘써야 한다. 그렇게 산다면 이웃은 당연히 우리를 신뢰할 것이다.

  작금에 교회가 사회로부터 신뢰받지 못하는 것은 우리가 거짓되고 게으르기 때문이 아닐까?
  죄 문제를 해결할 복음을 전할 실력이 없어서가 아닐까?
  세상 유혹에 빠지기 때문이 아닐까?
  신앙을 상실해 삶이 비윤리적이어서 그들보다 나은 것이 없기 때문이 아닐까?

  결국, 교회가 사회에서 신뢰받지 못하는 것은 하나님께서 우리와 함께하시지 않기 때문이 아니라 우리가 하나님 앞에서 살지 않기 때문이다. 하나님의 약속을 믿는 성도는 하나님 앞에서 거룩하게 살므로 사람에게도 신뢰받아야 마땅하다. 하나님께서 은혜 베푸신 것을 믿는다면 하나님을 경외하고 더 감사하며 선을 행해야 한다. 책임 있게 맡은 일을 감당해야 한다. 자기 일에 전문가가 되기 위해 더 노력해야 한다.
  하나님께서 함께하심을 믿는다면 더 열정적으로 살아야 한다. 신앙 양심을 따라 도덕적으로 생활해야 한다. 사람이 보거나 보지 않거나 정직하고 성실해야 한다. 그렇게 살 때 교회는 다시 세상으로부터 신뢰와 존경을 받을 것이다. 그렇게 사는 성도가 고난당할 때 하나님께서는 함께하심을 드러내실 것이다.

3. 하나님의 약속은 언제 이루어지는가?

여호와의 말씀이 성취될 때까지 요셉은 종으로 팔리고 감옥에 갇혀서 발에 차꼬를 차고 몸은 쇠사슬에 묶여 있었다. 아무것도 할 수 없는 처지다. 노예에서 죄수로 점점 더 낮아지되 가장 낮아져서 하나님의 약속과 정반대되는 상황일 때, 높아지는 것이 자기의 능력으로는 불가능할 때 하나님의 약속 말씀이 성취되었다. 그렇다면 요셉에게 이루어진 약속은 요셉 자신의 능력이 아니라 하나님께서 하나님의 능력으로 이루신 것이다.

인간이 약할 때 강함이 되시는 하나님의 방식은 성경 곳곳에서 발견된다. 아브라함에게 자손 언약이 성취된 것은 자연법칙으로는 자녀를 낳을 수 없어 포기했던 100세 때였다. 모세가 이스라엘을 애굽의 압제에서 구원한 것도 40세의 왕자 때가 아니라 모세가 아무것도 할 수 없어 포기했던 80세의 양치기 때였다.

블레셋의 적장 골리앗을 물리친 사람은 이스라엘의 왕이나 장군이 아닌 전쟁에 나갈 수도 없는 누가 보아도 유약한 소년 다윗이었으며, 하찮은 조약돌로 승리함으로써 그들이 믿는 하나님께서 하셨음이 드러나는 것이다. 하나님은 세상의 미련한 자들을 택하사 지혜 있는 자들을 부끄럽게 하시고 천한 것들과 멸시받는 것들과 없는 것들을 택하사 있는 것들을 폐하신다(고전 1:27-29).

> 여호와는 죽이기도 하시고 살리기도 하시며 스올에 내리게도 하시고 거기에서 올리기도 하시는도다 여호와는 가난하게도 하시고 부하게도 하시며 낮추기도 하시고 높이기도 하시는도다 가난한 자를 진토에서 일으키시며 궁핍한 자를 거름더미에서 올리사 귀족들과 함께 앉게 하시며 영광의 자리를 차지하

게 하시는도다〈삼상 2:6-8〉.

이 말씀처럼 하나님의 일은 인간의 능력이 아니라 하나님의 은혜로 된다. 그리하여 아무 육체도 하나님 앞에서 자랑하지 못하게 하시고 홀로 영광을 받으신다.

💡 **하나님의 말씀은 반드시 인간이 능력으로 불가능한 상황에서만 이루어지는가?**

그렇지 않다. 우리는 인간의 능력으로 가능한 상황에서도 말씀이 성취되는 것을 경험한다. 상황이 절망적으로 되는 것보다 더 중요한 것은 인간의 태도다. 하나님께서는 상황이 절망적일 때보다는 우리의 마음이 '내 힘으로 안 됨'을 인정하고 '주님만 전적으로 의지'할 때 역사하신다.

이것을 깨달은 바울의 고백이다.

> 내 은혜가 네게 족하도다 이는 내 능력이 약한 데서 온전하여짐이라 하신지라 그러므로 도리어 크게 기뻐함으로 나의 여러 약한 것들에 대하여 자랑하리니 이는 그리스도의 능력이 내게 머물게 하려 함이라 그러므로 내가 그리스도를 위하여 약한 것들과 능욕과 궁핍과 박해와 곤고를 기뻐하노니 이는 내가 약한 그 때에 강함이라〈고후 12:9-10〉.

그리스도인의 능력은 약함을 제거한 능력이 아니라 약함 속에서의 능력이요 약함을 통한 능력이다. 그래서 바울은 그리스도의 능력이 '자기 속에 머물게 하려고' 자기의 모든 약한 것을 기뻐한다고 고백했다.

따라서 하나님의 약속을 이루기 위해서는 먼저, 하나님의 약속은 반드시 성취될 것을 믿어야 한다. 하나님의 말씀은 하나님께서 성취해 주실 것을 확신하며 말씀을 이루기 위해 사는 성도에게 부분적으로나마 어디서나 항상 이루어지기 때문이다. 하지만 자기에게는 하나님의 약속을 이룰 능력이 없음을 인정하는 겸손한 자세가 필요하다. 하나님만이 이루실 수 있음을 인정하고 주님을 전적으로 의지해야 한다.

💡 하나님만 전적으로 의지하는 신앙의 표현이 무엇인가?

자기의 능력에는 절망하고 하나님의 능력만 의지하는 신앙이 겉으로 드러난 모습이 기도다. 아브라함은 하나님 나라로 부름을 받은 후 자손 언약 성취를 위해 25년 동안 조카를 입양하려고 하거나 종을 상속자로 삼으려고 하고, 나중에는 자녀를 얻기 위해 첩을 두기도 하는(창 16:1-3) 등 많은 노력을 했으나 실패했다.

이러한 아브라함의 열심을 죄라고 볼 수는 없다. 왜냐하면, 아브라함은 하나님께서 '아니'라고 하시면 곧바로 돌이키며 하나님께서 가르치는 만큼 배우는 사람이기 때문이다. 또, 아브라함 입장에서는 계시가 완전히 주어지지 않아서 하나님의 뜻을 충분히 알 수 없었기 때문이다. 아브라함은 자기에게 주어진 계시만큼 열심히 말씀을 성취하려고 한 것이다.

예를 들어, 자손을 주시겠다고 하셨는데 아내가 출산하지 못하니 조카 롯을 입양한 것이고, 롯이 떠나니 종을 상속자로 삼으려고 했으며, "네 몸에서 날 자가 네 상속자가 되리라"(창 15:4)고 하셨는데 아내가 출산하지 못하니 첩을 둔 것이다. 단지 하나님의 뜻을 명확히 이해하지 못한 점과 말씀을 성취하려는 방식이 미숙했다고 할 수 있다.

하나님을 의지(기도)하기보다 자기 힘과 세상 방식(자녀를 낳지 못할 경우 친척, 종, 첩을 통해 상속자를 얻는 것은 당시의 문화였다)으로 하려고 한 것이다. 그러다 자연적 출산이 불가능한 100세가 되어서야 하나님의 능력을 의지해 아들을 낳는다.

그런데 아브라함의 아들 이삭도 자녀를 낳지 못할 때 이삭은 아버지처럼 인간 나라 방식을 취하지 않고 20년 동안 오직 하나님께 기도만 한다(창 25:20, 21, 26). 그리하여 하나님의 능력으로 쌍둥이를 낳는다. 하나님의 약속 말씀을 이루는 최선의 신앙은 하나님의 주권을 인정하고 하나님을 의지하는 기도다.

기도는 하나님을 신뢰하고 의지하는 믿음의 표현이며 약속을 이루는 하나님 나라 방식이다. 왜냐하면, 일반적으로 사람은 자기 힘으로 할 수 있다고 생각하면 하나님께 기도하지 않기 때문이다. 자기 힘으로 이것 저것 해 보고 반복되는 실패를 통해 겸손해졌을 때 비로서 기도한다.

구약 시대에 이스라엘이 그러했다. 처음에 자기 힘으로 하고, 안되면 우상에게 구하고, 안되면 세상 제국을 의지하고, 안되면 그때서야 하나님께 구해달라고 기도했다. 따라서 기도하지 않는 것은 하나님보다 더 의지하고 더 믿을만한 것이 있다는 교만한 불신앙이다. 그래서 자기의 능력으로 할 수 없으며, 하나님만이 이루실 수 있다는 겸손한 마음에서 우러나오는 기도는 큰 믿음의 행위다.

하나님께서 이루실 수 있다고 확신하며 구하는 것이기 때문에 기도는 하나님께서 기뻐하시는 믿음이다. 그 문제에 대해 하나님께 맡기는 것이기 때문에 기도는 담대한 믿음이다. 이러한 믿음을 담아 간청하는 것이기 때문에 하나님께서는 우리가 하나님께 기도하는 것을 크게 기뻐하시며 응답해 주신다. 기도에서 중요한 것은 겸손히 하나님의 능력을 신뢰하고 간절히 하나님을 의지하는 것이다.

이처럼 하나님의 약속은 인간 나라 방식으로 눈에 보이는 세상 유행을 따라 내가 행하는 것이 아니라 하나님 나라 방식으로 하나님께서 하시도록 하나님을 전적으로 의지하는 믿음을 통해 이루어진다.

당신은 당신의 힘과 지혜로 하나님의 뜻을 이룰 수 있을 만큼 강한가?
그렇다면 하나님께서는 지금의 당신을 통해 하나님의 뜻을 이루지 않으실 것이다.
하나님께서 부르셨음에도 도무지 사명을 감당할 수 없을 만큼 당신은 약한가?
그것을 인정하되 포기하지 말고 전능하신 하나님만 의지하라!
하나님께서 전능하신 능력으로 당신을 통해 하나님의 뜻을 이루실 것이다. 하나님의 약속을 이루기 위해 중요한 것은 우리의 능력이 아닌 하나님의 능력이다. 우리의 진정한 능력은 우리가 강한 것이 아니라 자기의 약함을 인정하고 강하신 하나님을 의지하는 믿음에 있다.
하나님께서는 우리의 강함을 쓰는 것이 아니라 약함을 인정하고 주님을 의지하는 겸손한 신앙을 통해 하나님의 크신 능력을 나타내신다. 그러므로 우리가 약해서 사용되지 않는 것이 아니라 너무 자아가 강해서 사용되지 않을 수 있다. 하나님의 약속 말씀은 내가 가장 약할 때 이루어진다.

> 하나님은 하나님만을 의지하며 신실하게 사는 성도에게 말씀이 성취되는 진정한 성공을 누리게 하신다.

<<< 생각 나누기 >>>

1. 하나님의 약속은 어디에서 이루어지는가?

2. 내 삶을 하나님 나라의 언약적 관점으로 해석해 보라. 무엇이 다른가?

3. 하나님의 약속은 어떻게 이루어지는가?

4. 주변 사람이 당신을 신뢰하는가? 그렇지 않다면 왜일까?

5. 신뢰를 회복하기 위해 내가 변화되어야 할 것은 무엇인가?

6. 하나님의 약속은 언제 이루어지는가?

7. 내 삶에 하나님의 말씀이 이루어지기 위해 해야 할 것은 무엇인가?

제7장

꿈을 이룬 자의 삶

하나님의 말씀은 신실하신 하나님의 약속이므로 성도의 삶에 희망이 된다. 말씀을 듣고 믿으면 하나님의 약속을 이루어 드리려는 열망이 생긴다. 그 열정으로 약속신앙은 하나님의 약속을 이루기 위해 살아간다. 그리고 하나님의 은혜로 하나님의 약속이 믿음의 삶에 성취된다.

당신은 말씀이 성취되면 어떻게 살겠는가?
하나님은 은혜받은 우리가 어떻게 살기 원하실까?
요셉이 고난을 극복하고 높아진 것으로 요셉을 향한 하나님의 계획이 이루어진 것이라면 총리가 된 것으로 요셉의 이야기는 끝나야 한다. 하지만 성경은 요셉이 총리가 된 이후의 삶도 알려 준다.
요셉 이야기는 창세기 37-50장까지인데, 37-41장까지는 총리가 되기까지 그리고 42-50장까지는 총리가 된 이후의 이야기로 요셉에 대해 총리 이후의 삶을 더 많이 말하고 있다. 아직 요셉의 꿈, 즉 요셉을 향한 하나님의 계획이 끝난 것이 아니라는 뜻이며 총리가 된 후에 어떻게 사는 가가 더 중요하다는 의미다.
과거 중국 영화를 보면 스토리가 비슷했다. 부모님을 죽인 원수에게 복수하기 위해 그의 제자로 들어가서 몇십 년 동안 충성해 애(愛)제자가 되고 비법을 배운 후 그 비법으로 스승을 죽여 부모의 원수를 갚는 이야기다. 이 제자는 그동안 제자인 척하며 정체를 숨기다가 스승을 이길 수 있는 비법을 배우자 정체를 드러내고 하루아침에 돌변한 것이다.

이처럼 사람은 자기 마음대로 할 수 있는 큰 힘이 생겼을 때 비로소 숨겼던 자기 정체성과 추구하는 것을 드러낸다. 그러므로 한 사람이 무엇을 추구하는지를 알려면 그 사람이 힘을 가졌을 때, 어떻게 사용하는지를 보면 된다. 요셉의 총리 이후의 삶은 그가 무엇을 추구했는지를 보여 준다.

요셉은 총리가 된 후 어떻게 살았는가?

1. 보복하지 않는 용서의 삶

역경을 견뎌 내는 사람이 백 명이라면, 번영의 때에 실족하지 않는 사람은 한 명에 불과하다고 한다. 사람은 권력을 소유했을 때 가장 야만적인 동물로 변질되기 쉽기 때문이다. 그래서 링컨은 "한 인간의 인격을 시험해 보려면 그에게 권력을 주어 보라"라고 말했다. 그만큼 인간은 권력을 가지게 될 때 이전보다 더 많은 유혹을 받고 본색을 드러내며 야만적으로 변할 수 있다.

요셉은 애굽의 왕 다음으로 힘을 가진 총리가 되었다. 요셉이 지나가면 모든 사람이 엎드려 절을 해야 할 만큼 높아졌다(창 41:43). 그는 탁월한 정책으로 7년 풍년과 7년 흉년을 활용해 경제를 성장시켜 애굽을 제국으로 만든 국가의 영웅이다. 마음만 먹으면 무엇이든지 할 수 있는 권력을 가졌다.

그런 애굽의 총리가 요셉임을 알았을 때 그를 팔아버린 형들은 얼마나 놀라고 두려웠겠는가?

> 요셉이 그 형들에게 이르되 나는 요셉이라 … 형들이 그 앞에서 놀라서 대답하지 못하더라(창 45:3).

그런데 요셉은 권력을 가졌어도 형들에게 복수하지 않는다.

> 당신들이 나를 이 곳에 팔았다고 해서 근심하지 마소서 한탄하지 마소서(창 45:5).

오히려 두려워하는 형들을 안심시킨다. 보디발이나 그의 아내에게도 보복하지 않는다. 술 관원장에게도 앙갚음하지 않는다. 용서(forgive)는 먼저(fore) 주는(give) 것이다. 요셉은 자기를 괴롭힌 자들을 먼저 용서했다.

요셉이 보복하지 않고 용서한 이유에 대해 세 가지로 말할 수 있다.

1) 하나님께서 상처를 치유해 주셨기 때문이다

사람은 죄성을 지닌 약한 존재이기 때문에 서로의 관계에서 원치 않는 상처를 주고받는다. 마음속 상처는 쉽게 잊지 못한다. 나에게 상처를 준 사람을 볼 때마다 상처가 부활해 아프게 한다. 기억할수록 상처와 아픔은 더 깊어진다. 상처를 준 사람이 사과하면 그나마 용서할 수 있겠지만 가해자는 자기의 잘못을 잘 모른다. 잊어버렸거나 기억해도 자기의 잘못을 잘 인정하지 않는다.

우리도 연약한 죄인이니 가해자도 할 말이 있을 것이다. 어쩌면 자기가 더 상처받았다고 격분할지도 모른다. 그러니 나에게 상처를 준 사람이 사과하리라고 기대하지 않는 것이 현명하다.

💡 어떻게 상처를 치유할 수 있을까?

하나님만이 치유해 주실 수 있다.

> 요셉이 그의 장남의 이름을 므낫세라 하였으니 하나님께서 내게 내 모든 고난과 내 아버지의 온 집 일을 잊어버리게 하셨다 함이요(창 41:51).

요셉은 므낫세, 즉 '하나님께서 잊어버리게 하셨다'라고 간증한다(창 41:51). 이 말은 요셉이 그때까지 잊지 못했다는 뜻이다. 요셉이 잊지 못한 것은 그가 당한 "모든 고난과 내 아버지의 온 집 일"이다.

왜 고난을 잊지 못하는가?

아프기 때문이다. 고난을 잊지 못했다는 것은 아팠다는 의미다. 그런데 "하나님께서 잊어버리게 하셨다"라고 했다. 성경에서 '잊어버림'의 용례와 의미는 다음과 같다.

> 너희 죄와 너희 불법을 내가 다시는 기억하지 아니하리라 (히 10:17).
> 이것들을 사하셨은즉 다시 죄를 위하여 제사 드릴 것이 없느니라(히 10:18).
> 내가 그들의 악행을 사하고 다시는 그 죄를 기억하지 아니하리라 여호와의 말씀이니라(렘 31:34).

여기에서 "기억하지 아니하리라"와 "사하심"은 같은 의미다. 즉, 기억(자카르)하지 않는 것은 용서한다는 뜻이다.

> 이 예수를 하나님이 그의 피로써 믿음으로 말미암는 화목제물로 세우셨으니 이는 하나님께서 길이 참으시는 중에 전에 지은 죄를 <u>간과하심으로</u> 자기의 의로우심을 나타내려 하심이니(롬 3:25).

"간과"(파레시스)는 '지나감, 용서, 넘어감, 무시, 눈감아 줌'의 뜻이다. 성경에서 기억하지 않는 것, 잊어버리는 것은 죄를 용서하는 것이다. 요셉이 장남의 이름을 므낫세(하나님이 잊어버리게 하셨다)라고 지은 것은 요셉은 장남을 낳으므로 과거의 모든 아픔이 치유되었고, 그를 고통스럽게 한 사람들을 용서했다는 뜻이다.

하나님이 치유해 주시자 형들이 요셉에게 한 일이 더이상 요셉에게 아픔이 되지 않았다. '하나님만이' 마음을 치유하실 수 있다. 그러니 상처를 치유하려면 가해자가 사과하기를 바라거나 피해 상황을 계속 떠올리지 말고 먼저 하나님께 가까이 가야 한다. 복음송 〈주님과 같이〉 가사처럼 "내 마음 만지는 분은 주님밖에" 없으므로 사람에게 자꾸 상처를 보이지 말고 하나님께 보여야 한다.

사람에게 상처를 보이지 말라는 말은 병원에 가지 말라는 뜻이 아니다. 의학도 하나님께서 허락하신 건강의 방편이니 당연히 치료를 위해 활용해야 한다. 나의 상처를 주변 사람들에게 말하는 것을 주의하라는 것이다.

자기가 받은 상처를 사람에게 이야기할수록 치유되는 것이 아니라 그 기억은 재생되고 장기기억에 저장되어 자기 안에 분노와 상처가 더 커지기 때문이다. 상대를 비방하고 저주하거나 복수한다고 상처가 치유되는 것도 아니다. 오히려 나의 분노와 저주를 들은 사람도 나에게 실망해 나에 대해 좋지 않은 소문이 날 수 있고(잠 25:9-10) 그 사람과의 관계마저 불편해질 수 있다.

만약 이런 일이 생긴다면 상처는 배로 더 커질 것이다. 그러니 상처가 기억나더라도 말과 감정으로 복수하려고 하지 말아야 한다. 우리의 상처를 치유하실 수 있는 하나님께 말해야 한다.

💡 하나님께서는 언제 어떤 방식으로 요셉을 치유하셨는가?

놀랍게도 요셉이 치유된 시기는 총리가 되어 세상에서 성공했을 때가 아니다. 아들을 낳았을 때 치유되었다. 요셉이 결혼해 첫아들을 낳은 후 이름을 '므낫세'라고 지은 것에 잘 나타나 있다. 하나님께서 '자녀를 통해 치유'하신 것이다. 부모들은 이 말을 공감할 것이다.

2017년에 개봉된 〈로건〉이라는 영화를 보면 육체의 상처가 재생되는 능력을 갖춘 돌연변이 로건은 악당과 싸워 인류를 위험에서 구해낸다. 하지만 사람들은 그에게 고마워하기보다 그의 초인적인 능력으로 인간을 공격할까 두려워하고 악당들은 자기들의 말을 듣지 않는 로건과 돌연변이들에 약을 주사한다.

약효로 인해 능력을 잃어가는 로건은 자기의 정체를 숨긴 채 사람들에 대한 배신감에 아파하며 술에 찌들어 외롭게 살아간다. 그러던 어느 날 로건 앞에 자기와 같은 능력을 가진 소녀 '로라'가 나타난다. 악당들이 돌연변이들의 유전자를 이용해 로라와 다른 뮤턴트들을 살인 병사로 양성했는데 아이들이 싸우는 기술은 배우지만 마음이 선해 암살하라는 명령을 거부하자 다 죽이려고 해서 도망친 것이었다.

처음에 로건은 로라가 자기와 같은 삶을 살게 될까 봐 자기의 딸임을 부정한다. 하지만 악당들이 쫓아오자, 딸과 어린 뮤턴트들을 안전지대로 피신시킨다. 그 과정에서 악당들과 싸우다 죽는데 죽기 직전에 로건은 처음으로 다정하게 로라의 이름을 부르고, 로라는 처음으로 "아빠"라고 부른다. 짧은 순간이지만 로건과 로라는 서로를 아빠와 딸로 받아들인 것이다. 그런데 놀랍게도 로건이 죽어가며 행복한 눈물로 이런 말을 한다.

"그래, 이런 기분이었구나. 이런 기분이었구나."

이 말속에는 많은 의미가 담겨 있다. 로건이 말한 "이런 기분"은 혼자 외롭게 지내다가 사랑하는 가족이 생긴 충만, 아빠가 된 행복, 위험한 짐승과 살인 병기로 취급받다가 비로소 사람으로 대접받은 치유의 기쁨, 평생 쫓겨 다니다 비로소 안전을 누리는 안식'이 함축된 말이다.

이 영화는 진정한 안전과 안식과 치유와 행복이 가정에 있음을 보여 준다. 가장 먼저 회복해야 할 관계와 목숨을 다해 지켜야 할 것이 가족임을 웅변한다. 로건은 딸의 존재를 통해 비로소 치유와 안식을 얻은 것이다.

요셉도 마찬가지다. 하나님은 요셉에게 아들을 주셔서 과거의 모든 아픔보다 더 큰 기쁨으로 상처를 잊게 만든 것이다. 그래서 요셉은 형들을 용서할 수 있었다.

당신은 상처가 치유되었는가? 가족에게 치유자가 되고 있는가?

20대부터 가정 사역을 공부해 오면서 깨달은 것은 '상처를 치유하려면 상처보다 더 큰 행복을 경험해야 한다'라는 것이다. 행복한 추억이 아픈 상처를 덮는다. 상처보다 더 큰 행복 때문에 그 상처를 잊어버리는 것이다. 상처가 영향을 끼치지 못하게 되는 것이다.
　가장 행복해야 할 곳은 가정이다. 사랑으로 맺어져 평생을 함께 동고동락하므로 최고의 행복을 경험할 수 있는 혈연 공동체이기 때문이다. 가족 간의 행복은 바깥에서 받은 모든 상처를 치유하는 힘이 있다. 아빠도 회사에서 받은 상처가 있고, 엄마도 이웃에게 받은 상처가 있으며 자녀도 학교에서 받은 상처가 있다.
　모든 사람은 인간관계에서 받은 상처가 있다. 그 상처를 치유해 줄 수 있는 것은 가족이다. 기독교교육학과 청소년학을 전공하고 20년 동안 청소년 사역을 하면서 발견한 것 가운데 하나는 부모와 마음을 열고 대화를 나누는 청소년들은 거의 문제가 없다는 것이다. 부모가 자기의 이야기를 진실하게 들어주고 마음을 받아줄 때 스트레스가 해소되고 치유되기 때문이다. 부모에게서 사랑과 격려와 축복의 말을 들으며 자란 자녀들은 마음이 밝고 자존감도 높다.
　따라서 가족은 서로에게 사랑을 통한 행복을 공급함으로 치유자가 되어야 한다. 가족에게 '행복한 추억'을 만들어 주어야 한다. 배우자와 자녀는 하나님께서 내 삶에 선물하신 치유자다. 특히, 자녀는 존재 자체로도 부모를 치유한다. 부모가 되어 자녀를 보니 '아! 내 부모도 나를 이렇게 기뻐하고 사랑하셨겠구나'라고 부모의 마음을 알게 되어 부모님께 대한 오해를 풀고 치유가 일어나는 것이다. 자녀를 안아보니 세상이 내 것인 것처럼 행복해 상처가 잊혀지는 것이다.
　그렇다면 세상의 모든 부모는 원칙적으로 과거의 상처에 시달리지 말아야 한다. 하나님께서 자녀를 통해 이미 치유해 주셨기 때문이다. 이렇게 하나님께서는 자녀를 통해 요셉의 깊은 상처를 치유하셨다.

2) 판단을 하나님께 맡겼기 때문이다.

애굽의 총리가 시므온을 인질로 잡으며 '다른 형제들은 집으로 돌아가서 막내를 데려오라'라고 하자 형들은 서로 탄식한다.

> … 우리가 아우의 일로 말미암아 범죄하였도다 … (창 42:21).

형들은 20년이 지나도 자기들의 죄를 잊지 못하고 괴로워하고 있었으며 하나님의 심판을 두려워하고 있었다. 요셉이 보복하지 않아도 형들은 이미 그동안 자기 양심에 의해 심판을 받고 있었다. 하나님께서는 요셉의 원수를 갚고 계셨다. 이러한 양심의 고통은 모든 가해자가 지상에서 겪는 부분적 심판이다. 형들은 비록 요셉인지 모르고 한 것이지만, 요셉 앞에서 자기들의 죄를 시인하고 있다.

이렇게 죄인은 언젠가 반드시 죄를 시인하게 될 것이다. 자기 양심에게, 피해자에게, 심판장이신 하나님께(롬 14:11-12). 범죄로 인한 양심의 죄책감에서 벗어나려면 하나님과 피해자에게 죄를 시인하고 용서를 구하며 회개하는 길뿐이다. 하지만 요셉은 형들이 자기들의 죄를 시인하기 전에 이미 형들을 용서했다.

> 요셉이 그들에게 이르되 두려워하지 마소서 내가 하나님을 대신하리이까 (창 50:19).

요셉은 형들에게 보복하는 것이 하나님의 권한이라고 고백한다. 만약 요셉이 형들에게 복수한다면 그것은 하나님께서 하실 일을 자기가 넘보는 월권이라는 것이다. 요셉은 공의로운 재판장이신 하나님께 자기와 형들의 일을 맡긴 것이다. 요셉은 이처럼 선악 간의 판단을 하나님께 맡겼기 때문에 형들이 용서를 구하지 않았어도 조건 없이 형들을 용서할 수 있었다.

우리가 용서하지 못하는 이유가 나는 옳고 상대방만 허물이 있다고 스스로 재판장이 되어 판결했기 때문이 아닐까?

내가 직접 보복하려고 하기 때문이 아닐까?

하지만 하나님께서는 말씀하신다.

> 내 사랑하는 자들아 너희가 친히 원수를 갚지 말고 하나님의 진노하심에 맡기라 기록되었으되 원수 갚는 것이 내게 있으니 내가 갚으리라 (롬 12:19).

원수 갚는 일은 "내게 있으니 내가 갚으리라"라고 약속하신다. 그러므로 우리가 직접 원수를 갚지 말라고 하신다. 그런데도 분노를 참지 못하고 내가 직접 원수를 갚는다면 분노는 풀릴지 모르겠지만 하나님과 양심이 나의 원수가 될지도 모른다. 진정 상처에서 자유롭기 원한다면 하나님께 심판을 맡기고 용서해야 한다. 심판만 맡기는 것이 아니라 상대와 나 사이의 선악에 대한 '판단'까지 하나님께 맡겨야 한다.

왜냐하면, 나는 내 중심으로 판단하므로 내 판단 자체가 잘못될 수도 있기 때문이다. 나도 상대에게 허물이 있을 수 있기 때문이다. 심지어 나도 상대방이 보기에는 형과 악한 주인일 수 있기 때문이다. 상대가 나에게는 죽을 죄인이라도 하나님께는 충성될 수도 있기 때문이다.

그러므로 가장 객관적이고 공정하신 하나님께서 상대와 나 사이를 판단하시도록 겸손히 맡겨야 한다. 그리고 어떤 판단을 하시든 하나님의 판단을 받아들여야 한다. 선악의 판단을 하나님께 맡길 때 상처로부터 자유할 수 있다.

3) 하나님의 섭리를 깨달았기 때문이다.

요셉은 우리에게 과거의 아픔에서 벗어날 수 있는 성경적인 방법을 계속 보여 준다. 그것은 '삶을 하나님 중심으로 해석'하는 것이다. 과거를 자기중심으로 해석한다면 요셉이 형들을 생각할 때마다 '나를 시기·질투하여 죽이려고 구덩이에 던지고 노예로 팔았다'라는 것만 보기 때문에 분노와 원한으로 복수심에 불타오를 것이다. 그러나 요셉은 자기 삶을 하나님 중심으로 해석한다.

> 당신들은 나를 해하려 하였으나 하나님께서는 그것을 선으로 바꾸사(창 50:20).
> 하나님께서 … 나를 당신들보다 먼저 보내셨나이다(창 45:5).
> 나를 이리로 보낸 이는 … 하나님이시라(창 45:8).

요셉은 자기가 애굽으로 팔려 오게 된 것은 형들이 팔았기 때문이지만, 자기를 애굽의 통치자가 되게 하셔서 세계적인 기근에서부터 이스라엘과 사람들을 구원하시려는 하나님의 계획에 의한 섭리임을 깨달았다.

성경은 "그가 한 사람을 앞서 보내셨음이여"(시 105:17-19) 라는 말씀으로 요셉이 애굽으로 간 것이 하나님의 섭리 속에 일어난 사건임을 알려 준다. 섭리적 관점으로 보니 형들에게 버림받은 삶이 아니라 '하나님께 선택받은 주인공'임을 알게 된 것이다. 요셉의 생애 중 원망이나 불평을 찾아볼 수 없는 것은 그가 역경 속에서도 하나님의 주

권적인 섭리를 믿었기 때문이다.[55]

이처럼 요셉은 '섭리 신앙'으로 자기에게 악을 행한 사람들을 용서하고, 그들마저도 섬길 수 있는 주님의 품이 되었다. 하나님 나라를 품는 대범하고 큰 가슴이 되었다.

하나님께서 당신의 삶에 섭리하셨음을 믿는가?
에밀 아자르가 쓴 『자기 앞의 생』이라는 책이 있다. 이 책은 "사람이 사랑 없이도 살 수 있어요?"라고 질문했던 주인공 모모가 사람은 사랑을 받아야 살 수 있음을 발견해 가는 성장 소설이다. 모모의 엄마는 창녀이며, 아빠는 아내를 살해한 정신병자다. 모모는 4살 때 로자 아줌마에게 맡겨졌다.

당시 프랑스 법은 아버지가 있어야만 출생신고를 할 수 있었기 때문에 창녀들이 낳은 아이는 아빠를 모르니 출생신고가 불가능했다. 창녀들은 계속 일을 해야 하므로 아이를 낳아도 기를 수가 없어 로자 아줌마에게 자녀들을 맡기고 양육비를 보냈다.

하지만 양육비가 오지 않는 경우도 많아서 로자 아줌마와 아이들의 생활은 심히 고달팠다. 그럼에도 로자 아줌마는 혼자 끝까지 아이들을 돌본다. 그러다 병에 걸리자 같은 건물에 사는 가난한 이웃들이 나누어 주는 양식으로 생활하게 되고 결국 로자 아줌마는 죽게 된다.

그렇다면 이 아이들은 사랑을 받았는가 받지 못했는가?
이 아이들도 사랑을 받았다. 비록 부모의 사랑은 받지 못했지만, 그들과 함께하며 돌보아 준 로자 아줌마의 사랑과 함께한 이웃들의 사랑이다. 그 증거로 로자 아줌마가 죽을 때까지 최선을 다해 돌보는 모모를 통해 사랑할 수 있는 사람으로 성장했음을 보여 준다.

작가는 모모를 통해 '살아 있는 사람은 사랑을 받아왔고, 사랑받고 있으며, 사랑할 수 있는 능력이 있다는 것과 사람은 사랑으로 살아가므로 서로 사랑하며 살자'라고 외치는 듯하다.

나는 이 책을 읽으며 큰 충격을 받았다. 어린 시절 가난으로 인해 '나는 사랑을 받지 못했다'라고 확신해 왔었다. 그래서 어린 시절을 생각하면 언어폭력을 당한 상처가 기억났고, 나 자신을 '피해자'라고 여겨왔었다. 고통스러운 가정생활로 고3 이후로는 기회만 되면 가족을 떠나려고 했었다.

그러다 청년 시절에 예수님의 십자가 사랑을 깨닫고 나서 치유가 되었다. 하나님의 사랑 속에 행복을 누리며 살아간다. 하나님께 받은 사랑이 너무 커서 상처를 덮고도 남아 상처가 힘을 쓰지 못하는 것이다. 그러나 그럼에도 어릴 때 사랑받지 못했다는 생각에는 변함이 없었다.

그런데 이 책을 통해 생각이 바뀌었다. 내가 그 고통의 시간을 통과할 수 있었던 것은 내가 강해서가 아니라 가족의 사랑이 있었기 때문임을 깨달았기 때문이다. 부모도 나를 버릴 수 있었고, 누나들이 자기 살길을 찾아 일찍 시집갈 수도 있었다. 그런데 큰누나 둘째 누나는 결혼까지 늦추어 가며 생계를 책임졌고 동생들을 가르쳤다.

가난이 할퀸 상처로 아파하면서도 우리 가족은 역경의 시간을 함께했다. 투박한 사랑이었지만 하나님께서는 배고픈 시간을 가족을 통해, 가족과 함께 극복하게 하신 것이다.

이것을 깨달은 후 '나는 사랑받고 자랐다!'라고 생각이 바뀌니까 나의 과거가 새롭게 해석되었다. 나는 사랑받지 못하고 자랐다는 오해가 없어졌다. 아프게만 기억되었던 과거가 기쁜 추억이 되었다. 그 시간을 함께해 준 가족들이 너무 고마웠다. 그리고 '과거의 상처는 고통이 아니라 그것을 함께 이겨냈다는 삶의 훈장'임을 깨달았다.
　이제는 과거의 기억이 슬프지 않다. 내가 자랑스럽고, 함께 그 과정을 이겨낸 가족 모두가 자랑스럽다. 그리고 자식들을 위해 평생 고생하신 어머님과 동생들을 위해 희생한 누나들이 눈물겹도록 고맙다.

　혹시 독자 가운데 '나는 어릴 때 사랑받지 못했고, 나의 과거는 상처뿐이며 가족들이 원망스럽다'라는 낮은 자존감 속에 아파하는 분이 있는가?
　그 아픈 시간을 어떻게 통과할 수 있었을까?
　당신 혼자 이겨낸 것이 아니다. 당신 곁에 당신을 사랑하는 사람이 있었기 때문에 이겨낼 수 있었다. 당신이 모르고 있을 뿐 당신을 위해 희생한 가족이 있었기 때문에 극복할 수 있었다. 그러니 당신 과거의 아픈 기억은 버림받은 상처가 아니라 사랑받은 추억이다.
　그러한 과거를 상처로만 해석해 슬퍼하지 말고 그 과거를 통과한 자기에게 승리했다고 박수해 주라!
　상처라는 단어 자체를 버리라. 당신은 사랑받고 살았다. 사랑으로 당신과 함께한 가족들에게 감사의 훈장을 주라!
　자기를 낳아준 부모가 누구인지도 모르는 모모가 로자 아줌마와 이웃의 사랑으로도 자기 앞에 생을 살아갈 힘을 얻었다면 부모의 돌봄을 받으며 가족과 함께 자란 우리는 감사하고 사랑하는 것이 마땅하다.
　비신자도 가족이 함께한 것으로 역경을 이겨내고 그것을 훈장처럼 여긴다면, 가장 힘겨워했던 순간에도 하나님이 함께하셔서 보호하시고 역전시켜 말씀이 성취되는 복을 받은 성도는 과거를 생각할 때마다 하나님께 감사로 충만해야 합당하다. 원망이 아니라 기쁨의 찬양이 넘쳐나야 한다. 하나님이 섭리하셔서 합력하여 선이 될 것이므로 과거를 생각할 때마다 미래를 기대해야 한다(롬 8:28).

현재의 고난은 장차 영광스러운 하늘 상급이 될 것이므로 과거의 고난을 생각할 때마다 새 하늘과 새 땅에 대한 소망을 가져야 한다(롬 8:18). 과거를 상처로 해석해 가족을 원망하라는 사탄의 소리에 속지 않아야 한다.

과거를 버림받은 상처가 아니라 '사랑받은 추억'이라 말하며, 자기에게 잘 이겨냈다고 칭찬해 주고 사랑으로 함께한 가족에게 감사하며 더 사랑해야 한다. 무엇보다 언제나 나와 함께하셔서 보호하시고 역전시켜 주신 하나님께 찬송이 끊이지 않아야 한다.

나에겐 가족도 없거나 가족마저 나를 버렸는가?

혹시 그럴지라도 하나님이 당신과 함께하셨고 지금까지 보호해 주셨다.

하나님께서 당신을 사랑하신다. 그것으로 족하지 않은가!

당신의 삶은 하나님께서 움직이셨다고 믿는가?

아니면 사람들이 움직였다고 믿는가?

당신의 과거를 나 중심으로 해석하는가?

아니면 하나님 중심으로 해석하는가?

과거는 현재를 만들고, 현재는 미래를 만든다. 미래를 바꾸려면 과거를 바꾸어야 한다. 과거를 바꾼다는 것은 과거를 재해석하는 것이다. 우리의 과거를 그리스도 안에서, 하나님의 시각으로 새롭게 인식해야 한다.

어떤 사람이 평생 처음으로 혼자 여행을 갔다. 짐은 많고 길은 모르고 말도 안 통해서 몇 시간을 헤맨 끝에 겨우 숙소에 도착했다. 그런데 이 사람이 갑자기 대성통곡을 했다. 낯선 곳이라 서럽거나 몸이 힘들어서가 아니었다. 혼자라서 무섭다고 운 것도 아니었다. 호텔까지 오는 과정에서 자기를 도와준 수많은 사람의 손길이 고마워서 운 것이다. 때론 친절하게 짐을 들어 주고, 자세하게 안내해 준 사람들 덕분에 낯선 곳이지만 목적지까지 오게 된 것을 생각하니 감격해서 운 것이다.[56]

과거의 상처만 생각하는 사람은 늘 슬퍼할 것이다. 하지만 이 사람처럼 나에게 힘이 되어준 사람들을 기억한다면 감사하며 행복해할 것이다. 그런 사람이 없을 때도 언제나 나와 함께해 주신 하나님의 친절하신 돌보심을 기억한다면 자기가 최고의 행복한 자임을 깨닫고 감격할 수 있을 것이다. 그렇게 관점이 달라지면 마음과 삶에 햇살이 비칠 것이다.

안타깝게도 많은 사람이 '자기중심'이라는 편견으로 삶을 해석해 자기만 의인이고 피해자라고 착각하고 보이는 사람과 환경을 원망하며 한을 품고 살아간다. 우리에게는 과거의 불행했던 사건을 하나님의 구속사적 안목으로 해석하는 성경적인 시각이 필요하다.

나를 힘들게 했던 사람을 보는 미시적, 부정적인 시각이 아니라, 나와 함께하시며 인도해 오신 하나님 그리고 하나님께서 보내 주셔서 나에게 힘이 되어 주었던 사람들을 보는 거시적, 긍정적인 시각이 필요하다. 보이지 않는 하나님의 선한 손길이 내 삶을 섭리하고 계심을 신뢰하는 관점이 필요하다.

과거에 아무리 힘들었고, 다른 사람에게 큰 해를 입었어도 하나님께서 모든 일을 행하신다는 것을 알게 되면 선·악 간의 판단을 하나님께 맡기고 정죄하지 않을 수 있기 때문이다. 우리의 과거가 하나님의 섭리임을 이해할 때 상처받은 내가 아니라 '사랑받은 나'로 해석할 수 있기 때문이다. 하나님께서 자녀(가족)로 치유해 주셨으니 거리낌 없이 행복을 누릴 수 있기 때문이다.

하나님 중심으로 내 삶을 다시 보라!

내 삶은 다른 사람의 마음대로 되는 것이 아니라 하나님의 계획대로 된다. 지금까지 내 삶을 움직이신 분은 하나님이시다. 그리고 그분은 언제나 나와 함께하셨다.

여기에 오기까지 얼마나 아름답고 고마운 분들이 있었는지를 헤아려서 하나님이, 부모가, 형제가, 배우자가, 자녀가, 성도가, 친구들이 고마워지는 인생이 되자!

참고로 요셉은 형들을 만날 때마다 운다(창 42:24; 43:30; 45:2, 14, 15; 46:29; 50:17). 요셉의 눈물에는 치유, 그리움, 감격 등이 복합적으로 담겨 있을 것이다. 요셉의 내면은 그 눈물을 통해 점진적으로 치유와 회복의 과정이 정서적으로 이루어졌을 것이다.

당신은 당신에게 상처를 준 사람을 용서했는가?

가장 힘든 일 가운데 하나가 용서하는 일이다. 하지만 우리는 용서해야 한다. 피해자는 가해자만 악하다고 생각하지만 만일 피해자가 용서하지 않으면 하나님이 보실 때는 그가 가해자와 다를 바가 없기 때문이다. 해를 끼치고도 회개하지 않는 가해자나 용서하지 않고 미움을 품는 피해자나 똑같이 하나님의 말씀에 불순종하는 것이기 때문이다.

그러므로 내가 정말 하나님을 신뢰하고 자기가 선하다고 믿는다면 용서해야 한다. 그리고 우리는 용서할 수 있다. 우리는 이미 하나님의 용서를 경험했기 때문이다. 성경은 하나님을 떠난 인류를 '죄인이며, 하나님과 원수되었고,(롬 5:8, 10). 죄의 결과로 이미 영이 죽어 장차 심판(영원한 죽음, 지옥 형벌)받을 것'이라고 정죄한다(엡 2:1; 롬 6:23; 히 9:27).

대등한 인간끼리도 죄를 범하면 심판(보복)하는데, 지음을 받은 인간이 창조주 하나님께 반역했으며, 죄를 가장 싫어하시는 거룩하신 하나님께 범죄했으니 가장 큰 심판을 당하는 것이 마땅하다. 그리고 하나님께 범한 죄는 누구도, 어떤 방법으로도 해결할 수 없다(삼상 2:25). 그러므로 죄로 인해 하나님과 원수 된 인간에게는 희망이 없다.

그런데 하나님께서 무궁한 사랑으로 죄인을 용서하시기를 기뻐하셨다(엡 2:4-5, 8). 우리가 용서를 구했기 때문에 용서하신 것이 아니라 하나님께서 먼저 용서하셨다. 그냥 말로만 용서하시거나 조건을 걸거나 대가를 요구하신 것도 아니다. 오히려 용서하시는 하나님이 우리 죄에 대한 대가를 스스로 지불하셨다.

아무런 죄가 없는 하나님의 아들 예수님께서 인간이 되시고 모든 인간의 죄를 대신해서 십자가에서 죽으심으로 죄인들의 죗값을 다 치르신 것이다.

원수를 용서하기 위해 자기 아들의 생명까지 희생하신 것보다 더 큰 사랑이 있을까?

하나님의 큰 사랑을 표현하기에는 '사랑'이라는 말로는 부족하다. 우리가 할 일은 용서해 주셨으니 그저 믿음으로 받아들이기만 하면 된다. 더 놀라운 것은 하나님의 용서를 받아들인 사람에게 하나님은 죄에 대한 용서와 죽음(지옥)의 형벌도 사하시고 영원한 생명까지도 선물하신다는 것이다.

이러한 하나님의 용서를 받은 사람은 그 큰 사랑에 감복해 변화가 일어난다. 용서받은 거룩한 기쁨과 영원한 생명의 행복을 누리며 살게 된다. 그리고 무엇보다 자기도 용서할 수 있는 사람이 된다. 타인이 나에게 행한 허물이 한 컵의 물이라면 나는 바다 같이 큰 죄를 하나님께 용서받았기 때문이다.

우리가 하나님의 용서를 받은 증거와 열매는 남을 용서하는 것이다. 우리에게는 그럴 능력이 충분히 있다. 그리고 하나님은 우리의 용서를 통해 하나님의 용서를 보여 주길 원하신다.

<<< 생각 나누기 >>>

1. 요셉은 총리가 된 후 어떻게 살았는가?

2. 요셉은 자기에게 고통을 준 사람들을 어떻게 용서할 수 있었는가?

3. 지금 마음의 고통이 있다면 당신이 과거에 받았던 사랑과 고마운 일들 그리고 행복한 추억들을 적어보고 느낀 점을 나누어 보라.

4. 당신이 용서하거나 용서받은 간증과 그 경험을 통해 깨달은 것을 나누어 보라.

5. 하나님께서 가족을 통해 당신을 치유해 주신 경험을 나누어 보라.

6. 당신은 가족에게 치유자가 되기 위해 어떻게 살 것인가?

2. 주변에 복이 되는 섬기는 삶

당신이 요셉처럼 애굽의 총리가 되고 세계적인 영웅이 된다면 어떻게 살고 싶은가?

정권을 잡았던 사람들을 보면 권력에 취해 자기 숭배를 강요하며 부정하게 재물을 쌓는 경우가 많았다. 그들 중에 진실로 반성하는 사람은 거의 없었다. 큰 자들은 자기가 그렇게 해도 죄가 아니라는 '특권 의식'에 젖어 있기 때문이다.

대부분이 그리했던 것으로 보아 부와 권력이 클수록 교만과 이기적인 탐욕 그리고 죄에 대한 무감각에 빠지기 쉬움을 알 수 있다. 이는 세상이나 교회, 성도나 목회자도 마찬가지다.

그런데 그러한 시험을 거뜬히 통과한 사람이 있다. 바로 요셉이다. 요셉이 총리가 되어 한 일은 7년 풍년 때 해마다 곡식을 5분의 1씩 사서 저장했다가 7년 흉년이 들었을 때 사람들에게 나눠준 것이다(창 41:34, 35, 48, 49). 요셉은 애굽의 창고를 주관할 때 이기적으로 착복하지 않았다.

오히려 창고를 열어 세계적인 기근에서부터 이스라엘과 주변 나라들 심지어 짐승들에게까지 먹을 것을 공급해 주었다(창 41:56, 57; 42:26; 47:17 "모든 가축들에게 식량을 대주었다"; 맛싸성경). 형들과 그의 자녀들까지 부양해 악을 선으로 갚았다(창 50:21). 이처럼 요셉은 모든 사람이 기근을 극복하도록 도왔다.

💡 요셉은 모든 것을 가졌을 때 어떻게 섬기며 살 수 있었을까?

하나님께서 은혜로 맡겨 주신 것임을 알았기 때문이다. 요셉은 자기가 총리가 된 것에 대해 이렇게 고백했다.

> 하나님께서 나를 바로에게 아버지로 삼으시고 그 온 집의 주로 삼으시며 애굽 온 땅의 통치자로 삼으셨나이다(창 45:8).
> 하나님께서 나를 애굽 전국의 주로 세우셨으니(창 45:9).
> 하나님께서 나를 번성하게 하셨다(창 41:52).

요셉은 자기가 출세하고 번성한 이유가 자기가 신실했기 때문이라고 자랑하지 않았다. 자기가 누리는 모든 복은 '하나님께서 주신 것'이라고 고백했다. 이렇게 은혜받은 성도는 마땅히 하나님께 영광을 돌려야 한다. 나의 나 된 것은 하나님의 은혜임을 아는 성도가 복되다.

하지만 모든 성도가 그러한 것은 아니다. 이스라엘 백성을 가나안 땅에 들여보내기 전에 하나님께서는 놀랍게도 하나님의 백성이 "여호와를 잊어버릴까 염려"(신 8:14)하셨다.

어떻게 하나님의 백성이 하나님을 잊을 수 있단 말인가?

도저히 있을 수 없는 일이라서 이 말씀 앞에서 우리는 당황한다. 그런데 하나님께서는 하나님을 잊을 수 있다고 염려하신다.

> 네가 먹어서 배부르고 아름다운 집을 짓고 거주하게 되며 또 네 소와 양이 번성하며 네 은금이 증식되며 네 소유가 다 풍부하게 될 때에 네 마음이 교만하여 네 하나님 여호와를 잊어버릴까 염려하노라(신 8:12-14).

이스라엘에 가나안 땅을 주신 분도 재물 얻을 능력을 주신 분도 하나님이시다(신 8:10, 18). 그러므로 부요할 때 "여호와의 명령과 법도와 규례를 지키고 네 하나님 여호와께"(신 8:11) 감사와 찬송을 드리며 섬겨야 마땅하다.

애굽에서 430년을 종살이하고 광야에서 40년을 고생한 이스라엘이 하나님께서 주신 가나안 땅에서 안정과 풍요를 누린다면 짐승이 아니고서야 당연히 하나님께 감사하고 사랑으로 순종하며 하나님께만 영광을 돌려야 할 것이다. 그것도 매일 순간마다 말이다. 그런데 하나님께서는 이스라엘이 살기 좋아지면 염려하신다.

이스라엘이 하나님을 잊어버릴 경우 나타나는 현상은 두 가지다.

첫째, 여호와를 잊어버리고 다른 신들을 따라 그들을 섬기며 그들에게 절하는 것이다(신 8:19).

둘째, 내 능력과 내 손의 힘으로 내가 이 재물을 얻었다 말할 것이다(신 8:17).

여기에서 '하나님을 잊어버린다'라는 말은 기억상실증에 걸린 사람처럼 하나님 자체를 기억하지 못한다는 말이 아니다. 모든 복을 하나님께서 주셨는데 내가 잘나서 얻었다고 자랑해 하나님께서 받으셔야 할 영광을 가로채는 것이며 은혜를 배신하고 다른 신을 섬기는 것이다(신 8:14).

하나님께서는 이스라엘이 그렇게 하면 "너희가 반드시 멸망할 것이라"(신 8:19, 참조 렘 8:13)라고 경고하신다. 우리는 늘 가난하게 될까 봐 염려하는데 하나님께서는 우리가 부요할 때를 염려하신다. 가난할 때는 겸손히 하나님께 구하며 감사하는데, 부요할 때는 교만에 빠져 하나님을 떠나 하나님보다 물질을 더 사랑해 허우적거릴 수 있기 때문이다. 그러한 탐심은 우상 숭배이며, 그러다 망하기 때문이다(골 3:5).

실제로 하나님께서 염려하신 대로 북이스라엘과 남유다는 나그네살이하던 광야가 아니라 가나안 땅에 정착해 풍족하게 살던 때 망한다.

이처럼 곤고할 때 범하기 쉬운 죄가 하나님을 원망하는 것이라면, 번성할 때 범하기 쉬운 죄는 교만하여 하나님을 잊어버리고 하나님이 주신 것을 권력 삼아 더욱 탐욕에 빠지는 것이다. 그래서 나의 나 된 것이 하나님의 은혜임을 알고 하나님을 증거하며, 하나님께서 주신 복으로 하나님의 뜻을 위해 섬기며 사는 요셉이 복되다.

당신이 누리는 모든 복은 어떻게 당신의 것이 되었다고 생각하는가?

우리에게 공로가 없음에도 하나님께서 은혜로 우리에게 구원을 베풀어 주셨다(엡 2:8). 죄 용서와 영원한 생명을 주셨다. 그리스도 안에서 하늘에 속한 모든 신령한 복을 주셨다(엡 1:3). 에벤에셀이 되셔서 지금까지 삶의 필요를 채워 주셨다(마 6장). 하나님께서 우리의 아버지가 되어 주셔서 구하는 것에 응답해 주셨다(마 7:7-11). 우리가 누리는 모든 복은 하나님께서 주신 것이다.

내가 열심히 일해서 돈 벌었다고?

재물 얻는 능력도 하나님께서 주신 것임을 기억하고 겸손하자(신 8:15). 내가 누리는 모든 것을 볼 때마다 나를 자랑하지 말고 하나님을 더 사랑하며 하나님께만 감사와 영광을 돌리자.

하나님께서는 우리에게 왜 복을 주실까?

요셉은 자기가 총리가 된 것에 대해 이렇게 고백했다.

> 생명을 구원하시려고(창 45:5).
> 많은 백성의 생명을 구원하게 하시려(창 50:20).
> 당신들의 생명을 보존하고 당신들의 후손을 세상에 두시려고 … 하나님께서 나를 애굽 온 땅의 통치자로 삼으셨나이다(창 45:7).

요셉은 하나님께서 자기를 총리로 세운 목적이 많은 백성의 생명을 구원하기 위해서라고 말한다. 자기의 사명을 위해 사용하라고 맡기셨다는 것이다. 요셉은 '성공을 하나님의 뜻을 이루기 위한 수단, 타인을 섬기라는 사명'으로 생각하는 것이다. 통치자를 군림하는 자가 아니라 섬기는 자로 이해한 것이다.

부자를 자기 창고에만 쌓는 자가 아니라 오히려 창고를 열어 남에게 나누어 주는 자로 인식한 것이다. 요셉은 빚진 자 의식을 가지고 하나님의 뜻과 하나님의 나라와 하나님의 백성의 구원을 위해 온 세상을 섬기며 살았다.

사람들은 힘들 때 하나님께 불만 가득한 질문을 한다.

'왜 나만 힘들게 하십니까?

왜 많은 사람 중에 하필 내가 이런 고통을 당해야 합니까?'

그런데 '왜?'라는 질문은 힘들 때보다 부요할 때 해야 한다.

'하나님, 많은 사람 가운데 왜 나에게 이렇게 뛰어난 재능을 주시나요?

왜 이렇게 큰돈을 맡기시나요?

왜 나에게 권력을 맡기시나요?
왜 다른 사람이 아닌 나에게 이렇게 넘치는 은혜와 복을 주십니까?'

이러한 감사가 가득한 질문을 해야 한다.

하나님께서 주신 복을 어떻게 쓰기 원하십니까?
하나님께서 주신 재능을 어떻게 사용하기를 원하십니까?
은혜를 받은 자답게 어떻게 살까요?

이런 사명 가득한 질문을 해야 한다.

하나님께서 우리에게 복을 주신 목적은 남부럽지 않게 살라는 것이 아니다. 이기적으로 혼자 누리라고 주신 것이 아니다. 떵떵거리며 폼이나 잡으라고 주신 것이 아니다. 사치하라고 주신 것이 아니다. 그것으로 약자를 억압하라고 주신 것은 더욱 아니다. '하나님을 대신해서' 없는 자들에게 '나누어 주라'고 주신 것이다. '하나님 사랑, 이웃 사랑'의 사명을 감당하기 위해 섬기라고 '맡기신 것'이다.

요셉이 총리가 되므로 하나님께서 요셉을 높여 주시겠다고 하신 약속이 성취되었다.

💡 **그러나 요셉에게 주신 말씀이 세상에서 큰 자가 되게 하겠다는 약속이고, 세상에서 높은 자가 되라는 부르심일까?**

결코 그렇지 않다.
이방 애굽에서 총리가 되는 것이 하나님의 백성에게 뭐 그리 영광스런 일이겠으며, 또 총리보다 높은 왕들이 역사에 얼마나 많은데 요셉을 총리로 세우는 것이 뭐 그리 대단한 일이라고 하나님께서 계시까지 하시고 성경에 기록하셨겠는가?

만약 요셉의 꿈이 애굽에서의 총리라면 요셉의 이야기는 총리가 된 것으로 끝나야 한다. 그런데 성경은 요셉이 총리가 된 후의 이야기까지 그리고 죽음까지도 보여 주고 있다. 요셉은 총리가 됨으로써 보이는 세계에서 높아졌다. 당시 애굽이 강대국이었으므로 세상에서 큰 자가 된 것이다.

그때 요셉은 하나님께서 주신 부와 권력과 지혜로 세계적인 기근을 해결한다. 기근에도 불구하고 애굽에 양식이 끊어지지 않게 한다. 주변 나라들에도 양식을 공급한다. 짐승들까지도 먹여 살린다. 이스라엘이 민족으로 번성할 수 있도록 애굽으로 이주시킨다.

자기를 팔았던 형들을 용서해 공동체를 회복시키고, 아버지가 돌아가신 후에도 형들과 자손들을 돌보아 번성하게 한다. 자기가 가진 부와 권력으로 원수와 이방 그리고 짐승까지 섬기는 요셉이야말로 하나님 나라에서 큰 자다.

세상에서 큰 자는 많은 소유와 큰 권력을 가지고 군림하는 자다(마 20:25). 총리는 애굽의 왕 다음으로 높은 자다. 그러나 세상에서 큰 자라고 해서 하나님 나라에서도 큰 자는 아니다. 세상 나라에서 큰 자가 높은 권력과 큰 창고를 소유한 자라면 하나님 나라에서 큰 자는 자기의 창고를 열어 없는 이웃에게 나누는 자다. 높은 권력으로 낮은 자리에서 작은 자들을 섬기는 자다.

너희 중에 큰 자는 너희를 섬기는 자가 되어야 하리라(마 23:11).

이 말씀처럼 하나님 나라에서는 섬기는 자가 큰 자다. 요셉이 위대한 신앙인인 것은 온갖 고생을 이겨내고 자수성가를 이루어 세상에서 큰 자(총리)가 되었기 때문이 아니라 세상에서 큰 자가 되었을 때 섬기는 삶으로 하나님 나라에서 큰 자가 되었기 때문이다. 하나님께서 높여 주셨을 때 겸손히 섬겨 주변에 복이 되었기 때문이다.

따라서 요셉이 진정 높은 자(큰 자)가 되었을 때는 애굽의 총리가 되었을 때가 아니라 자기를 시기하고 죽이려고 하며 팔았던 형들을 용서하고 그들을 부양하며 섬길 때다. 총리이기 때문에 큰 자가 아니라 섬기기 때문에 큰 자다.

형들이 큰 자일 때 작은 자 요셉을 짓밟았지만, 요셉이 큰 자가 되었을 때는 작은 자들인 형들을 섬기므로 요셉이 왜 큰 자인지를 보여 준다. 그때 비로소 높여 주시겠다는 하나님의 약속 말씀이 성취된 것이다.

그러므로 요셉을 높여 주시겠다고 약속하신 것은 세상에서 높은 권력을 주시겠다는 약속과 더불어서 '하나님 나라에서 높은 자가 되라는 부르심'으로 보아야 한다(2장 요셉의 꿈은 무엇인가? 3. 하나님 나라에서 큰 자가 되라는 부르심 참조).

그리고 요셉은 세상에서 높은 총리가 되었을 때 섬김의 삶을 통해 하나님 나라에서도 높은 자가 된다. 우리도 세상에서만 큰 자가 되려는 허망한 목표가 아니라 하나님 나라에서 큰 자로 살 것을 결심해야 한다. 누구든지 섬기며 사는 자가 하나님 나라에서 큰 자다.

💡 어떻게 섬기며 살 수 있을까?

성경은 돈을 사랑하면 일만 악의 뿌리가 되어 구원 얻는 믿음을 갖지 못하게 될 수 있다고 경고한다(딤전 6:10; 마 19:23). 물질에 대한 탐심은 악에 빠져들도록 하는 힘이 있다. 그래서 재물에 소망을 두지 말고 있는 바를 족한 줄로 알라고 가르친다(딤전 6:17; 히 13:5).

하지만 성경은 동시에 돈은 하나님께서 순종하는 자에게 주시는 복 중의 하나이며, 잘 사용하면 범사를 해결한다고 가르친다(신 28:8; 전 10:19). 그러므로 돈 자체가 악한 것이 아니다. 하나님보다 돈을 더 사랑하는 탐심이 문제다. 물질도 권력도 가진 사람이 어떻게 사용하느냐에 따라 복이 될 수도 있고 저주가 될 수도 있다.

💡 물질을 어떻게 사용하면 복이 될 수 있을까?

당신은 어떤 마음으로 권력을 사용하는가?

돈이든 권력이든 바르게 사용하는 방법은 청지기 의식을 가지는 것이다. 청지기는 주인의 소유를 관리하라고 맡은 사람이다. 내 소유의 주인은 내가 아니라 하나님이심을 인정하는 것, 나의 모든 소유는 하나님께서 나에게 이 땅에 사는 동안 잠시 맡기신 것임을 깨닫는 것 그리고 맡기신 주인께 마지막 날 어떻게 사용했는지 심사받을 것을 두려운 마음으로 기억하고 주인의 뜻대로 하나님 나라와 이웃을 섬기기 위해 사용하는 것이 '청지기 의식'이다.

요셉이 총리의 권력과 창고의 재력을 소유했음에도 이웃을 섬길 수 있었던 것은 청지기 의식을 가졌기 때문이다. 청지기 의식을 가지고 섬기며 사는 자에게는 권력과 물질이 복이다.

사도 바울 또한 섬김의 원리를 보여 준다.

> 헬라인이나 야만인이나 지혜 있는 자나 어리석은 자에게 다 내가 빚진 자라 그러므로 나는 할 수 있는 대로 로마에 있는 너희에게도 복음 전하기를 원하노라(롬 1:14-15).

바울은 모든 사람에게 빚졌다고 말한다. 빚을 진 사람은 반드시 그 빚을 갚아야 한다. 바울이 말하는 빚을 갚는 방법은 복음을 전하는 것이다. 바울이 빚을 졌다는 말은 돈을 빌렸다는 말이 아니라 복음을 먼저 받았다는 의미다. 복음을 먼저 받은 성도는 복음을 모르는 모든 사람에게 빚진 자가 빚을 갚는 심정으로 복음을 전해야 한다는 것이다. 바울은 평생 빚을 갚는 마음으로 복음을 전하며 살았다. 구원받은 성도는 당연히 겸손히 복음을 전하며 살아야 함을 보여 준다.

이처럼 우리는 모두 하나님께 빚진 자다. 우리가 가지고 누리는 좋은 모든 것은 다 하나님께서 은혜로 맡겨 주신 것이다(엡 2:8; 약 1:17). 그러므로 우리가 가진 모든 것의 주인은 하나님이시다. 우리는 그저 잠시 맡은 청지기일 뿐이다. 이 땅에 사는 동안 잠시 맡겨 주신 것이니 죽을 때 가져가지 못한다.

하나님께서 맡기신 것이니 자기 자랑하지 말고 하나님께 감사와 영광을 돌리자. 하나님께 받은 것이 많은 사람일수록, 세상에서 큰 자일수록 하나님께 더 많이 빚진 자다. 큰 권리에는 큰 책임이 따르듯 하나님께서는 많이 맡은 자에게 많이 요구하신다(눅 12:48). 그러니 하나님께 많이 받았다고 생각될수록 자랑하거나 방탕하게 허비하지 말고 주인이신 하나님의 뜻대로 더 겸손히 더 많이 이웃을 섬기자.

나는 받은 것이 없는 것 같은가?

모든 성도가 가장 큰 복이며 능력인 복음을 받았다(롬 1:16). 복음을 나누는 삶이 가장 크고 위대한 삶이다.

<<< 생각 나누기 >>>

1. 만약 당신에게 세계적인 권력과 재력이 주어진다면 어떤 삶을 살고 싶은가?

2. 당신에게 그러한 권력과 재력을 주신 하나님이 기대하시는 삶은 어떤 것인가?

3. 신자에게 있어서 하나님을 잊는다는 말은 무슨 뜻인가? 왜 그런 일이 일어나는가? 그런 일이 일어나지 않기 위해서는 어떻게 해야 하는가?

4. 요셉은 섬기는 삶으로 하나님 나라에서 큰 자가 되었다. 요셉은 어떤 마음이 있었기에 섬기며 살 수 있었는가?

5. 하나님 나라에서 큰 자가 되기 위해 당신은 어떤 것을 실천하겠는가?

3. 더 큰 약속을 성취하기 위한 나그네의 삶

> 차남의 이름을 에브라임이라 하였으니 하나님께서 나를 내가 수고한 땅에서 번성하게 하셨다 함이었더라(창 41:51).

'에브라임'의 뜻은 '번성'이다. 번성은 아브라함에게 하신 하나님의 약속이다(창 17:6). 요셉이 둘째 아들의 이름을 에브라임이라고 지은 것은 애굽에서 자기를 번성케 하신 하나님을 향한 감사의 고백임과 동시에 앞으로의 삶을 아브라함에게 하신 번성 언약 성취를 위해 살겠다는 결단이라고 할 수 있다.

따라서 요셉이 첫째 아들의 이름을 므낫세(치유)라고 지은 것이 '과거청산'을 보여 준다면, 둘째 아들을 에브라임(번성)이라고 부른 것은 '미래 비전'을 보여 준다. 그는 과거에 얽매이지 않고 새로운 미래를 향해 나아갈 수 있게 된 것이다. 이것은 하나님께서 하신 일이다. 그래서 요셉은 두 아들의 이름을 통해 치유와 번성케 하신 하나님을 찬송한다. 그런 면에서 두 아들의 이름은 요셉의 신앙고백이다.

요셉은 이스라엘을 민족으로 번성시키기 위해 2년 흉년 기간에 아버지와 형제들을 애굽으로 이주시킨다. 그런데 하나님께서 이스라엘에 주신 땅은 가나안이다.

💡 **요셉은 왜 하나님의 백성을 이방 땅 애굽으로 데려갔는가?**

1) 민족(횃불)언약 성취를 위해 가족을 입(入) 애굽시킴

하나님께서 아브라함과 이삭과 야곱에게 민족으로 번성할 것을 약속하셨다(창 12:2; 13:16; 15:5; 17:2, 6; 18:18; 22:17; 26:4, 24; 28:3, 14, 32:12; 35:11). 특히, 애굽으로 내려가는 길에 브엘세바에서 제사드리는 야곱에게 하나님께서 말씀하셨다.

> … 애굽으로 내려가기를 두려워하지 말라 내가 거기서 너로 큰 민족을 이루게 하리라(창 46:3).

요셉은 하나님께서 조상들에게 약속하신 민족으로 번성할 것이라는 언약을 믿었고, 애굽에서 성취될 것을 믿었기에 그 약속을 이루기 위해 이스라엘을 애굽으로 초청한 것이다. 가나안에는 흉년이 들어서 번성할 수 없지만, 애굽에는 양식이 있어서 번성할 수 있기 때문이다. 따라서 요셉은 이스라엘을 민족으로 번성케 하려는 비전을 가지고 가족들을 애굽으로 들어 오게 하고 있다.

기근에 시달리며 가나안에서 나그네 생활을 하던 형들이 당대 최대 부국인 애굽으로 이주할 때의 기분이 어떠했을까?

동생이 애굽의 총리이며 애굽과 당대 사람들을 죽음으로 몰고 간 기근을 해결한 영웅이므로 형들은 애굽의 중심가에서 상류층의 화려함을 누릴 것이라고 기대했을 것이다. 하지만 요셉은 그의 가족들을 고센 땅으로 인도한다.

왜 요셉은 가족을 고센 땅에 거주하게 했는가?

첫째, 고센은 지도에서처럼 비옥한 삼각주 지역으로 애굽에서 물이 가장 풍성하기 때문이다.

그래서 바로왕도 '가장 좋은 땅'이라고 했다(창 45:18; 47:6, 11). 하늘에서 내리는 비에 의존하던 당시 물이 많은 지역이 농사가 잘되는 가장 좋은 땅이기 때문이다. 풍년이 계속되어야 안정적으로 번성할 수 있다. 특히, 고센 지역은 목초지가 많아 형들의 목축에도 안성맞춤이다. 그러므로 요셉이 물이 많은 고센 지역으로 가족들을 인도한 것은 풍성한 경제적 기반을 통해 안정된 가운데 민족으로 번성시키기 위해서다.

실제로 요셉은 110세에 죽었으니 총리가 된 후 80년을 살았다. 그 80년 동안 이스라엘은 요셉의 보호 아래 안전하게 번성할 수 있었다. 또, 애굽의 모든 짐승을 형들이 관리했으므로(창 47:6) 이스라엘은 안정과 엄청난 풍요 가운데 번성할 수 있었다.

둘째, 고센은 애굽의 주류에서 멀리 떨어진 지역이기 때문이다.

그러므로 애굽의 영향력이 상대적으로 약하여 이스라엘은 애굽 안에 살면서도 애굽과 구별될 수 있다. 이스라엘은 단순히 인구만 많아지는 것이 아니라 민족으로 번성해야 한다. 한민족이 되려면 문화 양식이나 언어, 특히 아브라함의 혈통과 여호와 유일 신앙을 유지해야 한다.

그러려면 애굽과 섞이지 않아야 한다. 예나 지금이나 두 민족이 하나로 동화되는 방법은 결혼과 종교와 문화적 교류다. 비옥한 나일 강변에 살던 애굽인은 농사를 신성하게 여기고 목축을 가증한 직업으로 여겼다(창 46:34). 유목민들을 천박하게 여기고 경멸했으며 이방인들이 음식을 부정하게 만든다고 생각했기 때문에 그들과 함께 식사도 하지 않았다(창 43:32).[57] 이것은 서로 통혼할 수 없는 사이임을 나타낸다.

애굽 사람들은 야곱의 가족이 목축업자라는 것으로 인해 멀리할 것이다. 요셉이 바로에게 형들을 목축업자로 소개한 것은 애굽인들이 부정하게 여기므로 애굽인들 스스로가 이스라엘을 멀리하게 하기 위해서였다(창 46:34). 그뿐만 아니라 자기들은 이집트에 대해 어떠한 정치적·사회적 야망이 없으며 이집트 사람들과 결혼하는 일도 없을 것임을 선언하는 것이다.[58]

요셉이 형제들을 애굽에 데려오는 것은 애굽 왕실이나 신하들의 눈에는 위협이나 불안 요인이 될 수도 있다. 요셉이 형제들을 통해 애굽의 권력을 장악하거나 왕좌를 욕심내는 것이라고 의심할 수 있기 때문이다. 이렇게 오해하지 않도록 요셉은 미리 예방한 것이다.

이처럼 요셉이 애굽의 변방인 고센으로 인도하고 바로에게 형들을 목축업자로 소개한 것은 이스라엘과 애굽의 통혼을 방지해 혈통적 순수성을 보존하고 한 민족이라는 정체성과 하나님의 백성이라는 구별됨을 지키기 위한 '민족적·문화적·종교적 거리 두기 전략'이다.

거기다 요셉이 애굽의 최고 권력을 가진 총리이고 그의 형제 중에 바로의 재산(동물)을 관리하는 고위 공직자들이 있으므로(창 47:6) 애굽의 일반인들이 쉽게 접근할 수 없었을 것이다. 따라서 애굽에서의 이스라엘은 다른 종족의 눈치를 보거나 침략해 올까 두려워하거나 애굽 기득권자들의 견제를 염려할 필요가 없었다. 이방인과의 결혼과 문화적 혼합 그리고 우상 숭배를 걱정하지 않아도 되었다. '가장 안정'된 가운데 '구별된 번성'을 누릴 수 있었다.

셋째, 고센은 애굽과 가나안 땅의 국경 지대로 언젠가 가나안으로 돌아갈 때 가장 가까운 땅이기 때문이다.

민족으로 번성했을 경우 수백만 명의 사람이 먼 길을 이동하는 것은 쉬운 일이 아니다. 최대한 가까워야 빨리 이동할 수 있다. 요셉이 가나안 땅과 국경 지대인 고센 지역으로 가족들을 인도한 것은 미래에 있을 출애굽 때 최대한 빨리 애굽을 떠나도록 하기 위해서다.

이렇게 요셉은 애굽의 강력한 군사력과 풍요로운 경제력을 이용해 외적으로부터 이스라엘의 생존을 보호하되 이스라엘이 구별되고 안정된 가운데 번성하며, 후에 쉽게 출애굽 할 수 있도록 고센지역에 거주하게 한 것이다(창 46:34). 이를 위해 요셉은 사전에 철저한 계획을 세우고 가족들을 고센으로 인도했다. 그리고 그것은 확고한 언약 신앙에서 나온 것이다.

하나님의 백성인 우리는 세상에서 무엇을 지키고 지향하며 살고 있는가?

하나님의 백성 이스라엘이 잠시 거주할 애굽에 적응하고 번성하되 가나안 땅을 소망하며 구별된 신앙과 삶을 살아야 하듯이 오늘날 하나님의 백성인 교회 또한 세상에 적응하되 새 하늘과 새 땅을 소망하며 하나님 나라 확장을 위해 '거룩한 거리 두기'를 해야 한다.

2) 땅 언약 성취를 위해 언약적 유언을 남김

> 요셉이 또 이스라엘 자손에게 맹세시켜 이르기를 하나님께서 반드시 당신들을 돌보시리니 당신들은 여기서 내 해골을 메고 올라가겠다 하라(창 50:25).
> 믿음으로 요셉은 임종시에 이스라엘 자손들이 떠날 것을 말하고 또 자기 뼈를 위하여 명하였으며(히 11:22).

요셉은 유언으로 이스라엘 자손에게 맹세시킨다. 맹세의 내용은 '하나님께서 이스라엘을 반드시 가나안 땅으로 인도하실 것이니 그 때 요셉의 해골을 가나안 땅으로 가지고 가라'는 것이다. 뼈라도 하나님께서 약속하신 땅에 묻어달라는 것이다.

💡 요셉의 유언에 담긴 의미는 무엇인가?

요셉의 유언은 그가 미래에 이스라엘이 출애굽 할 것을 확신한다는 뜻이다. 미라(mirra)를 조사해 보면 당시 이집트인의 평균 수명은 40-50년이었으며[59] 인간의 이상적인 수명을 110세로 생각했다.[60] 그런데 요셉은 110세 죽었으니 총리가 된 후 80년을 애굽의 영웅으로 온갖 부귀영화를 누리며 이상적인 삶을 살았다. 가나안에서 17년을 살고 애굽에서 93년을 살았으니 요셉이 살았던 기간으로만 본다면 가나안 사람이 아니라 애굽인에 더 가깝다. 가족도 모두 애굽에 있다. 애굽에서의 요셉은 더 바랄 것이 없어야 한다.

그런데도 요셉의 마음에는 늘 그리움이 있었다. 애굽에 살고 있었지만, 그의 목표는 애굽에서 출세하거나 안주하는 것이 아니었다. 요셉이 가고 싶은 곳, 살아서 몸으로 갈 수 없으면 죽어서 뼈라도 가고 싶은 곳은 하나님께서 약속하신 가나안이다. 지금 가나안 땅에는 반겨줄 사람이나 보고 싶은 사람도 없다. 그럼에도 요셉의 생애 결론은 그가 애굽에서 총리가 되었다는 것이 아니라 그의 유골이 가나안으로 돌아갔다는 것이다(출 13:19).

요셉이 가나안을 그리워한 이유는 하나님께서 주신 약속의 땅이기 때문이다. 가나안 땅이 의미하는 것은 단순히 영토가 아니라 '하나님의 약속, 하나님께서 주신 기업, 하나님의 임재, 하나님께서 통치하시는 나라'를 상징한다.

요셉이 가나안을 그리워했다는 것은 하나님의 약속이 이루어지기를 바라며, 하나님 나라를 향해 살고 있다는 뜻이다. 요셉은 애굽도 하나님께서 함께하시면 하나님 나라라는 말로 그가 누릴 수 있는 권력과 재물을 합리화하지 않았다.[61]

그가 어디에 있든지, 어떤 위치에 있든지, 얼마나 소유했든지 요셉은 애굽에서 하나님의 약속을(하나님의 임재와 통치) 바라보며 살았다. 그러한 언약신앙이 있었기 때문에 요셉은 세상 애굽에 동화되지 않고 거룩한 나그네로 살 수 있었다.

💡 요셉이 이스라엘에게 이렇게 유언한 목적은 무엇인가?

요셉의 유언은 언약적 의미가 있다. 그는 후손들에게 애굽은 그들이 영원히 살 곳이 아니며 하나님께서 조상들에게 약속하신 가나안 땅이 그들의 본향임을 기억하게 하려는 것이다. 요셉의 시신은 애굽 땅에 살고 있던 이스라엘 백성에게 미래를 약속하는 희망이 되었다. 약 350년 후 이스라엘 백성이 출애굽 할 때 그들은 조상 요셉의 유언대로 요셉의 해골을 메고 나온다(출 13:18-19).[62]

💡 요셉은 어떻게 약 350년 후에나 있을 출애굽을 확신할 수 있었을까?
💡 어떻게 애굽에서 나그네로 살 수 있었을까?
💡 어떻게 또 다른 언약 성취를 위해 살 수 있었을까?

철저한 언약신앙이 있었기 때문이다.

> 요셉이 그의 형제들에게 이르되 나는 죽을 것이나 하나님께서 당신들을 돌보시고 당신들을 이 땅에서 인도하여 내사 아브라함과 이삭과 야곱에게 맹세하신 땅에 이르게 하시리라 하고(창 50:24).

요셉은 형제들에게 하나님께서 이스라엘을 애굽에서 꺼내어 조상들에게 약속하신 가나안 땅으로 인도하실 것이라고 유언한다. 요셉이 350년 후에 있을 출애굽을 확신 있게 말하는 근거는 하나님께서 아브라함과 이삭과 야곱에게 가나안 땅을 주시겠다고 맹세하신 말씀이다(창 12:7; 13:15; 15:7; 17:8; 24:7; 26:3; 28:13; 35:12; 대상 16:15-18; 시 105:8-11).

그의 신앙은 철저히 말씀에 뿌리를 두고 있다(롬 10:17). 출애굽에 대한 하나님의 약속은 창세기 15장에 나온다. 하나님께서 아브람에게 가나안 땅을 주시겠다고 약속하자, 아브람은 이 땅을 소유로 받을 것을 무엇으로 알겠느냐고 질문한다.

이에 하나님께서는 횃불 언약을 체결하시며 아브람의 자손이 이방에서 객이 되어 400년 동안 섬기다가 다시 이 땅으로 돌아올 것을 예언하신다. 그리고 그때 가나안 땅이 아브람의 땅이 될 것이라고 약속하셨다(창 15:7-21; 창 46:3-4).

이 약속을 믿었기 때문에 요셉은 하나님께서 이스라엘을 출애굽 시킬 것을 확신한 것이다. 뼈라도 가나안 땅으로 가지고 가라는 말은 요셉이 하나님의 약속을 대망하며 살았다는 신앙고백이다. 요셉의 언약적 유언(창 50:24)은 하나님의 말씀을 충실히 지키는 것이 하나님의 백성의 정체성임을 보여 준다.

요셉은 이러한 약속신앙이 있었기 때문에 이스라엘을 입애굽 시켰고, 입애굽 하면서 다른 약속인 민족으로 번성할 것이라는 언약 성취를 준비했으며, 더 큰 약속인 출애굽과 가나안 땅을 주시겠다는 땅 언약을 대망하고 있다. 그 믿음으로 애굽에서 나그네로 살았으며 죽을 때 자손들에게 약속을 남긴 것이다.

이처럼 요셉의 삶은 애굽에서 부귀와 영화를 누렸음에도 철저하게 하나님의 약속 말씀을 따르는 '언약신앙'이다.

당신은 무엇을 대망하며 사는가?

성경은 믿음의 선진들이 지상에서 외국인과 나그네처럼 살았음을 증거한다.

> 이 사람들은 다 믿음을 따라 죽었으며 약속을 받지 못하였으되 그것들을 멀리서 보고 환영하며 또 땅에서는 외국인과 나그네임을 증언하였으니(히 11:13).

믿음의 선진들이 땅에서 외국인과 나그네처럼 살았던 이유는 이 말씀에 있다.

> 그들이 이같이 말하는 것은 자기들이 본향 찾는 자임을 나타냄이라, 더 나은 본향을 사모하니 곧 하늘에 있는 것이라(히 11:14, 16).

하늘에 있는 더 나은 본향을 사모하며 그곳을 향해 살았기 때문이다. 성경은 모든 그리스도인의 지상의 삶이 '나그네'라고 가르친다(벧전 1:17). 하나님의 백성은 이 땅에서 하늘 본향을 사모하며 '나그네 의식'을 가지고 살라는 것이다. 나그네는 안주하는 사람이 아니라 지나가는 사람이다. 여기에다 살 집을 마련하는 사람이 아니라 자기 집을 향해 가는 사람이다. 영원히 영광된 우리 집은 새 하늘과 새 땅이다.

하지만 평탄하게 살거나 성공했다고 하는 사람들에게서 하나님 나라에 대한 열망이 사라져감을 본다. 역경의 때는 하나님 나라를 소망하는 것처럼 보였으나, 부요할 때는 교만과 야망에 빠져 신앙을 버리거나 다른 사람을 무시하고 착취하는 모습도 본다.

요즘 교회가 비난받는 이유는 하나님 나라를 바라보며 산다고 말하면서, 사는 것은 그런 나라가 없는 것처럼 땅의 것에 탐욕스럽게 집착하기 때문이다. 하나님을 의지한다고 하면서 사는 모습은 세상 권력과 재물을 더 의지하기 때문이다.

믿음을 실천하는 것은 내세를 바라보는 관점으로 현재를 사는 것이다.[63] 우리가 영원한 새 하늘과 새 땅을 소망하는 나그네라는 정체성을 가지고 하나님의 말씀을 이루기 위해 살아갈 때 우리는 거짓되거나 교만하거나 탐욕스럽거나 게으르지 않을 것이다. 오히려 현재의 환란을 인내하고 낙심을 이겨내며 고난 중에도 기뻐하는 세상이 감당치 못할 삶을 살 수 있을 것이다.

3) 믿음이란?

요셉이 이스라엘을 애굽으로 이주시킨 것과 고센 땅에 거주하게 한 것 그리고 유언한 내용을 통해 그가 신실한 믿음의 사람임을 알 수 있다.

💡 믿음이 무엇인가?
💡 우리는 무엇을 믿는가?
💡 믿음으로 산다는 것은 어떤 것인가?

믿음은 하나님의 약속이 성취될 것을 열망하고 확신하며 약속을 성취하기 위해 순종(선)하며 사는 것이다.

> 믿음은 바라는 것들의 실상이요 … (히 11:1).
> 믿음은 우리가 바라는 것들에 대해서 확신하는 것입니다(히 11:1, 쉬운성경).

믿음은 무엇인가를 바라는 것과 관련된다. 믿음은 반드시 간절함이 동반된다. 만약 자기의 욕심을 바란다면 그것은 신념이지 신앙이 아니다. 하나님의 백성은 하나님의 약속을 받았다. 참 신앙의 뿌리는 하나님의 말씀이다(롬 10:17).

따라서 하나님의 백성은 하나님의 약속이 성취될 것을 바란다. 바란다는 것은 아직 이루어지지 않은 것을 전제하고 미래와 관련된다. 믿음은 아직 이루어지지 않은 하나님의 약속이 실제 이루어질 것을 간절히 열망하는 것이다.

> 믿음은 … 보이지 않는 것들의 증거니(히 11:1).
> 믿음은 … 보이지는 않지만, 그것이 사실임을 아는 것입니다(히 11:1, 쉬운성경).

믿음은 보이지 않는 것과 관련된다. 보이지 않는다면 믿을 수 없을 것이다. 그런데 믿음이란 보이지 않지만, 그것이 사실임을 아는 것이다. 눈에 보이지 않아도 사실로 받아들이는 것이 믿음이다.

예를 들어, 새 하늘과 새 땅과 지옥을 보지 못했지만, 하나님께서 그것을 약속하셨으므로 사실임을 아는 것이 믿음이다. 그 약속을 사실로 받아들이고 소망하며 사는 것이 신앙이다. 이처럼 믿음은 보이지 않는 하나님의 약속을 보는 것처럼, 이루어진 것처럼 확신하는 것이다.

로마서 4장은 아브라함을 '믿음의 조상'이라고 소개한다. 하나님께서는 아브라함과 같은 믿음을 원하신다는 것이다. 그를 통해 믿음이 무엇인지 배워 보자.

> 기록된 바 내가 너를 많은 민족의 조상으로 세웠다 하심과 같으니 그가 믿은 바 하나님께서는 죽은 자를 살리시며 없는 것을 있는 것으로 부르시는 이시니라 아브라함이 바랄 수 없는 중에 바라고 믿었으니 이는 네 후손이 이같으리라 하신 말씀대로 많은 민족의 조상이 되게 하려 하심이라 그가 백 세나 되어 자기 몸이 죽은 것 같고 사라의 태가 죽은 것 같음을 알고 믿음이 약하여지지 아니하고 믿음이 없어 하나님의 약속을 의심하지 않고 믿음으로 견고하여져서 하나님께 영광을 돌리며 약속하신 그것을 또한 능히 이루실 줄을 확신하였으니 그러므로 그것이 그에게 의로 여겨졌느니라(롬 4:17-22).

하나님께서는 아브라함의 자손이 민족으로 번성할 것을 약속하셨다. 하지만 아브라함의 몸이 100세나 되어서 자연적 출생이 불가능했다(롬 4:19). 그 몸으로는 도저히 바랄 수도 없었다. 그럼에도 아브라함은 믿음이 약해지지 않고(롬 4:19), 하나님의 약속을 의심하지 않고(롬 4:20), 바랄 수 없는 중에 바라고 믿었다(롬 4:18). 하나님께서 약속하신 그것을 능히 이루실 줄을 확신했다(롬 4:21). 하나님의 능력과 신실하심을 믿은 것이다.

이처럼 아브라함의 믿음은 하나님을 신뢰하고 하나님의 약속 성취를 열망하며 확신한 것이다. 그리고 그 약속을 이루기 위해 살았다. 구체적으로 아브라함은 죽은 자를 살리시며 없는 것을 있는 것으로 부르시는 하나님을 믿었다(롬 4:17). 죽은 자를 살리는 것은 부활이다. 없는 것을 있는 것으로 부르는 것은 창조다. 아브라함은 창조와 부활의 하나님을 믿은 것이다.

여기서 '부활'은 아브라함이 100세, 아내 사라가 90세로 태가 죽고 출생 능력이 죽었음에도 죽었던 출산능력이 부활할 것을 믿었다는 것이다. 죽었던 출산 능력을 다시 살려주실 것을 믿은 것이다. 없는 것을 있는 것으로 부르시는 '창조'는 없는 자녀를 있게 하시는 것, 즉 자녀 출산을 믿은 것이다. 이렇게 아브라함은 하나님께서 자기와 아내의 몸의 출생 능력을 부활시키셔서 자녀를 출산하게(창조) 하실 것을 확신했다.

아브라함이 그것을 확신할 수 있었던 근거와 믿음의 뿌리는 자녀를 얻으려는 부부의 간절한 소원 때문이거나 아브라함의 열심 때문이 아니라 하나님의 약속이다.

아브라함을 많은 민족의 조상이 되게 하겠다고 하나님께서 약속하셨고, 90세의 사라가 아들을 낳을 것이라고 약속하셨기 때문에(롬 4:16; 창 18:10) 자기와 아내가 아무리 늙어도, 몸이 약해도 아들을 낳을 것이라고 믿은 것이다. 자기에게는 약속을 성취할 능력이 없어도 하나님께서 전능하심으로 약속을 이루실 것을 확신한 것이다.

그 약속을 이루기 위해 100세가 넘어도 '불 꺼'하고 약속하신 자녀 출산을 위해 도전한 것이다. 그렇다면 **믿음은** 하나님을 신뢰하는 것이다. 하나님께서 약속하신 것을 반드시 지키실 것을 믿는 것이다. 하나님의 언약 성취를 확신하는 것이다. '**하나님의 언약 성취를 열망**

하고 하나님께서 이루실 것을 확신하며 약속을 이루기 위해 순종(선)하며 사는 것'이다.

요셉은 하나님께서 높여 주시겠다고 하신 약속을 믿었다. 비록 형들에 의해 노예로 낮아지고 여주인에 의해 죄수로 낮아져서 자기의 힘으로는 높아지는 것이 불가능함에도 전능하신 하나님께서 약속하신 대로 자기를 높여 주실 것을 확신했다.

그리고 하나님께서 높여 주실 때 합당한 자가 되도록 자기를 준비했다. 신앙과 성품과 실력과 리더십과 재능으로 준비하며 어디서나 악을 멀리하고 선을 행했다. 신실하신 하나님께서 총리로 높여 주셨을 때 요셉은 출세했다고 안주하지 않았다. 더 큰 약속의 말씀을 성취하기 위해 여전히 믿음으로 살았다.

아브라함의 자손인 이스라엘을 민족으로 번성시키겠다는 하나님의 약속을 성취하기 위해 풍요로운 애굽으로 이스라엘을 이주시켰다. 애굽에서도 물이 풍부해 안정적으로 번성할 수 있고, 애굽의 중심에서 멀리 떨어져서 영적, 문화적, 혈통적 구별됨을 지킬 수 있으며, 더 큰 하나님의 약속인 출애굽을 위해 가나안과 가장 가까운 국경인 고센 지역을 선택했다. 고센 땅을 선택한 근거도 하나님의 약속을 성취하려는 요셉의 언약신앙이다.

또, 요셉은 유언을 통해 이스라엘에게 자기의 뼈를 가나안 땅에 장사 지낼 것을 맹세하게 함으로써 가나안 땅을 주실 것이라는 하나님의 약속을 믿었으며, 언약 성취를 위해 살았음을 고백했다. 후손들에게도 하나님의 약속(출애굽, 가나안)을 소망하며 약속 성취를 위해 살도록 약속의 말씀을 남겨주었다. 이처럼 요셉은 철저하게 하나님의 말씀을 따라 산 믿음의 사람이다.

💡 만약 요셉이 종살이하다 죽거나 감옥에서 생을 마치면 요셉은 실패자인가?

보이는 결과만 가지고 함부로 판단하지 말아야 한다. 예를 들어 아브라함은 민족으로 번성할 것이라는 약속(창 12:2)을 받았지만, 그가 죽었을 때 이삭과 첩의 자식 몇 명뿐이었다(창 16:15; 25:2-3). 이삭과 야곱도 마찬가지다.

그러면 민족으로 번성하지 못했으니, 그들의 믿음은 허황된 것인가? 가짜인가?

그들의 믿음과 삶은 실패인가?

결코, 그렇지 않다. 하나님께서는 스스로를 "아브라함과 이삭과 야곱의 하나님"(출 3:6; 행 3:13)이라고 부르셨다. 성경은 아브라함을 믿음의 조상이라고 부른다(롬 4:11). 믿음은 보이는 결과보다 무엇을 붙들고 추구했는가로 보아야 한다.

아브라함과 이삭과 야곱은 하나님의 약속 말씀을 믿고 그것을 이루기 위해 살았다. 언약 성취를 열망하고 확신하며 하나님의 말씀을 이루기 위해 순종하며 살았다면 보이는 결과와 관계없이 믿음으로 산 것이고 하나님을 가장 기쁘시게 한 삶이다(히 11:6).

그렇다면 악은 하나님을 믿지 않으며 하나님의 약속이 이루어지지 못하도록 방해하고 약속을 이루기 위해 사는 언약 백성을 박해하는 것이다. 요셉의 경우 형들과 여주인, 술 맡은 관원장이 해당한다. 이들은 요셉을 높이시려는 하나님의 약속에 대적해 요셉을 낮추었기 때문이다.

💡 악이 하나님의 약속을 방해할 때 어떻게 반응하는 것이 믿음인가?

> 당신들은 나를 해하려 하였으나 하나님은 그것을 선으로 바꾸사 오늘과 같이 많은 백성의 생명을 구원하게 하시려 하셨나니(창 50:20).

요셉은 악을 선으로 바꾸시는 하나님이라고 고백한다. 요셉은 악이 선을 삼키는 현실에도 악을 선으로 이기시는 하나님을 경외하는 지혜로 승리한다. 선으로 악을 이긴 결과는 많은 백성의 생명을 구원하는 것이다.

따라서 믿음은 선으로 악을 이기시는 하나님을 신뢰하는 것이다(창 50:20). 하나님께서 반드시 약속을 지키실 것을 신뢰하는 것이다. 자기가 겪는 고난도 합력해 선이 되게 하실 하나님의 섭리를 믿고 인내하는 것이다. 하나님의 약속을 이루기 위해 선한 삶을 지속하는 것이다.

요셉은 집에서도 형들의 악을 억제하고, 보디발의 집에서도 악을 거절하며, 감옥에서도 사람을 도우며, 총리 때도 가족과 국가와 이웃 나라와 사람과 짐승에게까지 선을 베푼다. 이처럼 하나님에 대한 믿음은 하나님의 약속을 믿는 것으로 나타나고, 하나님의 약속을 믿는 것은 말씀을 성취하기 위해 고난의 때는 인내하는 것으로 형통할 때는 이웃에게 선을 행하는 순종의 삶으로 드러난다.

믿음으로 산다는 것은 악의 방해에도 불구하고 하나님의 약속이 성취될 것을 열망하고 확신하며 하나님의 말씀을 이루기 위해서 선(순종)하게 사는 것이다. 약속이 성취되어 복을 받으면 다시 다른 말씀, 더 큰 약속을 성취하기 위해 섬기며 선하게 사는 것이다. 믿음이란 철저히 하나님의 약속에 근거하고 약속 성취를 지향한다. 참 신앙은 언약신앙, 약속신앙, 성경신앙, 말씀신앙이다.

당신은 은혜를 받았는가?
당신에게 말씀(약속)이 성취되었는가?

하나님께서는 예수님을 마음으로 믿고 입으로 시인하여 구주로 영접하면 하나님의 자녀가 되는 구원을 받는다고 약속하셨다(롬 10:10; 요 1:12). 성도는 은혜 가운데 성령의 역사로 거듭나 예수님을 구주로 믿어 죄를 용서받고 영원한 생명을 받았다.

완전한 구원을 약속받은 성도는 자기가 받은 구원이 하나님의 은혜임을 기억하고 감사해야 한다. 구원받은 기쁨을 누리며 살아야 한다. 용서로 마음의 벽을 무너뜨려 공동체를 회복시켜야 한다. 더 큰 하나님의 약속을 성취하기 위해 청지기 의식으로 섬겨야 한다. 새 하늘과 새 땅을 소망하며 나그네 의식을 가지고 살아야 한다.

자기 삶에 하나님의 약속이 이루어지기를 열망하고 하나님께서 이루실 것을 확신하며 언약 성취를 위해 말씀에 순종하는 선한 삶을 살아야 한다. 그러한 말씀 신앙이 악한 세상을 선하게 회복하는 하나님 나라의 백성다운 삶이다.

> 말씀을 이룬 성도는 그 과정에서 자기를 괴롭힌 자들을 용서하고 섬기며 더 큰 약속을 이루기 위해 산다.

<<< 생각 나누기 >>>

1. 요셉이 가족을 애굽의 고센 땅으로 인도한 목적은 물이 많은 지역이므로 (   )할 수 있기 때문이며, 변방지역이므로 애굽과 (   )됨을 지킬 수 있기 때문이고, 빨리 (   )할 수 있기 때문이었다. 그것은 민족으로 번성할 것이라는 언약과 출애굽 언약 성취를 지향하는 (   )신앙에서 나온 것이다.

2. 요셉의 유언을 볼 때 요셉이 애굽에 살면서 간절히 열망한 것은 무엇인가?

3. 히 11:1과 롬 4:17-22에 근거해 당신의 말로 믿음을 정의해 보라.

4. 하나님에 대한 믿음은 하나님의 (   )을 믿는 것으로 나타나고, 하나님의 약속을 (   )는 것은 말씀이 성취될 것을 (   )하고 성취되기를 (   )하며, 약속을 (   )하기 위해 고난의 때는 인내하는 것으로 형통할 때는 이웃에게 선을 행하는 (   )의 삶으로 드러난다.

5. 당신은 지금 어떤 약속의 말씀을 이루기 위해 살고 있는가?

6. 당신에게 약속의 말씀이 성취된다면 어떻게 살겠는가?

제8장

요셉의 삶의 의미

당신은 요셉이 위대한 삶이었다고 생각하는가?
그의 삶은 어떤 면에서 가치 있다고 생각하는가?

요셉은 총리가 되어 왕처럼 애굽과 당대를 통치했다(창 41:40, 55). 하지만 요셉의 삶의 의미는 단순히 가문의 상속자나 그 시대의 통치자가 되는 것에서 멈추지 않는다. 훨씬 더 원대하고 영광스러운 가치가 있다. 요셉 삶의 가치와 의미는 하나님 나라의 구속·언약적 관점으로 볼 때만 제대로 알 수 있다.

1. 기근과 타락으로부터 이스라엘을 구원

> … 하나님께서 생명을 구원하시려고 나를 당신들 앞서 보내셨나이다 … 하나님께서 큰 구원으로 당신들의 생명을 보존하고 당신들의 후손을 세상에 두시려고 나를 당신들 앞서 보내셨나니(창 45:5, 7).

하나님께서 요셉을 형들보다 앞서 애굽으로 보내셨다. 하나님께서 요셉을 형들보다 먼저 애굽으로 보낸 목적은 요셉을 통해 형들(이스라엘)의 생명을 구원하기 위해서다. 이스라엘과 후손들을 보존하시고자 요셉을 이스라엘의 장자로 세우셔서 이스라엘 백성이 애굽으로 들어갈 길을 예비하신 것이다.

형들(이스라엘)의 생명을 위협하는 것이 무엇이었는가?

> 그 땅에 기근이 들게 하사 그들이 의지하고 있는 양식을 다 끊으셨도다(시 105:16).

기근이다. 당시 기근은 애굽에만 있었던 것이 아니다. 나일강으로 인해 가장 농사가 잘되는 애굽마저 기근이 들었으니 주변 나라들, 특히 형들이 살던 가나안 땅은 물이 적은 지역이므로 기근이 더 심했을 것이다(창 47:4; 42:5).

> 그가 한 사람을 앞서 보내셨음이여 요셉이 종으로 팔렸도다(시 105:17).

시편 기자는 하나님께서 애굽에 요셉을 '먼저 보내셨음'을 강조한다. 먼저 보내셨다는 말은 장자인 요셉의 뒤를 따라 형들이 애굽으로 갈 것을 암시한다. 시편 기자는 기근에 시달리던 이스라엘은 요셉에 의해 풍요로운 애굽에 들어가게 되었음을 강조한다. 그 일을 위해 요셉을 애굽의 통치자가 되게 하셨음을 알려 준다(창 45:5, 7).

> 백성의 통치자가 되어, 모든 소유를 관리하게 하고 그의 뜻대로 모든 신하를 다스리며 이에 이스라엘이 애굽에 들어감이여(시 105:20-23).

요셉의 사명은 기근으로부터 사람들, 특히 하나님의 백성인 이스라엘의 생명을 보존하는 것이다.[66] 요셉은 온 가족을 애굽으로 이주시키므로 사명을 잘 감당한다(창 46:6).

그런데 요셉의 이야기 중 갑자기 창세기 38장에 등장하는 유다의 이야기는 하나님의 언약백성이 애굽으로 가야 하는 다른 이유를 알려 준다. 이스라엘이 가나안의 우상과 음란의 죄악을 극복하기에는 너무 약했기 때문에 그들의 세속화를 막기 위해서는 큰 민족으로 성장하기까지 애굽에서 보양할 필요가 있었다.[65]

야곱의 딸 디나가 세겜 땅 추장에게 강간당한 사건(창 34:2)이나, 유다가 가나안 사람 수아의 딸을 보고 그를 취하여 아내로 삼은 사건(창 38:2) 등이 보여 주듯 소수의 무리가 가나안에 머물러 있을 경우 그들과 섞여 동화될 위험이 컸기 때문이다(시 105:12). 그래서 애굽으로 잠시 이민을 보낸 것이다.

씨앗을 고운 흙에 자라게 해서 어느 정도 자라면 옮겨 심는 것을 '모종'이라고 한다. 하나님께서 주신 땅은 가나안이지만 가나안 땅에 미리 터를 잡고 있던 잡초(원주민)들에 시달려서 번성은커녕 뿌리도 내리지도 못하므로 잠시 애굽에 모종을 보낸 것이다.

하지만 애굽이 쉽게 이스라엘을 맞아주지 않을 것이므로 요셉을 애굽으로 먼저 보내어 총리로 세우신 것이다. 요셉으로 인해 이스라엘은 환영받으며 애굽으로 들어가 가장 좋은 땅까지 선물로 받는다(창 45:18 우리말성경, 표준새번역, 공동번역, 현대인의 성경은 "가장 좋은 땅"이라고 번역했다).

이처럼 하나님께서는 요셉을 통해 이스라엘을 애굽으로 이주시키므로 가나안의 기근과 타락으로부터 이스라엘을 보호하셨다.

2. 아브라함(민족, 횃불) 언약 성취의 기초

야곱이 애굽으로 이주를 결심한 까닭은 하나님의 약속 때문이다.[66]

> 하나님께서 이르시되 나는 하나님이라 네 아버지의 하나님이니 애굽으로 내려가기를 두려워하지 말라 내가 거기서 너로 큰 민족을 이루게 하리라. 내가 너와 함께 애굽으로 내려가겠고 반드시 너를 인도하여 다시 올라올 것이며(창 46:3-4).

이스라엘이 민족으로 번성할 것이라는 하나님의 약속을 하나님께서는 "거기"(애굽)에서 이루겠다고 말씀하신다. 그러므로 야곱과 그 자손이 애굽으로 간 것은 단지 흉년을 피하기 위해서만이 아니다. 애굽에서 큰 민족을 이루실 약속의 성취를 기대하며 애굽으로 내려가기를 두려워 말라는 명령에 순종한 걸음이다. 애굽에 간 야곱과 그 자손에 대한 족보는 민족으로 번성하리라는 하나님의 약속에 대한 기대를 담고 있다.

칠십오 명이었던 이스라엘은 하나님의 약속대로 애굽에서 민족으로 번성한다(행 7:14).

> 이스라엘 족속이 애굽 고센 땅에 거주하며 거기서 생업을 얻어 생육하고 번성하였더라(창 47:27).
> 이스라엘 자손은 생육하고 불어나 번성하고 매우 강하여 온 땅에 가득하게 되었더라(출 1:7).

이것은 "내가 거기서 너로 큰 민족을 이루게 하리라"(창 46:3)라고 하신 약속이 성취되고 있음을 의미한다. 실제로 가나안에서 아브라함의 자손은 약 215년 동안 칠십 명이 되었지만, 후에 애굽에서는 430년 동안 군인만 육십만 명으로 늘어난다.

"내가 반드시 너를 인도하여 다시 올라올 것이며"라는 말씀은 출애굽을 의미한다. 하나님께서 이스라엘과 함께하셔서 애굽에서 민족으로 번성하고 출애굽까지 이루시겠다고 약속하신다.

그런데 이러한 모든 것은 하나님께서 아브라함에게 하신 약속의 성취다. 하나님께서 아브라함을 하나님 나라로 부르실 때 "큰 민족을 이루게 하겠다"(창 12:2; 13:16; 15:5; 17:2; 6; 22:17; 26:4; 24, 28:14; 35:11)라는 민족 언약을 주셨다.[67]

> 여호와께서 아브람에게 이르시되 너는 반드시 알라 네 자손이 이방에서 객이 되어 그들을 섬기겠고 그들은 사백 년 동안 … 네 자손은 사대 만에 이 땅으로 돌아오리니(창 15:13, 16).

또, 횃불 언약도 주셨다. 그렇다면 요셉의 때에 하나님께서 야곱의 집안을 애굽으로 인도하시는 것은 횃불 언약과 민족 언약 성취를 향한 첫걸음이며, 궁극적인 목적은 아브라함에게 약속하신 '큰 민족'을 이루시려는 것이다.

당시 가나안의 좁은 땅덩어리 안에는 최소 일곱 종족이 막강한 세력을 형성하며 살았다(신 7:1; 24:11; 행 13:19). 그들 틈에서 떠돌아다니던 아브라함의 자손은 아브라함과 이삭, 야곱을 지나 요셉 세대가 되었을 때도 아직 칠십 명밖에 되지 못했다(창 46:27).

> 그들의 사람 수가 적어 그 땅의 나그네가 되었고 이 족속에게서 저 족속에게로, 이 나라에서 다른 민족에게로 떠돌아다녔도다(시 105:12-13; 창 34:30).

그런 여건에서 이방인들에게 휩쓸리지 않고 정체성이 분명한 큰 민족으로 성장하기는 힘들다. 그래서 하나님께서는 풍요로운 애굽으로 보내셔서 안정된 가운데 민족으로 번성케 해 약속의 땅으로 다시 불러오시려는 큰 그림을 가지고 요셉을 먼저 보내신 것이다.

그러므로 야곱의 가족이 애굽으로 가기까지는 외형적으로 복잡한 상황에 따라 움직였지만, 근본적으로는 하나님의 철저한 계획과 인도하심에 의한 섭리였다.[68]

시편 105:7-24은 이를 잘 설명한다. 하나님께서는 아브라함과 이삭과 야곱과 이스라엘에 가나안 땅을 주시겠다고 하신 영원한 언약을 기억하신다(시 105:7-11). 하지만 가나안에서 이스라엘은 수가 적어 떠돌이 생활을 한다. 그럼에도 아무도 그들을 해하지 못하도록 하나님께서 보호하신다(시 105:12-15).

요셉을 애굽으로 먼저 보내셔서 말씀으로 단련하시고 통치자로 높여 주신다. 요셉을 통해 이스라엘을 애굽으로 이주하게 하셔서 기근으로부터 보호하시고 애굽의 풍요와 안정을 통해 대적들보다 강하게 번성시키신다(시 105:16-24; 출 1:9). 아브라함에게 하신 번성(민족)언약을 요셉의 때에 성취하신 것이다.

하나님께서는 요셉이 당하는 고난 속에도 그와 함께하셔서 아브라함에게 주셨던 약속을 성취하도록 모든 일을 간섭하셨다. 애굽 생활은 아브라함에게 약속하셨던 자손이 민족으로 번성할 것이라는 언약을 성취하시려는 하나님의 주권적인 섭리였다.

이처럼 요셉의 삶은 아브라함의 자손을 하늘의 별처럼, 바닷가의 모래처럼, 땅의 티끌처럼 번성시키겠다는 하나님의 약속이 성취되기 시작하는 것을 보여 준다. 요셉은 '약속을 이룬 사람'이다.

3. 선으로 악을 이기는 하나님 나라의 회복

하나님께서 지으신 선한 세상에 죄로 인해 악이 들어 왔다.

💡 **사탄이 세상을 이렇게 악하게 만들었는데 과연 선한 세상이 회복될 수 있을까? 선이 악을 이길 수 있을까?**

있다. 그 대답이 요셉이다.

요셉이 총리가 된 이후의 삶을 보여 주는 창세기 42-50장의 내용을 살펴보면, 42-45장 형들의 변화와 회개, 형들과의 화해, 46장 야곱 가족이 애굽으로 이민, 47장 요셉의 선한 통치, 48장 야곱이 므낫세와 에브라임을 축복, 49장 야곱의 유언, 50장 형들과의 화목과 요셉의 유언인데 42-45, 50장에서 형들과의 화해를 다루고 있다.

총리 이후 요셉의 삶에서 가장 많은 분량을 차지하는 것은 형들과의 화해인 것이다. 총리 이후 요셉의 삶에서 '가장 큰 사명은 공동체를 회복시키는 것'임을 알 수 있다. 화목해야 하나가 될 수 있고, 연합해야 민족으로 번성할 수 있기 때문이다. 만약 계속 서로 경쟁하고 시기한다면 서로 싸우고 죽여서 스스로 망할 것이다.

아브라함에게 약속하셨던 민족으로 번성하기 위한 모든 기초-외적으로는 애굽이라는 안정되고 풍성한 환경, 내적으로는 화목하고 하나 된 공동체-를 마련하는 것이 요셉의 큰 사명이다. 그 사명을 감당하라고 총리로 세워 주신 것이다.

요셉이 어떻게 이 사명을 완성하는가?

용서와 섬김으로 선을 행하는 것이다.

이스라엘은 구약 시대의 하나님의 백성인데 형들이 요셉에게 악을 행하므로 공동체가 깨지고 하나님 나라에 위기가 발생했다. 그런데 요셉은 장남이 태어났을 때 형들을 용서한다(창 41:51). 그래야 형들에게 다가갈 수 있기 때문이다. 하지만 형들은 요셉에게 이렇게 말한다.

> 요셉의 형제들이 그들의 아버지가 죽었음을 보고 말하되 요셉이 혹시 우리를 미워하여 우리가 그에게 행한 모든 악을 다 갚지나 아니할까 하고 요셉에게 말을 전하여 이르되 당신의 아버지가 돌아가시기 전에 명령하여 이르시기를 너희는 이같이 요셉에게 이르라 네 형들이 네게 악을 행하였을지라도 이제 바라건대 그들의 허물과 죄를 용서하라 하셨나니 당신 아버지의 하나님의 종들인 우리 죄를 이제 용서하소서 하매 요셉이 그들이 그에게 하는 말을 들을 때에 울었더라 그의 형들이 또 친히 와서 요셉의 앞에 엎드려 이르되 우리는 당신의 종들이니이다(창 50:15-18).

아버지 야곱이 죽자, 보복을 두려워한 형들은 요셉에게 간청한다.

> 우리 죄를 용서하소서(50:17).

요셉이 이미 형들을 용서했고, 베냐민을 만났을 때 형들과도 서로 입맞추며 울므로 부분적으로 화해했었지만(창 45:15), 형들은 아직도 안심하지 못하는 것이다. 이에 요셉은 다음과 같이 형들을 위로한다.

> 요셉이 그들에게 이르되 두려워하지 마소서 내가 하나님을 대신하리이까 당신들은 나를 해하려 하였으나 하나님께서는 그것을 선으로 바꾸사 오늘과 같이 많은 백성의 생명을 구원하게 하시려 하셨나니 당신들은 두려워하지 마소서 내가 당신들과 당신들의 자녀를 기르리이다 하고 그들을 간곡한 말로 위로하였더라(창 50:19-21).

아버지가 없어도 보복하지 않겠다는 요셉의 말을 들은 후에야 형들은 요셉의 용서를 확신한다. 가해자의 반성과 피해자의 용서 그리고 피해자의 미움이 없어지는 것과 가해자가 보복당할 것이라는 두려움도 없어져야 온전한 회복이므로 요셉과 형들과의 완전한 화목은 이때 비로소 실현되었다고 볼 수 있다.

이로 볼 때 속죄제와 화목제가 따로 있듯이 용서와 화목은 다르다고 생각한다. 용서는 피해자가 일방적으로 선포할 수도 있지만 화해는 쌍방적이라야 가능하기 때문이다. 따라서 용서했지만, 화해까지는 못 할 수 있다.[69] 한쪽이 받아 주지 않는다면 두 사람 사이의 진정한 화목관계는 회복될 수 없기 때문이다.

하지만 상대방이 받아 주지 않더라도 가해자는 진심으로 사과하고, 피해자도 용서해야 자기와 하나님과의 관계가 회복된다. 그러므로 화목의 회복을 위해 피해자는 가해자의 회개를 위해 기도하고 가해자가 자기에게 보복당할 것을 두려워하지 않도록 용서하며, 가해자는 피해자가 자기로 인해 받은 상처가 치유되도록 기도와 사과 그리고 필요하면 보상까지 해 주어야 한다.

그런데도 현실적으로 모든 관계에서 화해가 가능한 것은 아니다. 만약 내가 먼저 손을 내밀어도 반응이 없거나 화해 후에도 너무 서로 맞지 않는다면, 또 상대방을 찾아가는 것이 오히려 상처를 주는 일이라면 내 안에서 일방적으로 용서를 선포하고 기다리며 어느 정도 거리를 두는 것도 지혜다.

> 내가 당신들과 당신들의 자녀를 기르리이다(창 50:21).

요셉은 형들과 그의 자녀들을 다 돌본다. 형들과의 관계가 깨어진 이유는 형들이 요셉을 장자로 인정하지 않았기 때문인데 그런 형들과 그들의 자녀들까지 요셉이 돌보겠다는 말은 장자의 책임을 감당하겠다는 것이다. 그리하여 형들이 요셉의 장자 됨을 인정할 수밖에 없게 된다.

요셉의 섬김은 이스라엘만이 아니라 온 세상의 회복을 보여 준다. 창세기 1장에서 하나님께서 꿈꾸신 세상은 모든 창조 세계의 생명이 생육, 번성, 충만하게 되는 것이다. 그 일을 위해 인간을 하나님의 대리 통치자로 세우시고 정복하라고 명하셨다. 아담이 만물을 정복하는 것은 억압 착취하는 것이 아니라 하나님을 대신해 만물이 생육, 번성, 충만할 수 있도록 먹을 것을 공급하기 위해 일하는 것이다. 그렇게 큰 자가 작은 자를 섬기는 것이 하나님 나라다.

그런데 자기 것이 아닌 선악과를 강탈한 아담의 죄로 인해 하나님 나라에 문제가 발생한다. 창세기 처음에 시작된 이러한 문제의 해결, 즉 하나님 나라의 회복을 창세기의 끝에서 요셉을 통해 보여 주고 있다. 요셉의 창고를 통해 하나님의 백성 이스라엘과 애굽을 위시한 주변 나라의 많은 백성 그리고 짐승에게까지도 양식을 공급하는 섬김의 통치를 통해 세계적인 기근에서부터 생명을 보호하는 하나님 나라의 회복과 승리를 보여 준다(창 47:17). 하나님께서는 요셉을 통해 하나님께서 보시기에 선한 세상으로 회복시키신다.

이처럼 요셉은 용서하고 섬기는 선으로 악을 이긴다(롬 12:21). 깨어진 하나님 나라 공동체를 회복시키고, 선으로 악을 이기시는 하나님을 보여 준다. 악한 세상을 선하게 회복하는 하나님 나라 백성의 삶을 제시한다.

또, 요셉의 삶은 아브라함의 자손을 통해 땅의 모든 족속에게 복을 주시겠다는 하나님의 약속(창 22:18)이 성취되고, 장차 생명의 양식으로 오셔서 하나님 나라를 회복하실 메시아를 보여 준다. 이는 영원한 생명으로 가득한 새 하늘과 새 땅의 회복(완성될 하나님 나라)에 대한 예표이기도 하다.

이와 같이 요셉의 삶은 용서와 섬김을 통해 믿는 자의 선한 삶이 무엇인가를 보여 준다.

4. 예수 그리스도를 비춰 줌 - 요셉의 옷을 중심으로

> 너희가 성경에서 영생을 얻는 줄 생각하고 성경을 연구하거니와 이 성경이 곧 내게 대하여 증언하는 것이니라(요 5:39).

예수님께서 친히 구약성경은 예수님을 가리킨다고 말씀하셨다. 따라서 구약성경만 가지고 해석하면 당시 사람들의 심정은 알 수 있겠지만 성경 전체적으로 말하려는 핵심 진리를 놓칠 수 있다. 구약을 성취하신 예수님으로 구약을 풀어야 한다. 요셉의 삶이 하나님이 보시기에 가치 있는 가장 큰 이유는 요셉이 예수님을 닮은 삶으로 장차 오실 우리 주 예수 그리스도를 비춰 주기 때문이다.

💡 예수님을 닮는 것이 왜 가치 있고 예수님을 비추는 삶이 왜 위대한가?

첫째, 예수님만이 죄인의 완전한 구원자이시기 때문이다.

예수님만이 죄인을 구원하기 위한 하나님의 유일한 대안으로서 예수님을 믿어야만 구원받을 수 있으므로 예수님을 보여 주는 삶이 귀하다.

둘째, 예수님의 성품과 삶이 성도의 모델이기 때문이다.

하나님이 가장 기뻐하시는 삶의 모습이 예수님이시므로 성도는 예수님을 닮도록 신앙이 자라기 위해 노력해야 한다(엡 4:13). 요셉은 그런 면에서 우리에게 도전이 된다.

요셉은 선을 행했지만, 시기한 형들에게 버림당한 것처럼 예수님은 무죄한 삶으로 선을 베푸셨지만, 시기한 종교 지도자들에게 버림을 당하셨다. 요셉이 형들에 의해 은 20에 팔린 것처럼, 예수님은 제자에 의해 은 30에 팔리셨다. 이 액수들은 당시 한 명의 노예 값이다.

하나님께서 언제나 요셉과 함께하신 것처럼, 예수님도 언제나 하나님께서 함께하셨다(요 8:29). 요셉이 하나님의 약속을 이루는 삶을 살았듯이 예수님도 하나님의 말씀을 이루는 삶을 사셨다(요 5:39; 히 10:7; 요 19:28; 행 13:29).

요셉이 형들의 악을 용서하고 섬긴 것처럼, 예수님은 반역한 원수인 우리를 용서하시되 우리 대신 죄를 지고 죽기까지 섬기셨다(갈 2:20; 막 10:45). 요셉이 종과 죄수로 낮아졌다가 총리로 높아졌듯이 예수님도 피조물과 죄인으로 낮아졌다가 하나님 보좌 우편으로 높아지셨다. 요셉이 당대의 이인자가 되어 구원을 베풀었듯이, 예수님은 하나님 보좌 우편에 앉으셔서 자기 백성을 구원하신다(롬 8:34).

요셉이 하나님의 백성과 모든 나라를 기근에서 구원한 것처럼 예수님은 자기 백성과 피조세계를 죄와 죄의 결과에서 구원하신다(롬 8:19-22; 마 1:21; 계 21:5). 요셉이 총리로서 애굽을 다스린 것처럼 예수님은 하늘과 땅의 모든 권세를 가지고 역사를 다스리신다(마 28:18).

요셉의 형들이 그를 노예로 팔았지만, 그는 자기 형들의 구세주로 다시 나타났다. 마찬가지로 예수님은 유대인(사람)들에 의해 죽음에 팔아 넘겨졌지만, 이들을 구원하실 메시아로 다시 살아나셨다. 그리고 장차 다시 오실 것이다.

요셉이 창고를 열어 총리가 되어 이스라엘과 애굽, 주변 나라와 짐승들까지 기근을 극복하고 살도록 돌보는 것은 아브라함의 자손을 통해 땅의 모든 족속에게 복을 주시겠다는 하나님의 약속 성취를 보여 준다.[70]

요셉 한 사람으로 말미암아 그에게 속한 모든 가족이 극심한 기근으로부터 구원을 받은 것은 머리이신 예수 그리스도로 말미암아 그에게 속한 몸된 교회가 죄로부터 구원받는 원리를 예표로 보여 주는 사건이기도 하다(롬 5:18-19).[71]

요셉이 꿈을 꾼 것과 꿈을 가족들에게 말한 것은 선지자적 사역으로, 형들을 용서한 것은 제사장적 사역으로, 섬김으로 통치한 것은 왕적 사역으로 그리스도를 보여 준다. 요셉은 우리를 죄 가운데서 구원하실 메시아의 모형이다.[72]

그런데 특이하게도 성경은 요셉의 삶을 '옷'과 관련하여 표현한다. 요셉의 옷은 자주 바뀐다.

💡 왜 성경이 요셉의 옷을 기록했을까?

당시에 옷은 계층, 직위를 나타내어 '신원 확인용'으로 사용되었다.[73] 고대 근동에서 옷을 입거나 벗는 행동은 상속권 획득이나 박탈을 의미했다.[74] 그렇다면 옷은 요셉의 '신분, 지위'와 요셉이 만난 '상황'을 상징적으로 보여 주는 그림 언어이다.

집에서 요셉의 옷은 아버지 야곱이 지어 준 채색옷이다.

> 요셉은 노년에 얻은 아들이므로 이스라엘이 여러 아들보다 그를 더 사랑하므로 그를 위하여 채색옷을 지었더니(창 37:3).
> 그의 형들이 요셉의 옷 곧 그가 입은 채색옷을 벗기고(창 37:23).
> 그들이 요셉의 옷을 가져다가 숫염소를 죽여 그 옷을 피에 적시고(창 37:31).
> 아버지가 그것을 알아보고 이르되 내 아들의 옷이라 악한 짐승이 그를 잡아먹었도다. 요셉이 분명히 찢겼도다(창 37:33).

채색옷을 입은 것은 그 가정에서 가장 존귀한 자라는 의미로서 요셉에게 '장자권자의 옷'을 입혀준 것이다. 가문의 상속자와 형제들의 통치자로 높여 준 것이다. 그런데 형들이 요셉의 채색옷을 벗긴다. 요셉을 장자로 인정하지 않겠다는 악이요. 요셉을 가정의 통치자로 높이려는 하나님께 대적하는 불신앙이다. 그뿐만 아니라 요셉에게서 벗긴 옷에 염소의 피를 묻혀 아버지에게 보이므로 마치 요셉이 짐승에게 잡아먹힌 것처럼 아버지를 속인다. 요셉은 죽었다는 것이다.

이렇게 요셉이 채색옷을 입은 것은 장자로서의 요셉의 신분을 나타내며, 형들에 의해 벗겨지고 찢어진 것은 요셉이 형들에게 박해받는 상황을 상징하고, 요셉의 옷에 죽은 짐승의 피를 묻힌 것은 아버지에게서 요셉은 죽은 자가 되게 한 것이다. 형제들은 요셉에게서 '장자의 옷'을 벗기고 '노예의 옷'을 입힌다.

보디발의 집에서 요셉의 옷 이야기이다.

> 요셉이 그의 주인에게 은혜를 입어 섬기매 그가 요셉을 가정 총무로 삼고 자기의 소유를 다 그의 손에 위탁하니(창 39:4).
>
> 그 여인이 그의 옷을 잡고 이르되 나와 동침하자 그러나 요셉이 자기의 옷을 그 여인의 손에 버려두고 밖으로 나가매(창 39:12).
>
> 그 여인의 집사람들을 불러서 그들에게 이르되 보라 그가 나와 동침하고자 내게로 들어오므로 내가 크게 소리 질렀더니(창 39:14).
>
> 그가 나의 소리 질러 부름을 듣고 그의 옷을 내게 버려두고 도망하여 나갔느니라(창 39:15).

애굽에 팔려 온 요셉을 보디발이 산다. 얼마 후 보디발은 요셉을 신뢰하여 가정 총무로 삼아 '청지기의 옷'을 입혀 준다. 그런데 주인 보디발의 아내가 요셉에게 동침하자고 유혹하며 요셉의 옷을 잡는다. 그러나 요셉은 자기의 옷을 여주인의 손에 버려두고 밖으로 도망간다.

고대 근동에서 옷은 상속과 권리를 나타내기도 했으며, 옷을 벗어 주는 것은 상속과 권리를 포기하는 것이다.[75] 요셉은 자기의 청지기 직분을 빼앗길 것을 각오하고 여주인의 유혹을 거절한 것이다. 하지만 여인은 요셉의 옷이 마치 요셉이 자기를 성폭행하려고 한 증거인 것처럼 사람들을 속여서 요셉에게 누명을 씌운다.

여기서 요셉의 옷은 모순되게도 두 가지의 의미를 지닌다. 요셉이 옷을 벗은 것은 간음의 상황을 벗어나기 위한 요셉의 순결한 행동이었지만, 음란한 여인의 거짓에 의해 오히려 성폭행의 증거물로 제시

된다. 여주인은 요셉에게서 청지기의 옷을 벗기고 '죄수의 옷'을 입힌다. 애굽에서 요셉의 옷이다.

> 바로가 또 요셉에게 이르되 내가 너를 애굽 온 땅의 총리가 되게 하노라 하고 자기의 인장 반지를 빼어 요셉의 손에 끼우고 그에게 세마포 옷을 입히고 금 사슬을 목에 걸고(창 41:41-42).

애굽 왕 바로가 요셉에게 세마포 옷을 입혀 준다. 세마포 옷은 가는 삼실로 만든 옷으로 제사장들의 의복을 만드는 주요 재료였으며(출 39:27-29; 삼상 2:18), 성막의 울타리 휘장 재료로도 쓰였다(출 27:9). "세마포 옷 곧 거룩한 옷"(레 16:32)이라고 한 것으로 볼 때 특별한 사람들만 입을 수 있는 고급 옷감이었음을 알 수 있다. 이는 요셉이 애굽에서 바로에게 존귀한 자가 되었음을 의미한다. 바로는 요셉에게 '총리의 옷'을 입혀 준다.

요셉이 옷을 입은 것은 요셉이 스스로 입은 것이 아니라 최고 통치자들(가정에서는 아버지, 직장에서는 주인, 나라에서는 왕)이 입혀 준 것이다. 요셉이 머물던 곳의 1인자가 요셉을 2인자로 높여 줄 때 입혀 준다. 그러므로 요셉에게 옷은 '대리 통치자'라는 요셉의 신분을 나타낸다.

요셉에게 옷이 입혀질 때마다 요셉의 지위는 장자로, 청지기로, 총리로 높아진다. 요셉이 옷을 입은 것은 높여 주시겠다는 '하나님의 약속 말씀이 성취됨'을 가시적으로 보여 주는 하나님의 은혜를 상징한다.

요셉이 옷을 벗은 것은 요셉이 옷을 스스로 벗은 것이 아니라 윗사람들에 의해 강제로 벗김을 당했다. 그들이 요셉의 옷을 벗긴 이유는 요셉을 시기했기 때문이며 자기들의 악에 요셉이 동참하지 않았기 때문이고, 요셉이 베푼 은혜를 잊었기 때문이다. 형들은 아버지가 입혀 준 요셉의 채색옷을 벗겼고, 여주인은 요셉에게 죄수의 옷을 입혔으며, 술 관원장은 요셉이 죄수의 옷을 계속 입게 했다.

이러한 행위는 요셉을 낮추는 악이다. 요셉은 옷이 벗김을 당할 때마다 1인자와의 관계가 단절되고, 노예와 죄수로 더 낮아지거나 낮아짐이 연장된다. 요셉의 옷을 벗긴 것은 요셉이 당한 고난과 그로 인해 수치 당함을 가시적으로 보여 주는 것이며, 벗긴 자들은 하나님의 약속 말씀을 대적하는 악을 행하는 것이다.

요셉과 그가 입은 옷은 우리 주 예수 그리스도를 보여 준다. 요셉이 아버지 집에서 장자로 존귀의 옷을 입은 것처럼 예수님은 아버지 집에서 독생자로서 영광의 옷을 입고 계셨다(잠 8:30; 요 17:5). 요셉이 형과 주인 아내로 인해 노예와 죄수로 낮아진 것처럼 예수님은 하나님의 뜻에 자원하여 스스로 낮추시므로 하나님의 아들이 피조물의 옷을 입고 사람이 되셨다(빌 2:6, 7).

요셉이 악을 거절하고 선을 지키기 위해 옷을 벗은 것처럼 예수님은 자기 백성을 구원하기 위해 영광의 옷을 벗으셨다. 그뿐만 아니라 죄가 없으시지만 모든 인류의 죄를 대신 지고 죄의 옷을 입으셔서 십자가에 죽기까지 낮아지셨다(딤전 1:15; 요 1:29).

요셉은 자기보다 높은 악인들에 의해 강제로 낮아졌지만, 가장 높으신 예수님은 스스로 자원하여 낮아지셨다(요 10:18). 요셉이 대적들에 의해 겉옷이 벗겨진 것처럼 예수님은 우리 죄를 위하여 십자가에 달리실 때 군병들에 의해 속옷까지 다 벗겨지셨다(요 19:23).

요셉에게 총리의 옷을 입혀 높여 주신 것처럼 하나님은 예수님께 부활의 옷과 승천하여 하나님 보좌 우편에 앉는 왕복을 입혀 주셨다(행 7:55). 요셉 앞에서 모든 사람이 엎드렸듯이(창 41:43), 하나님께서는 장차 모든 사람이 무릎을 꿇고 입으로 주라 시인하도록 예수님을 지극히 높여 주실 것이다(빌 2:10-11).

> 내 주님 입으신 그 옷은 참 아름다워라
> 그 향기 내 맘에 사무쳐 내 기쁨 되도다
> 내 주님 입으신 귀한 옷 나 만져 보았네
> 내 발이 죄악에 빠질 때 주 나를 붙드네
> 내 주님 영광의 옷 입고 문 열어 주실 때
> 나 주님 나라에 들어가 영원히 살겠네

찬송가 87장 〈내 주님 입으신 그 옷은〉은 '옷을 입는 것'으로 비유한 가사로 예수님의 낮아지심과 높아지심을 잘 표현해 준다.

이처럼 요셉이 옷을 입은 것은 '신분 상승을 통한 하나님의 언약 성취'를 보여 주고, 옷을 벗은 것은 대적들에 의한 '고난'과 '그로 인한 낮아짐'을 보여 준다. 궁극적으로 요셉의 옷은 예수 그리스도의 낮아지심(고난과 죽으심)과 높아지심(부활과 승천, 왕)을 예표한다.

> 사람을 살리고 하나님의 약속을 이루며 예수님을 보여 주는 삶이 위대한 삶이다.

<<< 생각 나누기 >>>

1. 요셉의 삶에서 가장 큰 의미와 가치는 구원자이신 예수 그리스도를 (   )준다는 것이다.

2. 당신은 예수님을 보여 주는 삶인가? 서로에게 보이는 예수님의 모습을 나누어 보자.

3. 요셉은 어떻게 하나님 나라의 회복과 승리를 보여 주는가?

4. 요셉과 형들의 관계가 완전한 화목을 이룬 것은 언제인가? 왜 그런가?

5. 요셉에게 옷이 입혀질 때와 벗겨질 때가 상징하는 의미는 무엇인가?

6. 요셉의 옷이 궁극적으로 예표하는 것은 무엇인가?

7. 어떤 삶이 가장 가치 있는 삶이라고 생각하는가? 당신은 어떤 삶을 살기 원하는가?

8. 그러한 삶을 살기 위해 당신은 어떻게 변화될 것인가?

제9장

우리가 추구해야 할 꿈

 그 시대에 요셉을 귀하게 사용하신 하나님께서는 이 시대에 우리를 귀하게 쓰기 원하신다.

1. 하나님의 꿈이 담긴 성경을 이루는 비전을 갖는 사람

 요셉은 하나님께서 주신 약속을 믿었다. 그리고 그 하나님의 말씀을 이루기 위해 살았다. 언약을 이루실 하나님을 신뢰하여 언약 성취를 열망하고 확신하며 언약 성취를 위해 순종하며 선하게 산 것이다. 언약이 성취되었을 때는 다른 말씀, 더 큰 약속을 이루기 위해 섬기며 살았다.
 요셉이 말씀신앙으로 살 때 하나님께서 함께하여 고난 중에도 역전시켜서 범사에 형통하게 하시고 요셉을 하나님의 약속을 이루는 자, 기근으로부터 시대를 구하는 자, 하나님의 백성을 흥왕케 하는 자로 귀하게 사용하셨다. 요셉은 하나님의 말씀 성취를 비전으로 삼은 것이다.

하나님의 백성이 가져야 할 비전은 무엇인가?

하나님의 백성은 하나님의 약속의 말씀을 이루려는 비전을 가져야 한다. 사람에게는 미래에 대한 비전이 필요하다. 미래 비전은 우리의 삶을 허비하지 않고 집중하게 하며 현재를 열정적으로 살게 하는 원동력이기 때문이다. 하지만 사람의 비전은 미래의 일이기 때문에 자주 바뀐다. 삶을 투자할 만한 가치 있는 비전을 찾기가 쉽지 않다. 아무리 철저하게 계획을 세우고 노력해도 비전을 이루는 것 또한 쉽지 않다. 그러므로 사람에게는 반드시 이루어지며, 삶을 바칠만한 가치가 있는 비전이 필요하다.

하나님께서는 우리에게 하나님의 꿈(계획, 뜻)이 담긴 성경을 주셨다. 성경은 세상과 역사를 향한 하나님의 꿈이다. 가장 위대하신 하나님의 비전이므로 최고의 가치다. 성경은 진리이므로 하나님의 비전은 완전하여 영원히 변하지 않는다. 전지전능하시고 신실하신 하나님께서는 성경대로 이루어 가시므로 성경의 약속은 반드시 그대로 성취된다. 그러므로 절대적으로 믿을 수 있다.

그리고 하나님께서는 자기 백성을 통해 하나님의 꿈(약속)을 이루어 가신다. 이를 위해 우리에게 성경으로 약속을 주셔서 하나님의 꿈을 나누어 주신다. 하나님께서 우리에게 주시는 모든 비전은 신구약 성경 66권에 가득 차 있는 것이다.[76]

> 여호와의 말씀이니라 너희를 향한 나의 생각을 내가 아나니 평안이요 재앙이 아니니라 너희에게 미래와 희망을 주는 것이니라(렘 29:11).

하나님께서는 말씀을 통해 우리에게 미래와 희망을 주신다. 그러므로 **성도는 성경에서 미래 비전을 찾고 성경에 담긴 하나님의 약속**

(뜻, 계획)을 이루려는 비전을 가져야 한다.

놀라운 것은 예수님의 삶 전체가 하나님의 약속 말씀을 이루기 위한 삶이었다는 것이다. 예수님은 친히 말씀하셨다.

> 내가 만일 그렇게 하면 이런 일이 있으리라 한 성경이 어떻게 이루어지겠느냐 하시더라(마 26:54).

예수님의 모든 행동은 구약성경에 예언된 약속을 이루기 위한 삶이었다. 따라서 성경의 약속을 이루기 위해 사는 것이 예수님을 가장 잘 따라가는 삶이다.

예를 들어, 윌리엄 캐리는 마태복음 24:14 말씀에서 하나님은 우리를 통해 복음이 온 세상에 전파되기를 원하신다는 것을 깨달았다.

> 이 천국 복음이 모든 민족에게 증언되기 위하여 온 세상에 전파되리니 그제야 끝이 오리라(마 24:14).

그때까지 '구원받을 자는 하나님께서 알아서 구원하실 것'이라고 오해하여 세계 선교에 관심을 두지 않았다. 하지만 캐리는 세계 선교의 비전을 품고 1793년 세계 최초로 해외 선교 '침례교선교회'(Baptist Missionary Society)를 설립한 후 노팅엄에서 개최된 선교 대회에서 다음과 같이 설교하며 인도 선교사로 평생을 바쳤다.

"하나님으로부터 위대한 일들을 기대하라!
하나님을 위한 위대한 일들을 성취하라!"

캐리의 선교로 인해 교회가 모든 민족에게 복음을 증언해야 함을 깨닫고 세계 선교에 동참하게 된다. 선교 시대의 문을 연 캐리를 '현대 선교의 아버지'라 부른다.

　영국의 의사인 심프슨 교수는 환자들이 수술받을 때 고통을 덜어 줄 방법을 찾기 위해 늘 고심했다. 그러던 중 창세기 2:21-22의 말씀을 읽는 순간 눈이 번쩍 뜨였다.

> 여호와 하나님이 아담을 깊이 잠들게 하시니 잠들매 그가 그 갈빗대 하나를 취하고 살로 대신 채우시고 여호와 하나님이 아담에게서 취하신 그 갈빗대로 여자를 만드시고 그를 아담에게로 이끌어 오시니(창 2:21-22).

　이 말씀이야말로 고통 없이 환자를 수술할 수 있다는 것을 보여 주기 때문이다. 하나님께서 아담을 잠들게 하시고 그의 몸속에서 갈빗대를 빼내는 수술을 하셨는데도 아담이 전혀 고통을 느끼지 않고 수술을 마친 것을 보면 고통 없이 수술하는 방법이 분명히 있을 것이다'라고 확신하며 연구 끝에 1847년 마취제인 클로로포름을 처음으로 발견했다. 그를 통해 인류는 수술할 때 마취를 통해 고통 없이 치료받을 수 있게 된 것이다.

　1800년대 미국의 해군 장교인 매슈 폰테인 모리는 어느 날 몸이 불편하여 큰아들에게 성경을 읽어달라고 했다. 큰아들이 시편 8:8 "공중의 새와 바다의 물고기와 바닷길에 다니는 것이니이다"라는 말씀을 듣는 순간, 그는 "바닷길"이라는 구절에 큰 충격을 받았다. 당시는 지상 도로에 대한 지도는 있어도 바닷길에 대한 지도는 없었다. 그는 흥분하여 아들에게 말했다.

　"하나님께서 바다에 길이 있다고 하셨으니 틀림없이 깊은 바다에 길이 있을 것이다. 우리 해로를 찾으러 가자."

이 말에 사람들이 조롱했지만, 그는 성경 말씀을 믿고 찾아 나선 결과 바닷길을 발견했고, 인류 최초로 해양 지도를 만들어 "현대 항해술의 아버지"로 불린다. 그의 해양 지도는 배들이 빠르고 안전하게 항해할 수 있도록 도와주는 길잡이가 되었다.

카스 전자저울의 김동진 회장은 창원에서 사업을 하다 실패하여 단돈 30만 원을 가지고 서울행 기차를 탔다. 기차 안에서 미래를 위해 기도하며 생각하다가 성경을 읽는데 "속이는 저울은 여호와께서 미워하시나 공평한 추는 그가 기뻐하시느니라"(잠 11:1)라는 말씀을 읽는 순간, '하나님께서 기뻐하시는 공평한 저울을 만들자!'는 비전을 가지게 된다. 그리하여 세계에서 가장 정확한 전자저울을 만들었다

그동안 사람들이 사용하던 저울의 기술은 정확하지 않아 대충 재거나 속고 속이기도 했다. 하지만 전자저울은 소수점 아래까지 정확하게 측정하므로 속일 수 없이 정직한 상거래가 이루어지게 된 것이다.

이처럼 성경은 개인과 인류의 비전 광산이다. 인류는 지금보다 더 건강하여 오래 일하고 장수할 수 있을 것이다. 과학이나 의학의 발달이라는 막연한 기대 때문이 아니다. 성경에 그러한 사례가 있기 때문이다. 바로 아브라함이다.

창세기 18장에 하나님께서 구십구 세의 아브라함에게 찾아오셔서 내년에 네 아내 사라가 아들을 낳을 것이라고 약속하신다. 하지만 그 말씀을 들은 사라는 "내가 노쇠하였고 내 주인도 늙었으니"(창 18:12)라고 반응한다. 아브라함도 육체가 노쇠해져서 자녀를 낳을 수 없는 상태라는 것이다.

바울은 더 구체적으로 "그가 백세나 되어 자기 몸이 죽은 것 같고"(롬 4:19)라고 했다. 그런데 하나님께서 약속하신 대로 아브라함과 사라는 아들 이삭을 낳는다. 몸의 건강이 회복된 것이다. 놀라운 사실은 사라가 죽은 후 아브라함은 후처를 맞이하여 여섯 명의 아들을 더 낳은 것이다(창 25:1-2). 사라가 127세에 죽었으니(창 23:1) 그때 아브라함의 나이는 137세다.

그두라라는 한 여자에게서 여섯 명을 낳았으니 그 기간을 십 년으로 계산해도 아브라함은 150세 정도까지 자녀를 생산할 수 있는 건강을 유지했다는 것이다. 혹자는 아브라함의 건강이 회복된 것은 이삭을 낳기 위해서이므로 건강 회복의 기간이 짧았을 것이며 그 어간에 그두라를 첩으로 두었을 것이라고 주장한다.

이런 주장에 의하면 사라가 살아 있을 때 그두라를 첩으로 두었다는 것이다. 하지만 그두라가 여섯 명의 아들을 낳았는데, 그 기간을 짧다고 할 수 없다. 또 사라가 낳은 이삭이 상속자이므로 굳이 더 자식 욕심을 낼 이유도 없다. 만약 아브라함이 아들을 더 낳고 싶었다면 사라를 통해 낳았을 것이다.

하갈이 낳은 이스마엘로 인해 가정불화가 생겨서 이스마엘을 내보내는 아픔을 경험한 아브라함이 사라가 살아 있을 때 첩을 얻어 아들들을 낳았을까?

사라가 죽었을 때 이삭이 37세(창 23:1)이므로 장성하여 상속권도 안정되고 아직도 아브라함이 건강하여 첩을 얻은 것이라고 해석하는 것이 더 타당하다고 생각된다. 칼빈주석에 의하면 어거스틴과 칼빈도 이삭을 낳았을 때 회복된 아브라함의 정력이 평생 지속되었다고 해석한다.

이 말씀대로라면 사람의 건강을 회복할 수 있다는 의미다. 누군가 이 말씀을 비전으로 삼아 그러한 방법을 찾아낸다면 인류는 더욱 건강하게 오래 일하고 번성하며 장수도 할 수 있을 것이다.

당신도 성경에서, 성경에 근거하여 비전을 찾아보라. 성경의 약속은 반드시 이루어질 것이니 가장 완벽한 비전이다. 또, 성경에 기록된 역사상에 일어났던 일들은 하나님께서 허락하시는 한도 안에서 실현될 가능성을 보여 준다(예를 들어, 아담의 수술은 마취제, 노아의 방주는 침몰 되지 않는 배, 세 친구는 불에 타지 않는 옷).

성경에 기록되어 있지만 아직 밝혀지지 않았거나 증명되지 않은 사실이 있다면 그것을 찾는 것도 좋은 비전이 될 수 있다(욥 28:26 천둥 번개가 치는 길을 정하셨다(바른 성경). 창세기 26:12 이삭이 농사에서 백 배로 추수한 것, 수 10:13; 왕하 20:11 지구가 자전을 멈추거나 반대로 움직인 사건 등).

중요한 것은 하나님 나라를 확장하고 인류에 봉사하려는 선한 동기여야 한다는 것이며, 하나님의 말씀을 믿는 것과 하나님의 약속(뜻)을 이루려는 열망(윌리엄 캐리의 선교 비전, 잠 11:1, 카스전자저울)이 있어야 한다는 것이다. 그 열망으로 우리는 성경에서 창조적인 동기를 부여받고 창의적인 비전을 찾을 수 있다.

하나님의 선하심과 능력과 지혜를 보이기 위한 비전을 가지라. 성령님은 성경을 가까이하는 사람에게 하나님의 말씀(약속, 뜻)으로 거룩한 비전을 주셔서 희망차게 미래를 향해 나아가게 하신다. 하나님을 위한 위대한 일들을 성취하게 하신다.

2. 하나님을 경외함으로 성결과 선을 행하여 신뢰받는 사람

성경은 다섯 번이나 여호와께서 요셉과 함께하셨다고 알려 준다(창 39:2, 3, 21, 23; 행 7:9). 하나님께서 함께하셨다는 말을 요셉 편에서 표현하면, 요셉이 하나님의 임재 앞에서 하나님을 경외하며 살았다는 뜻이다.[77] 그것이 요셉이 악을 거절하고 거룩한 선을 행하며 살 수 있었던 원동력이다. 하나님께서 자기와 함께하시는 것을 알고 하나님을 사랑하면 악한 욕망을 극복하고 선을 추구하기 때문이다.

실제로 요셉은 악이 하나님의 약속을 방해할 때도 하나님의 약속 성취를 믿고 선한 삶을 살았다. 그러할 때 사람들은 자기의 일과 소유를 요셉에게 다 맡길 정도로 신뢰했다. 하나님께서는 깨끗한 자를 귀하게 사용하셔서 하나님의 약속을 이루신다(딤후 2:21).

2020년 기독교윤리실천운동의 여론조사에 따르면 실추된 한국 교회의 신뢰도를 회복하는 방법은 그리스도인의 도덕성 회복과 사회봉사를 강화하는 것이라고 발표했다. 한국 사회가 기독교를 신뢰하지 않는 이유는 비도덕적이고 이기적이기 때문이라는 것이다. 이러한 평가 앞에서 교회는 겸허히 회개해야 한다. 더욱 섬기는 삶으로 사회적 공신력을 회복해야 한다.

성경은 우리에게 명령한다.

> 주 안에서 빛이라 빛의 자녀들처럼 행하라 빛의 열매는 모든 착함과 의로움과 진실함에 있느니라(엡 5:8-9).
> 너희는 세상의 빛이라 산 위에 있는 동네가 숨겨지지 못할 것이요 이같이 너희 빛이 사람 앞에 비치게 하여 그들로 너희 착한 행실을 보고 하늘에 계신 너희 아버지께 영광을 돌리게 하라(마 5:14-16).

교회는 하나님에 의해 세상으로 파송된 거룩한 공동체다. 우리가 행하는 착한 행실을 통해 세상은 우리 안에 있는 하나님과 하나님을 향한 믿음을 볼 것이며, 우리가 믿는 하나님을 존중할 것이다.

그러므로 성도는 세상과의 관계에서 세속화와 고립화 사이에 거룩한 중심을 유지하되 세상 속에서 복음으로 빚어진 자기의 정체성을 윤리로 실천해야 한다.[78] 교회와 세상의 중개인이자 성숙한 시민으로서 그리스도의 복음을 말과 삶으로 나누어 세상을 복음으로 변혁해야 한다.[79]

빈익빈 부익부가 심화되는 이 시대에 복음의 공공성은 특히 어려운 이웃을 먹이고, 입히고, 돌보는 생활, 즉 나눔과 사랑의 실천으로 나타나야 한다.[80] 성령님은 언약 백성 안에 거하시며 언제나 함께하셔서 우리가 하나님 앞에서 살도록 도우신다(요 14:16-17). 그러한 성령의 인도에 순종하여 하나님 앞에서 공공성을 가지고 성결하게 사는 성도는 주변 사람들로부터 신뢰와 존경을 받는다.

3. 하나님의 섭리를 신뢰하고 인내하며 실력을 쌓는 사람

사람들은 하나님의 약속이 이루어지지 못하도록 요셉에게 악을 행하여 방해했지만, 하나님께서는 높여 주시겠다는 약속을 성취하기 위해 요셉의 삶을 섭리하셨다. 노예와 죄수가 된 요셉의 삶이 사람들이 보기에 약속과 멀어져 보였지만 하나님께서는 보이지 않는 손으로 요셉의 삶이 약속 성취를 향해 돌진하게 하셨다. 요셉이 13년을 인내하고, 형들을 용서하며 섬길 수 있었던 것은 하나님의 섭리를 믿었기 때문이다(창 50:20).

하지만 하나님의 섭리를 믿는다고 하여 요셉이 감나무 밑에 누워서 감이 떨어지기만을 기다린 것은 아니다. 하나님께서 자기를 통해 약속을 이루실 수 있도록 실력을 쌓았다. 바로왕을 만났을 때 그가 고민하는 일에 대해 즉석에서 대안을 제시할 수 있을 정도로 말이다.

하나님의 약속은 미래에 성취될 것이므로 비현실적이어서 말씀을 믿지 않는 사람들과 현실로부터 거절을 당할 수 있다. 그러므로 말씀을 따라 사는 성도는 고독한 고난을 각오해야 한다. 동시에 하나님께서 함께 하시며 우리 삶에 약속이 이루어지도록 섭리하심을 믿어야 한다.

하나님께서는 모든 것이 합력하여 말씀을 성취하도록 보이지 않는 손으로 일하신다. 그러므로 어떤 신분, 어떤 상황에 있든 하나님께서 나를 단련하고 있음을 신뢰하고 성숙하기 위해 인내해야 한다. 고난의 음지에서 겸손히 기다리며 양지로 올려 주실 때를 대비하여 실력을 쌓아야 한다.

높여 주시지 않는다고 한탄만 하지 말고 높여 주실 때를 준비해야 한다. 기도하는 가운데 끊임없이 독서하고 토론하며 연구하여 그것을 나누고 실천해야 한다. 사람들이 해결책을 찾아 우리에게 올 수 있도록 전문가가 되어야 한다. 하나님의 섭리를 믿는 성도는 인내하며 실력을 쌓는다.

4. 회개하고 용서하므로 공동체성을 회복하는 사람

요셉은 형들에게 말했다.

> 당신들이 나를 이 곳에 팔았다고 해서 근심하지 마소서 한탄하지 마소서 하나님께서 생명을 구원하시려고 나를 당신들보다 먼저 보내셨나이다(창 45:5).
> 그런즉 나를 이리로 보낸 이는 당신들이 아니요 하나님께서시라 하나님께서 나를 바로에게 아버지로 삼으시고 그 온 집의 주로 삼으시며 애굽 온 땅의 통치자로 삼으셨나이다(창 45:8).

우리는 대부분 보이는 사람과의 관계에서 나의 삶이 결정되었다고 생각한다. 요셉도 분명 형들이 팔았기 때문에 애굽에 왔었다. 하지만 요셉은 하나님과의 관계에서 자기를 볼 줄 알았다. 자기가 애굽으로 온 것은 형들보다 더 큰 하나님의 뜻에 의한 것임을 알았다. 형들이 버린 것이 아니라 하나님께서 먼저 보내신 것임을 알았다.

그러한 하나님의 계획 속에서 자기의 삶을 볼 때 이렇게 고백할 수 있었다.

> … 나를 이리로 보낸 것은 당신들이 아니요 하나님이시라 … (창 45:8).

구원의 관점으로 보니 큰 가슴이 되어 형들의 행위가 사사롭게 여겨지게 되었고 용서할 수 있었다.

> … 내가 당신들과 당신들의 자녀를 기르리이다 하고 그들을 간곡한 말로 위로하였더라(창 50:21, 참조 45:11).

그리하여 야곱의 가정은 열두 형제가 모든 응어리를 풀고 공동체를 회복한다. 이것은 대단히 중요한 일이다. 왜냐하면, 하나님의 계획은 야곱의 열두 아들이 열두 지파의 조상이 되어 애굽에서 민족으로 번성하는 것인데 열두 명일 때도 하나가 되지 못하고 경쟁하며 다툰다면 숫자가 더 많아질 경우 더 큰 싸움을 할 것이기 때문이다(삿 20장 참조).

그리고 분열된 공동체로는 번성은커녕 가나안 땅 정복도 불가능할 것이기 때문이다. 그러므로 이스라엘이 애굽에 들어가기 전에 반드시 형제들의 관계가 회복되고 연합된 공동체를 이루어야 한다. 공동체의 회복과 연합과 번성의 출발은 회개와 용서다. 이삭과 이스마엘은 헤어졌고, 야곱과 에서도 이별했지만, 요셉과 형제들이 흩어지지 않고 함께 번성하여 민족을 이루고 열두 지파의 조상들로서 가나안 땅을 함께 상속받을 수 있었던 것은 요셉의 용서가 있었기에 가능했다.

하지만 아무리 요셉이 형들을 용서해도 형들이 달라지지 않는다면 소용이 없다. 그러나 하나님께서 형들도 변화시켜 주셨다. 형들은 요셉 앞에서 "우리가 아우의 일로 말미암아 범죄하였도다"(창 42:21)라고 자신들의 죄를 시인하고 반성한다. 형들의 자백은 창세기에서 유일하게 죄를 시인한 기록이다. 그리고 형들은 "우리 죄를 이제 용서하소서"(창 50:17)라고 요셉에게 용서를 구한다. 요셉이 베냐민에게 다섯 배로 더 대접해 주어도 형들은 질투하지 않았다(창 43:34). 베냐민이 도둑으로 몰려 잡혀갈 때 형들도 자원하여 함께 따라갔다(창 44:14). 유다는 베냐민을 위해 대신 죽겠다고까지 했다(창 44:33). 하나님께서는 형들도 변화시키고 계셨다. 우리가 사람을 변화시킬 수 없다. 하지만 우리가 용서할 때 하나님께서는 그들을 변화시키실 것이다. 하나님께서는 회개와 용서를 통해 화목하고 번성하는 공동체로 회복시키신다.

당신도 아픔을 준 사람에게 '당신이 아니요 하나님이시라!'라고 고백할 수 있는가?
늘 상처만 묵상하지는 않는가?
그래서 다시 아파하고 낙심하며 분노를 반복하지는 않는가?
상처를 준 사람과 상처를 묵상하는 것은 자기를 계속 아프게 만든다. 자기 삶에 대해 남 탓만 하며 발전하지 못하게 만든다. 과거에 매여 있으므로 현재가 앞으로 나아가지 못하고 허비된다. 만약 어떤 사람이 나에게 1만큼 상처를 주었는데, 내가 그 상처를 계속 묵상하면 2가 되고 10이 되고 100이 될 수도 있다.
상처를 묵상하는 것은 상처를 준 사람보다 자기를 더 아프게 만드는 어리석음이다. 그것을 치유하실 수 있는 하나님을 묵상해야 한다. 신실하신 하나님과 하나님의 약속을 바라보아야 한다. 삶을 단순한 인간관계로 해석하면 분노가 치밀 수밖에 없다. 나의 삶을 구속사적으로 해석할 때 치유가 일어난다.
그리고 그렇게 하나님으로부터 치유 받은 자는 자기가 치유 받은 것에서 멈추지 말고 나에게 상처를 준 사람을 용서해야 한다. 온전한 치유는 용서로만 가능하며, 용서할 때 상대만이 아니라 자기도 치유되고, 불편하던 관계와 아파하던 공동체가 회복될 수 있기 때문이다. 그리고 내가 상처를 준 사람에게 찾아가서 사과하고 합당한 보상을 해 주어 그 사람의 상처가 치유되도록 최선을 다해야 한다. 먼저 손을 내미는 사람 그리고 손을 내밀 때 다시 잡아 주는 사람이 관계와 공동체를 살리는 사람이다.

5. 선교적인 삶으로 생명을 살리는 사람

요셉은 언제나 만나는 모든 사람에게 예수님 닮은 삶으로 하나님을 증거하고 이웃을 섬겼다. 집에서 아들일 때는 아버지와 형들에게 선택하시고 약속을 주시는 주권자 하나님을 증거하고, 애굽에서 종일 때는 여주인에게 자기가 섬기는 하나님께서 선하신 분임을 증거한다. 감옥에서 죄수일 때는 두 관원장에게 꿈을 해석하시는 하나님이시라 증거한다. 왕궁에서는 바로에게 역사를 통치하고 구원하시는 하나님이심을 증거한다.

요셉은 단순히 말로만 신앙을 고백하지 않았다. 가족들에게 하나님의 뜻을 전하고, 주인에게 충성하고 맡은 일을 책임 있게 수행한다. 관원장들과 바로에게 선을 행한다. 총리가 되어서도 형들을 용서하고 기근으로 고통하는 사람들과 짐승들까지 섬긴다. 요셉은 어떠한 형편에서도 하나님 나라의 사명 의식을 가지고 예수님을 보여 주며 생명을 살리는 삶을 살았다.

당신 신앙의 폭은 어느 정도인가? 자기인가? 가정인가? 우리 교회인가? 아니면 하나님 나라인가?

하나님께서는 구원받은 우리를 통해 하나님 나라를 확장하기 원하신다. 하나님께 귀하게 쓰임 받으려면 세상 영광보다 더 크고 위대한 사명에 집중해야 한다. 개인주의, 내 가정, 개교회주의를 초월하여 하나님 나라의 관점으로 보고 그 나라를 확장하기 위한 삶을 살아야 한다. 하나님 나라는 이웃을 섬기는 선교(영혼을 섬기는 전도와 육신을 섬기는 구제, 삶을 섬기는 교육)를 통해 확장된다.

하나님께서는 선교적인 삶을 사는 성도를 통해 생명을 살리고 하나님 나라 확장에 귀하게 사용하신다. 언제, 어디서나, 어떤 형편에서든 이웃에게 예수님을 전하고 섬김으로 하나님의 사랑을 보여 주는 성도가 하나님 나라를 위해 사는 사명자다.

하나님께서 성경으로 보여 주시는 하나님의 계획은 하나님 나라를 이루는 것이다. 하나님은 창조를 통해 하나님 나라를 시작하셨다. 그런데 죄로 인해 하나님 나라가 훼손됐다. 하나님은 구약 시대에 하나님 나라의 회복을 약속하시고, 예수 그리스도를 통해 이 땅에 하나님 나라를 회복(시작)시키셨다.

우리는 '이미'와 '아직' 사이에 존재하며 현재 성령님은 교회의 예배와 선교(복음 전파+문화 사역)[81]를 통해 하나님 나라를 확장해 가신다. 장차 예수님이 재림하시므로 새 하늘과 새 땅에서 하나님 나라는 완성될 것이다. 생명을 살리는 하나님 나라가 역사 속에서 이루고자 하시는 하나님의 계획이다.

하나님은 우리를 약속의 말씀(복음)으로 부르시고 성령으로 거듭나게 하셔서 하나님의 백성이 되게 하셨다. 하나님의 말씀을 주셔서 각 지교회와 가정과 시대와 삶의 처소로 파송해 주셨다. 하나님은 우리를 통해 자기 백성을 구원하고 악을 제어하며 세상이 회복되는 하나님 나라가 확장되기를 원하신다.

하지만 우리는 불신앙으로 분열하며 주님의 몸 된 교회를 찢지는 않는가?
세상에서 큰 자가 되려는 이기적인 야망을 품고 허망한 바벨탑을 쌓지는 않는가?
시기심으로 형제들을 짓밟고 악을 행하지는 않는가?

하나님의 언약 백성에게 최고의 영광은 하나님의 말씀을 성취하는 삶이고, 하나님 나라 백성에게 최고의 상급은 하나님 나라 확장에 귀하게 사용되는 것이다. 따라서 많은 사람을 살리려는 비전을 품고 비천에 처하든 궁핍에 처하든 하나님을 경외하며 순결한 삶으로 인내하면서 복음과 나눔과 선으로 이웃을 섬기는 자가 하나님 나라에서 큰 자다.

말씀을 붙들고 하나님 나라 확장을 위해 사는 과정에는 요셉이 만났던 것처럼 가까운 사람들의 시기, 신분이 낮아짐, 성적인 유혹, 누명, 억울함, 배신, 비참한 상황 등을 겪을 수 있다. 하지만 하나님은 그 모든 악을 선으로 바꾸실 수 있다. 그 하나님과 하나님의 언약 성취를 확신하며 인내 가운데 선을 행할 때 하나님은 우리와 함께하시고 역전시키셔서 형통하게 하실 것이다.

> 하나님의 말씀을 이루려는 비전을 품고 신앙과 성품과 실력을 쌓아 선교적인 삶을 살자!

<<< 생각 나누기 >>>

1. 성경에서 내가 이룰 수 있는 약속이나 비전은 어떤 것이 있는가?

2. 내 삶에서 성결해야 할 부분과 선행을 나타내야 할 영역은 어디인가?

3. 내 삶에 약속의 말씀과 반대되는 상황이 계속될 때 어떻게 이겨낼 것인가?

4. 내가 속한 깨어진 공동체를 화목하게 회복시키기 위해 무엇을 할 것인가?

5. 깨어진 관계를 회복시킨 간증이 있으면 나누어 보라.

6. 내가 하나님 나라 확장을 위해 당장 실천할 수 있는 것은 무엇인가?

결론
이 시대의 요셉으로 살자

하나님만이 기쁘신 뜻대로 역사를 통치하시는 왕이시다. 하나님께서는 말씀으로 약속하시고 그 약속의 말씀을 성취하시는 방식으로 역사를 다스리신다. 그런데 보이지 않는 하나님께서는 보이는 사람을 사용하신다.

사람에게 약속의 말씀으로 하나님의 뜻을 알리시고 그 약속을 신뢰하는 사람을 통해 하나님의 약속을 이루어 영광 받으신다. 그 사람과 함께하셔서 역경을 이겨내도록 보이지 않는 능력의 손으로 보호하시고 삶을 역전시켜 뜻(약속)을 이루셔서 복이 되게 하신다.

그리고 이 모든 일을 주권적으로 섭리하신다. 그래서 사람들 각자는 자기 뜻대로 살아가지만 결국은 하나님의 정교한 뜻대로 이루어진다.

하나님만이 홀로 영광을 받으실 지로다!

 **지금까지 살펴본 요셉은 어떤 사람인가?**

첫째, 요셉은 하나님을 경외하는 신앙인이다.
하나님을 경외하기 때문에 악과 거리를 두고 선을 행하며 살았다(창 37:2; 39:9). 마음이 청결한 자가 하나님을 본다는 말씀처럼 하나님은 하나님의 꿈(뜻)을 이루는 데 쓰시기 위해 요셉을 말씀으로 부르

셨다. 요셉은 '하나님의 꿈을 받은 사람'이다.

둘째, 요셉은 하나님의 약속 말씀을 믿은 사람이다.

보이지 않아도 하나님의 약속 성취를 열망하고 확신하며, 하나님의 말씀과 반대되는 현실에서도 인내하며 약속 성취를 위해 산 믿음의 사람이다. 역경 중에도 말씀에 대한 순종으로 선한 삶을 살았다. 하나님께서는 그러한 요셉을 통해 하나님의 약속을 이루신다. 요셉은 '하나님께서 쓰고 싶은 사람'이다.

셋째, 요셉은 선으로 악을 이기시는 하나님을 신뢰한 사람이다.

> 당신들은 나를 해하려 하였으나 하나님은 그것을 선으로 바꾸사 오늘과 같이 많은 백성의 생명을 구원하게 하시려 하셨나니(창 50:20).

요셉은 악을 선으로 바꾸시는 하나님, 선으로 악을 이기시는 하나님이라고 고백한다. 악을 선으로 바꾸는 것이 하나님의 섭리다. 요셉은 섭리 신앙으로 억울한 상황에서도 선을 지키므로 악을 이겼다. 선으로 악을 이긴 결과는 많은 백성의 생명을 구원하는 것이다. 요셉은 '하나님을 철저히 신뢰한 사람'이다.

넷째, 요셉은 주변에 복이 되는 사람이다.

하나님의 약속을 믿은 요셉은 어떤 나락 속에서도 주변 사람에게 신실함으로 반응했다. 약속의 말씀에 대한 신앙은 자기를 정결하게 만들고, 하나님을 경외함으로 지혜를 생산하며, 결과적으로 주변에 도움이 되는 인물로 성장하게 만든다. 요셉은 언제나 '하나님 앞에서 산 신실한 사람'이다.

다섯째, 요셉은 자기가 살던 시대에 하나님께 귀하게 쓰임 받은 사람이다.

요셉은 하나님으로부터 높여 주시겠다는 약속을 받았지만, 자기가 높아지는 것이 아니라 하나님을 높이는 삶을 살았다. 그 증거가 그가 늘 하나님을 증언한 사실이다. 그런 요셉을 하나님이 높여 주셨다. 이것은 먼저 그의 나라와 의를 구하면 이 모든 것을 주시는 '하나님 나라의 원리'다(마 6:33). 요셉은 '하나님께서 높여 주고 싶은 사람'이다.

여섯째, 요셉은 하나님의 꿈(계획)을 현실로 만든 사람이다.[82]

하나님께서 요셉에게 주신 꿈(말씀, 약속)은 미래에 대한 하나님의 꿈(비전)이었다. 하나님의 백성 이스라엘을 민족으로 번성시키고 하나님 나라를 회복하시려는 시대를 향한 하나님의 계획이었다. 요셉은 하나님의 말씀을 통해 그러한 시대적 사명을 인식하고 감당한다. 요셉은 시대를 향한 '하나님의 약속을 이룬 사람'이다.

일곱째, 요셉은 예수 그리스도를 닮은 사람이다.

아버지의 사랑을 받는 아들 요셉에게서 우리는 성부 하나님과의 친밀한 예수님을 본다. 권위자에게 순종하는 모습에서 하나님의 뜻에 죽기까지 복종하신 예수님이 떠오른다. 죄가 없이 종으로, 죄수로 낮아진 요셉에게서 무죄하심에도 우리를 구원하기 위해 낮아지신 예수님을 기억한다. 작은 자들을 섬기는 요셉에게서 가장 작은 자들을 찾아가 섬기셨던 예수님의 향기를 맡는다. 깨어진 관계를 회복하는 모습에서 하나님과 우리의 관계 그리고 하나님 나라를 회복시키신 예수님을 본다. 요셉은 '예수님을 보여 주는 사람'이다.

여덟째, 요셉은 그 시대가 찾던 사람이다.

약속의 땅을 떠난 에서가 왕국을 이루어 번성할 때 언약의 상속자 야곱은 가나안 땅에서 겨우 칠십 명이었다. 사람들은 하나님의 백성을 조롱하며 야유성의 의문을 던졌을 것이다.

'너희가 번성한다더니 고작 칠십 명이냐?
민족으로 번성할 것이라는 하나님의 약속은 과연 이루어지는 것이냐?
형제끼리 시기하는 한심한 너희가 하나님의 백성이라고?
너희를 보니 도저히 하나님께서 계시지 않은 것 같은데 하나님의 약속은 야곱이 아닌 에서의 가문에서 성취되고 있는 것 아닌가?'

두려운 질문도 던졌을 것이다.
'우리를 고통스럽게 하는 세계적인 기근을 어떻게 해결하지?'
그리고 이런 수치스러운 조롱 앞에서 하나님의 백성 이스라엘은 할 말을 잃었을 것이다. 그런데 이러한 모든 질문에 대한 성경의 대답, 하나님의 대안이 요셉이다. 요셉은 악한 세상에서 하나님을 신뢰하기에 하나님의 선을 가지고 세상을 구제할 수 있는 사람이다.

가족을 애굽으로 이수시키고 깨어진 가성(교회)공동체를 회복시켜 민족으로 번성(아브라함에게 하신 민족 언약을 성취)할 모든 여건을 마련한다. 세계적인 기근이 있을 것을 알고 인재 등용과 잉여 농산물 관리 제도를 제시하여(창 41:33-36) 미래를 대비한다. 20퍼센트 토지세를 제정하여 국민이 가난을 극복하도록 다스린다.[83]

섬기는 삶으로 세계적인 기근에서 인류를 구원하여 하나님의 백성다움을 드러내고 하나님 나라를 회복한다. 그뿐만 아니라 후손들에게 가나안(하나님 나라)의 비전을 심어 준다. 그리하여 교회와 가정과 사회와 세계가 안고 있던 그 시대의 난제를 해결한다. 기근이 심해지고 지속될수록 사람들은 더욱 요셉을 찾았고, 요셉의 위치와 영향력은 더 강해진다. 요셉은 당대와 다음 세대에게까지 '답이 되는 사람, 해결하는 사람'이다.

우리가 만난 현실도 요셉의 시대와 비슷하다. 교회가 하나님의 백성답지 못한 삶으로 인해 불신 세상이 교회에 야유를 던진다.

'서로 시기하고 경쟁하며 싸우는 게 교회가 말하는 사랑인가?
교회가 믿지 않는 우리와 똑같이 세상 권력을 추구하고 탐욕이 가득한 것을 보니 영생이 없는 것 아닌가?
범죄 사건에 목사나 교인이 관련되는 것이 하나님의 백성다운 삶인가?
하나님을 믿는 사람들이 그렇게 사는 것을 보니 하나님이 없는 것 아닌가?

지금도 세상은 인권의 이름으로 동성애와 태아 살해 같은 악이 성행하고 매일 수만 명의 사람이 굶어 죽고 있으며, 코로나19 이후와 제4차 산업혁명 시대에 대한 막연한 두려움이 있는데 교회는 무엇을 하고 있는가?
어떤 성도는 오랜만에 만난 친구로부터 이런 말을 들었다고 한다. "예수는 좋은데, 교회는 싫다."
이런 조롱 앞에서 현대 교회는 할 말을 잃어가고 있다. 고개도 들지 못할 지경이다. 무엇보다 다음 세대가 교회를 떠나고 있다. 그래서 이 시대도 교회와 가정과 사회와 세계의 고통을 회복시켜 줄 사람이 나타나기를 고대한다.

요셉과 같이 하나님께 귀하게 쓰임 받을 사람이 필요하다. 하나님의 약속을 성취하고 공동체를 회복시키며 하나님 나라를 확장하고 세상의 고통하는 자들을 섬길 이 시대의 요셉이 일어나야 한다. 예수 그리스도 복음의 빛을 말과 인격과 삶으로 비추는 성도들이 나타나야 한다.

하나님께서는 지금도 교회나 가정이나 학교나 직장이나 고난의 현장에서 이 시대의 요셉을 단련하고 계심을 확신한다. 요셉처럼 하나님께서 귀하게 쓰시려는 사람은 하나님의 뜻과 우리 시대의 과제에 대한 해답이 하나님과 하나님의 말씀인 성경에 있음을 확신할 것이다.

성경이 가르치는 십자가 부활의 예수님만을 주와 그리스도로 고백할 것이다. 하나님을 기쁘시게 하고자 자기 몸을 제물로 바치는 영과 진리의 예배를 드릴 것이다. 임재 의식으로 하나님 앞에서 거룩을 추구하며 진실하게 살아갈 것이다. 하나님 나라 확장이라는 비전을 품고 성경 말씀을 이루기 위해 믿음으로 살고 있을 것이다.

빚진 자 의식을 가지고 만나는 사람들에게 예수님만이 인류의 구주이심을 전파할 것이다. 나그네 의식을 가지고 새 하늘과 새 땅을 소망하며 역경 중에도 인내할 것이다. 험난한 고난이 있어도 세속화로부터 거룩을 지키며 십자가의 좁은 길을 걸어갈 것이다.

구속적 관점으로 삶을 해석하여 나를 조롱하고 짓밟은 자들도 용서할 것이다. 섭리 신앙으로 이기주의와 자기 교회당 중심주의의 편견을 깨고 하나님 나라의 큰 가슴으로 시대를 품을 것이다. 하나님께 귀하게 쓰임 받고자 성숙하기 위해 자기를 부인하며 성령의 인도에 순종하고 있을 것이다. 사명길에 고난이 있어도 함께하셔서 역전시킬 하나님을 의지하는 기도를 쉬지 않을 것이다.

하나님을 경외하는 신앙으로 이성을 뛰어넘는 창의적 지혜를 쌓고 있을 것이다. 하나님께서 쓰시도록 열심히 연구하며 전문가적 실력을 쌓고 있을 것이다. 사명 의식을 가지고 맡겨진 일을 정직하고 성실하게 감당하고 있을 것이다. 청지기 의식을 가지고 권력과 재력과 재능으로 이웃을 섬기고 있을 것이다.

예수님을 닮은 말과 성품으로 하나님의 아름다우심을 보여 주고 있을 것이다. 말씀을 실천하는 선한 삶으로 사회적 공공성을 확보하여 주변 사람들로부터 신뢰와 존경을 받고 있을 것이다.

지금도 어디에선가 이렇게 성경 말씀을 성취하려는 하나님의 꿈을 자기의 비전으로 삼고, 하나님 나라 확장을 위해 하나님께서 귀하게 쓰시도록 성경 신앙 위에서 자기를 준비하고 있는 사람, 약속의 말씀으로 시대 앞에 서서 하나님의 말씀을 이룰 이 시대의 요셉, 우리 시대를 위한 하나님의 대안이 바로 당신이기를 열망한다.

> 하나님께서는 지금도 당신을 준비시키고 계신다.

<<< 생각 나누기 >>>

1. 요셉은 어떤 사람인가?

2. 당신은 요셉의 생애 가운데 어느 과정을 통과하고 있는가?

3. 그러한 과정에 있는 당신에게 요셉의 삶은 어떤 도전을 주는가?

4. 이 시대의 요셉으로서 하나님의 약속을 이룰 하나님의 대안이 되기 위해 어떻게 살 것인가?

5. 이 책을 통해 새롭게 깨닫거나 변화되거나 결심한 것은 무엇인가?

6. 책을 읽은 전체적인 소감을 나누어 보라.

서평

안성호 박사
동림교회 담임목사

창세기는 목회자라면 누구나 자주 설교하고 가르치는 성경 중 하나다. 매력적인 신앙의 인물들과 그들의 성공담과 실패담으로 가득하기 때문이다. 그러나 그만큼 전하는 과정 중에서 오류를 범하기 쉬우므로 조심스럽게 연구되어야 할 말씀이다.

이종수 목사님의 저서 『요셉의 꿈 하나님의 꿈』은 이러한 창세기를 세심한 원어 분석을 기본으로 하였고, 본문을 심도 있게 고찰하여 하나님께서 말씀하시고자 하신 뜻이 무엇인지 알고자 고심하신 흔적이 역력히 드러난다.

이 책은 다른 책처럼 요셉이라는 인물에서 시작해 요셉으로 끝나는 (사람을 조명한) 책이 아니라 요셉 위에 계신 성삼위 하나님이 어떤 분이신지를 우리에게 보여 주고 있다. 또, 각 장이 진행될수록 한 인물에서 시작된 고찰을 우리의 삶 속에 어떻게 반영할 수 있는지까지 점진적으로 확대하였다.

아울러 계시사의 관점에서 역사의 흐름을 분석하여 개인의 삶에 적용할 수 있도록 해 두었으며, 각 장에 수록된 "생각 나누기"를 살펴보면 필자의 세심함이 잘 드러난다. 따라서 중고등학교에서는 물론 교회 구역 모임에 이르기까지 성경 공부 교재로도 손색이 없을 뿐만 아니라 인물별 시리즈가 나와도 좋으리라 생각한다.

미주

1. 매주 화요일 저녁 8-10시까지 '삼마성경연구' 모임을 줌으로 진행한다. 교재 구입이 가능하고 강의한 녹취파일을 무료로 제공한다. 『키워드로 보는 성경』이라는 앱도 개발했고, 정기적으로 성경 세미나도 하고 있다(줌 회의 ID: 999 334 1444 암호: sm66).
2. 이세령, 복음자리 성경 세미나. 매주 월요일 오전 7-9시 30분까지 성경을 히브리어, 헬라어, 라틴어로 강독하고 해석하는 모임이다. 한 주에 성경책 한 권씩 공부하는 성경 공부 모임과 히브리어와 헬라어를 매주 공부하는 모임도 진행하고 있다. 서울의 복음자리교회당과 스카이퍼로도 참여가 가능하다. https://join.skype.com/UN-gU8Odu7BJL
3. 이세령, 『바닥을 기는 창세기』, (깃드는숲, 2024), 46.
4. 이세령, 『바닥을 기는 창세기』, 87
5. 죄에 대한 이러한 정의는 이세령 목사가 복음자리 성경연구모임에서 주장한 것인데 허락을 받아 인용한다.
6. 이세령 목사가 복음자리 성경연구모임에서 주장한 것인데 허락을 받아 인용한다.
7. 탐심과 교만은 '제국주의'로 나타난다. 하나님을 떠난 교만한 세상은 탐욕에 빠져 제국주의를 추구한다. 가인이 여호와 앞을 떠나 성(도시)을 건설하고(창 4:16~17), 홍수 이후 인류가 모여 성읍과 탑을 건설하여 하나님을 대적한 것도 제국주의다(창 11:4).
8. 요셉의 꿈들은 성경에 기록된 꿈들 가운데 하나님께서 직접 말씀하

시지 않는 최초의 것들이다. 창 1~11장에서는 주로 직접적인 현현을 통해 인간에게 말씀하셨고, 12~35장에서는 꿈과 환상을 통해 계시하셨으며, 그 후부터는 섭리를 통해 뜻을 알려주셨다. 이러한 변화는 유대인 성경이 세 부분으로 구성된 것에서도 드러난다. 첫 부분인 오경은 하나님께서 현현을 통해 모세에게 직접 계시해 주신 것이며, 두 번째 부분인 선지서는 하나님께서 꿈과 환상을 통해 선지자들에게 보여주신 말씀이며, 세 번째 부분인 성문서에서 하나님께서는 주로 섭리를 통해 자기의 뜻을 밝히셨다. 송병현,『창세기 강해』, (국제제자훈련원, 2010), 657.

9 קוֹל[콜] : voice, 구약에 500회, 성대에서 말하는 소리.

10 מַרְאָה[마르아] : vision, 환상, 이상, 거울.

11 חֲלֹם[하롬] : dream, 꿈

12 אוּרִים[우림] : urim, 빛들, 대제사장의 흉패 주머니 속에 두는 돌, 하나님의 결정을 내릴 때 사용.

13 חָזָה[하자] : envisioned 보다, 예언하다, 알아차리다, 바라보다.

14 키이스 매티슨저, 전광규역,『종말론적 관점에서 본 성경 개관』, (부흥과개혁사, 2012), p.66.

15 김창대,『그말씀』, (두란노, 2015), 141.

16 강현복,『땅 위에 아로새겨진 하늘나라』, (RnF, 2017), 33.

17 노진준,『요셉이 알고 싶다』, (넥서스, 2017), 23.

18 김정우, "구약계시에 있어서 꿈의 위치와 가치",「성서마당」1996년 8월호.

19 도지원,『요셉의 섭리 살이』, (청교도신앙사, 2017), 32.

20 도지원,『요셉의 섭리 살이』, 346.

21 송봉모,『신앙의 인간 요셉』, (바오로 딸, 2011), 59.

22 도지원,『요셉의 섭리 살이』, 62, 99.

23 송영찬,『하나님의 언약』, (깔뱅, 2006), 500.

24 송영찬,『하나님의 언약』, 501

25 김남국, 『앞서 보낸 자 요셉』, (두란노, 2016), 26, 88.
26 송영찬, 『하나님의 언약』, 501.
27 강화구, 『성경 내러티브 읽기』, (총회출판국, 2020), 115.
28 윤석준은 형들이 여기저기에서 여러 가지 방식으로 악을 행했고, 요셉이 야곱에게 알렸으므로 야곱은 형들의 죄를 방관하지 않기 위해서 요셉을 파송했다고 해석한다(유은교회 카페). 송영찬은 형들이 집을 떠나 멀리 나가 양떼를 치는 일을 하는데 요셉만 집에 남아 아버지의 사랑을 독차지한다면 형제들 간의 우애가 무너지고 더 골이 패이게 될 것을 염려하여 형들과의 앙금을 씻고 가까워질 수 있는 기회를 주고자 요셉을 형들에게 보냈다고 해석한다(502). 송병현은 형들이 요셉을 얼마나 미워했는지를 야곱이 알지 못해서 요셉을 보냈다고 해석한다(662).
29 김창대, 『그말씀』, 107.
30 송영찬, 『하나님의 언약』, 530.
31 원용일, 『인생은 요셉처럼』, (브니엘, 2015), 108.
32 제임스 해밀턴 저, 김희정 역, 『성경신학이란 무엇인가?』, (부흥과개혁사, 2015), 48.
33 김성주, 『언약과 하나님 나라』, (칼빈아카데미, 2012), 224.
34 김남국, 『앞서 보낸 자 요셉』, 86.
35 조병호, 『성경과 5대 제국』, (통독원, 2011), 31.
36 원용일, 『인생은 요셉처럼』, (브니엘, 2015), 134.
37 원용일, 『인생은 요셉처럼』, 120.
38 이문범, 『그 땅이 주는 복음』, (도서출판그땅, 2013), 19.
39 박성혁, 『이토록 공부가 재미있어지는 순간』, (다산북스, 2019), 86-87.
40 한정건, 디럭스 바이블(DVD), 579, 584.
41 호크마 주석.
42 요셉의 꿈을 형들에게 적용하면, 형들의 곡식단이 요셉의 곡식단에

절을 하는 첫 번째 꿈은 흉년에 형들이 요셉에게 와서 참여하는 것으로 성취된다. 별로 상징되는 두 번째 꿈은 형들이 열두 지파(의 조상)가 되는 것으로 성취된다. 도지원, 167.

43 류모세, 『열린다성경 생활풍습이야기』(상), (두란노, 2012), 64.

44 송병현, 『창세기 강해』, (국제제자훈련원, 2010), 655.

45 한정건, 『창세기 성경주석』, (총회출판부, 2016), 548.

46 강현복, 『땅 위에 아로새겨진 하늘나라』, 147.

47 이문범, 『그 땅이 주는 복음』, 20.

48 고신철, 〈삼마성경강좌 강의교재〉, (삼마성경연구원, 2018), 36.

49 요셉이 살아 있을 때는 장자권과 장자의 몫을 받아 요셉이 장자권을 행사했다(대상 5:1-2; 창 48:5; 창 50:18 참조). 하지만 야곱의 유언을 통해 구속사에서 유다가 장자권과 메시아 언약의 계승자가 된다(창 49:8, 10). 즉, 당대에는 요셉이 장자권을 모두 행사했으나 구속사적 관점에서 보면 기업을 받는 일에서만 요셉이 '장자의 몫'을 받았고, 형제들을 통솔하고 메시아의 조상이 되는 '장자권'은 유다가 받는다(창 49:8-12). 하나님께서 레아의 아들들과 라헬의 아들들이 장자권 문제로 시기 다툼에 빠지지 않도록 장자권은 레아의 아들에게, 장자의 복은 라헬의 아들에게 공평하게 나누어 주신 듯하다.

50 송병현, 『창세기 강해』, 656.

51 민경구, 『다시 읽는 창세기』, (이레서원, 2019), 254.

52 "앗수르 법에도 정치범 등을 수용하는 왕의 감옥이 있다." 존 월튼·빅터 매튜스·마크 샤발라스, 『IVP 성경 배경주석』, (IVP, 2006), 99.

53 박길현, 『계시역사로 본 창세기』, (신언, 2012), 446.

54 이미숙, 『그말씀』, (두란노, 2015), 94.

55 유도순, 『구속사의 관점에서 본 창세기의 파노라마』, (한국개혁신학연구원, 1994), 204.

56 https://www.youtube.com/watch?v=kNI99RxYiqg&t=2158s. 이찬

수 목사 설교, 〈인간의 방해와 하나님의 함께하심〉.

57 조이스 G. 볼드윈 저, 『창세기』, 강성열·김영호 역, (두란노, 1992), 254.

58 송병현, 『창세기 강해』, 785.

59 『IVP 성경 배경주석』, 107.

60 송병현, 『창세기 강해』, 788.

61 노진준, 『요셉이 알고 싶다』, 125.

62 이광호, 『창세기 강해』, 501.

63 조엘 R. 비키 편집, 조계광 옮김, 『기독교적 삶의 아름다움과 영광』, (개혁된실천사, 2020), 21.

64 오스왈드 챔버스, 『창세기 강해』, (토기장이, 2012), 364.

65 유도순, 『구속사의 관점에서 본 창세기의 파노라마』, 182.

66 요셉에게 이르되 이전에 가나안 땅 루스에서 전능하신 하나님이 내게 나타나사 복을 주시며 내게 이르시되 내가 너로 생육하고 번성하게 하여 네게서 많은 백성이 나게 하고 내가 이 땅을 네 후손에게 주어 영원한 소유가 되게 하리라 하셨느니라(창 48:3-4), 이스라엘이 요셉에게 또 이르되 나는 죽으나 하나님이 너희와 함께 계시사 너희를 인도하여 너희 조상의 땅으로 돌아가게 하시려니와(창 48:21). 야곱은 하나님의 약속에 대한 신앙이 있었다. 그리고 유언을 통해 하나님의 약속 말씀을 계승해 주고 있다.

67 아브라함의 자손이 민족으로 번성할 것이라는 민족(자손) 언약은 땅의 티끌같이(창 13:16; 28:14), 하늘의 별과 같이(창 15:5; 22:17; 26:4), 바닷가의 모래 같이(창 22:17; 32:12) 많게 될 것이라고 이삭과 야곱에게도 반복해서 나타난다.

68 이광호, 『창세기』, (깔뱅, 2007), 443.

69 한은경, 『엄마가 행복해야 가정이 행복하다』, (두란노, 2012). 251.

70 키이스 매티슨, 『종말론적 관점에서 본 성경 개관』 66.

71 김성주, 『언약과 하나님 나라』, 235.

72 게라르드 반 게라닝겐 저, 『구약의 메시아 사상』, 류호준·유재원 공역 (CLC, 1997), 196.

73 『IVP 성경 배경주석』, IVP.

74 그레고리 K. 비일 저, 『성전신학』, 강성열 역. (새물결플러스, 2020), 40.

75 기동연, 『창조부터 바벨까지』, (생명의양식, 2022), 153.

76 석원태, 『창세기 강해』, (경향문화사, 2002), 404.

77 오스왈드 챔버스, 『창세기 강해』 363.

78 송영목, 『그리스도 중심적 공공-선교적 설교』, (향기아카데미, 2020), 6.

79 송영목, 『그리스도 중심적 공공-선교적 설교』, 5.

80 송영목, 『하나님 나라 복음과 교회의 공공성』, (SFC, 2020), 129.

81 이복수, 신경규. 『선교학 개론 강의안 및 자료집』, 고신대학교, 2003. 선교란 주의 백성이 예수 그리스도의 복음을 선포하는 복음 전도의 중심적 사역과 더불어 세상에서 빛과 소금으로서 사회를 변화시키는 봉사의 활동들을 통하여 하나님의 나라가 확장되게 하는 포괄적인 사역을 의미한다. 복음 전도를 중심으로 하는 치료 행위는 선교일 수 있으나 복음 전도를 제외한 치료의 행위는 선교가 아니라 단순한 치료 행위에 지나지 않는다.

82 한정건, 『창세기 성경주석』, (총회출판국, 2016), 546.

83 요셉이 세운 5분의 1 토지법은 로마제국 시대 옥타비아누스 황제 때까지 1,500년 이상 계속된다.

참고 자료

강규성. 『그말씀』. 두란노, 2009.
강사문. 『하나님께서 택한 자들의 가정 이야기』. 한국성서학연구소, 1998.
강화구. 『성경 내러티브 읽기』. 총회출판국, 2020.
강현복. 『땅 위에 아로새겨진 하늘나라』. RnF, 2017.
게라르드 반 게라닝겐. 『구약의 메시아 사상』. 류호준 · 유재원 공역. CLC, 1997.
그레고리 K. 비일 저. 『성전 신학』. 강성열 역. 새물결플러스, 2014.
김남국. 『앞서 보낸 자 요셉』. 두란노, 2016.
김성주. 『언약과 하나님 나라』. 칼빈아카데미, 2012.
김정우. 〈구약 계시에 있어서 꿈의 위치와 가치〉. 성서마당, 1996년 8월호
김창대. 『그말씀』. 두란노, 2015.
노진준. 『요셉이 알고 싶다』. 넥서스, 2017.
데이빗 돌시. 『구약의 문학적 구조』. 류근상 역. 크리스챤, 2011.
도지원. 『요셉의 섭리 살이』. 청교도신앙사, 2017.
류모세. 『열린다 성경 생활풍습 이야기 (상)』. 두란노, 2012.
민경구. 『다시 읽는 창세기』. 이레서원, 2019.
박길현. 『계시역사로 본 창세기』. 신언, 2012.
박윤선. 『창세기 성경주석』. 영음사, 1990.
석원태. 『창세기 강해』. 경향문화사, 2002.

송병현.『창세기 강해』. 국제제자훈련원, 2010.

송봉모.『신앙의 인간 요셉』. 바오로 딸, 2011.

송영목.『하나님 나라 복음과 교회의 공공성』. SFC, 2020.

송영찬.『하나님의 언약』. 깔뱅, 2006.

스프로울.『웨스트민스터 신앙고백 해설』. 이상웅·김찬영 공역. 부흥과개혁사, 2012.

오스왈드 챔버스.『창세기 강해』. 황스데반 역. 토기장이, 2012.

원용일.『인생은 요셉처럼』. 브니엘, 2015.

유도순.『구속사의 관점에서 본 창세기의 파노라마』. 한국개혁신학연구원, 1994.

이광호.『창세기』. 깔뱅, 2007.

이문범.『그 땅이 주는 복음』. 도서출판그땅, 2013.

이미숙.『그말씀』. 두란노, 2015.

이복수. 신경규『선교학 개론 강의안 및 자료집』. 고신대학교, 2003.

이세령.『바닥을 기는 창세기』. 깃드는숲, 2024.

제임스 해밀턴.『성경신학이란 무엇인가?』(What is Biblical Theology). 김희정 역. 부흥과개혁사, 2015.

조병호.『성경과 5대 제국』. 통독원, 2011.

조엘 R. 비키.『기독교적 삶의 아름다움과 영광』. 조계광 옮김. 개혁된실천사, 2020.

조이스 G. 볼드윈.『창세기』. 강성열·김영호 역. 두란노, 1992.

최승락. 〈복음과 보편석 고통 : 고통의 신약적 이해〉. 미래교회포럼, 2021.

키이스 매티슨.『종말론적 관점에서 본 성경 개관』. 전광규 역. 부흥과개혁사, 2012.

한정건.『창세기 성경주석』. 총회출판국, 2016.